21世纪新闻传播学应用型教材

新闻专业毕业设计

主编 李明伟 副主编 辜晓进

中国人民大学出版社
·北京·

代 序

理想是有温度的

吴予敏

刚过腊八节，晓进兄就将深圳大学传播学院新闻系编就的“新闻专业毕业设计作品精选”三辑的目录和文稿发给了我，同时叮嘱我写一篇文字叙述这一教学改革探索的由来和初衷。

这是好日子里面的好事情。腊八，据说有几个意思。其一，“腊者，接也”，是新旧交替，岁月更迭的茬口；其二,“腊者，猎也”，田猎收获，不忘报恩返始；其三,“腊者，驱疫”，除病避害，悟道修身。好日子和好事情两者之间本无神秘联系，凑在一起，倒是叫人产生了若干联想。

人是一种奇怪的动物，他的身体和心智常常互相矛盾，互相遮蔽。身体忙起来的时候，心智是呆滞胶涩的。只有到了某个时间的茬口，身体稍有停歇，便就意遄神飞，进而恍然，昭然，遽然，悠然，甚或戚戚然，惶惶然，而终至于奋然，慨然……

世事之清明和荒谬并置，前进和倒退交错，我等未免瞻前而顾后，顾左右而言他。

第一言：平庸不是命定的

学习新闻的学生，要以新闻作品问世来体现自己的专业性。这还有什么可稀奇的呢？这就好像学木匠要打柜子，学泥瓦匠要砌灶台，学吹喇叭要会运气。不会识字的人们都懂的道理，有些识了很多很多字的人反倒不明白了。学木匠只需要画格子，学泥瓦匠只需要会算泥沙比例，学吹喇叭只需要把腮帮子鼓起来就可以了。所以，学习新闻的学生，只要知道有个议程在那里设置着，有个螺旋在那里盘旋着，有个沟坎在那里埋伏着，有个曲线在那里诱惑着，就可以了。事实躲在爷娘的故事里，招牌却是要像门神一样地挂起来，免得大鬼小鬼来敲门。足不出户，脚不沾泥，日头不晒，风雨不侵，却可以号称“我是名牌学校名牌专业学新闻的”。

这个奇怪的时代，让人想起葛优主演的电影《活着》里面那个衰败之前的福贵，祖上有德，福荫百代，不事生产，招摇乡里。文凭上打了几个鲜红的数字，好比是打了鲜亮的火戳，一旦上市，必有好价。当人们不在自己的履历表上填写“家庭出身”信息的时候，高教界却从来是门阀当道，寒门无问的。

这样的感受，大概只有当福贵败光了家产，从云端坠入尘土以后才体会得到。前些时偶然读到时任腾讯网总编辑王永治的一篇讲话，那真可谓是“暴发户”在云端的振聋发聩，对未来媒体十大预测：又是媒体，又是未来，又是预测，还不忘国人的惯例，凑了个“十全大补”。我对于这些预测绝不敢疏忽的，但唯特对他讲的一个细节瞪大了眼睛。“报纸的人常常跟我说，‘老王，我们现在日子不好过了，你那里有没有岗位或者事情让我帮你去管一管，做点策划之类的。我现在年纪大，不想在一线做，给我点轻松的职位’。我一听这话，立马当机立断地拒绝，因为互联网现在不需要这种所谓的高级管理人员，要的是干活的人，不管年龄大小。”

我不认得王永治，也许他每天都可能在我的办公室对面马路的那一头上班。如果我认得他，也许会说他两句。假如他是我哥们儿，讲话不避讳，我可能会说，你小子讲话太解气了；假如他是我同事，来点体面的，我可能会说，口中留德啊，注意影响；假如他是圈子里的陌生人，我会说，这是谁呀？有没有一点觉悟啊？

王总编辑讲的话有点硌牙。真是世事难料啊！河东河西，星移斗转，福贵成了贫农，龙二做了冤鬼。请读者原谅我此处只好采取《百年孤独》式的笔法来表达我的观感：伟大的魔幻现实主义作家马尔克斯写道：“多年以后，奥雷连诺上校站在行刑队面前，准会想起父亲带他去参观冰块的那个遥远的下午。”我这里以现实主义风格模仿写道：“多年以后，一位教授站在互联网精英面前，准会想到行将毕业的学生带他去参观就业招聘现场的那个遥远的下午。”

不是虚构的现场，向毛主席保证，是千真万确的下午！不大的体育馆内，挤得密不透风的摊位上，赫然是某大媒体的招聘台。稚气未脱的学习广告专业的孩子们排了长队，挨到跟前，恭恭敬敬地递上精心打印好的个人简历。招聘会曲终人散之际，我惊骇地发现，大堆的学生简历被清洁工扫进了垃圾堆。那个时候，深圳大学的广告学专业举办到第六年，近二十个毕业生没有一位得到主流媒体高管的青眼。我不可能将那些简历从垃圾堆里捡起，更不可能告诉孩子们他们简历的去处，这种感受是和自己孩子受了委屈的家长的心情差不多。

到了第七年，广告专业毕业班的班长找到我，说：老师，我们不想悄无声息地离开学校。那你们要干吗呢？我们要办一个毕业展览。这是一群不甘湮没的少年人！忽然我的脑子里飘过几句不粘连的话：小荷才露尖尖角。出水再看两脚泥。土猪屁股上打不上火漆，你还不自己学着拱一拱吗？总而言之，这些个高雅的、朴素的、粗俗的话就一股脑地涌上来。反正本教授博士也是经历了“文化大革命”、下厂、下乡的“滚刀肉”，何不鼓动孩子们实打实地操练一场呢？

我们在深圳办大学。这是你的命！今天你看她光鲜亮丽，当年却是风尘滚滚。要说功利，那是毫不含糊的功利。要说实际，那是不打折扣的实际。甭跟我亮出你屁股上的火漆戳子，拿出点真本事来！有火漆戳子的个人简历带回去“研究研究”，多数也会压箱底，连火漆戳子都没有的不进垃圾堆又去哪里呢？废话少说，你得亮出本事来！

几十年来深圳的逻辑就是这样的，话糙理不糙。你就认命吧。从那个时候起，我就不再去什么招聘现场了，学校督促组织也不去。我们开始在毕业班进行毕业设计的教学改革。目的只有一个，让学生毕业的时候，可以对任何他想去的单位高管亮出自己的作品。这是靠实力说话的东西，体现真正的专业素质和能力的东西，表现自己对事业的理想的东西。喏，总经理、总裁、总编辑，这是我的作品，请您批评！谦虚涵养背后是自信，自信背后是审视：您识货吗？如果您对我傲慢地说，你屁股上的火漆戳子呢？对不起，本人只亮肌肉，不脱裤子，拜拜了您！

毕业设计取代了毕业论文，要学生自己组织团队，跑市场，谈项目，调查、策划、设计、制作、客户鉴定、公开答辩。项目不得虚设，成果经过检验。这就难了！原来做一篇论文，三点一线（图书馆、餐厅、宿舍），现在谁知道要跑多少路？原来自己跟自己过得去就好办，现在要组织、协调、争论、管控、交涉，费多少口舌和心力？原来文档搬家，荡来荡去就可以了，煞有介事编撰注释，好像骨感瘪三硬撑起一副名牌西服的架子，现在烟火气、泥土气、血腥气、铜臭气四溢，元气淋漓，氤氲一派。“痛并快乐着”，被名主持炒得挺流行的一个词儿，在学生那里成为他们对毕业设计全程体验的写照。

毕业设计取代了毕业论文，实战项目取代了坐而论道，这是不经意地打开了潘多拉的盒子，释放出来的能量，再也收不回去了。

戏剧性的波折出现在本科教学评估的准备阶段。多年以后讲实话，当年不少口念“之乎者也”或“ABCD”的精英们都骂过教育部的本科评估，我从来不骂。中国人好面子，贵客要临门，上级要视察，赶紧地购置家具，修缮门窗，一示尊重，二示实力，两面都好看。孩子们也能换新衣吃糖果呢。本科教学实验大小基地纷纷建设起来。我们不听那些站着说话不腰疼的精英们的废话。不过有时候办事的人容易过度紧张。校内自我检查，是实战演习一般。督学们发现，广告学专业从1997年以来竟然没有一篇毕业论文！一系列的毕业设计小组项目摆了两柜子，这些符合教学规范吗？说不定这会成为一个大窟窿，给学校的本科评估造成难以弥补的恶劣影响！“规范 = 形式 = 质量”，上级部门没有规定的，985没有试验过的，就是没有规范。“火漆戳子在哪里？”这个质问是非常严肃的。这是我们自己面临的那个煎熬的“遥远的下午”。土猪要出栏就要取得身份证明，就需要“肉联厂”的“火漆戳子”。至今我还对李良荣和蒋晓丽两位教授感激涕零呢。作为学校特聘的预评估专家，亲赴我们的毕业答辩现场，一份一份审查所有的毕业设计成果、教学管理文件，最后热情洋溢地举起他们的胳膊在我们身上盖了一个大红的戳子：“特”！

时间到了2009年。这一年，在深圳大学传播学院学习新闻的学生要毕业了。这一届还是顶着传播学专业新闻方向的名义。同时，也是在这一年，正式申请下来新闻学专业。那么，新闻专业的学生要不要做毕业设计呢？我当时没有做任何决定，而是将皮球踢给了时任传播系主任的刘劲松教授。刘主任很民主，请新闻专业的老师们和同学们讨论。又是一个“遥远的下午”，反馈回来的信息是，新闻也要做毕业设计。听有的学生私下摩拳擦掌地牙根紧紧地说，我们要“亮剑”！这话可不是对着市场说的，而是对着隔壁的广告专业，广告专业毕业设计太“秀”太“火”了，学新闻的应该更有实力啊！我们可是精兵强将。

国内有哪一个大学的新闻专业是搞毕业设计的呢？新闻专业的毕业设计怎么做？什么标准？没有人拿出现成的经验。我不是新闻专业的教师，不用在此废话。读者完全可以通过这本书及三本作品选的内容，去了解和评价深圳大学新闻专业的做法。在深圳大学新闻专业做出这样的决定并且毅然决然付诸实施的时候，这一回没有受到任何的阻碍，一路畅行。

大学是地方土著，名声是地道寒门，出生是后来晚辈，这是你深圳大学新闻专业的命！等到你呱呱坠地的时候，新闻传媒行业呼风唤雨的大好时光已经过去，这又是你深圳大学新闻专业的运！如果你是这个专业里的一个负责任有担当的教师，你一定没有薛宝钗的那种“好风凭借力，送我上青云”的感受，你会感到从外到内有一股邪力把你往下拽，让你感到腿上绑了沙袋，臂上剪了翅膀，头上顶了玻璃板。某种规则、某种氛围将你引向你的“归宿”——平庸！

这是一个奇怪的时代，呼吁创造的浇灭了你心中的火焰，主张公平的标定了你的等级身份，倡导开放的筑起了防范的坞堡，制造崇高的掩盖了卑琐无聊。娱乐代替了启蒙，利益覆盖了真相。资源在无尽涌流，思想却在无形流失。市场上、职场上争先恐后，责任和担当却渺无踪影。一个昂扬向上的奋进的时代，为什么每天如病菌一样滋生着平庸呢？

图实惠的、短见的、个体原子式的平庸，如雾、如风、如尘埃、如癌细胞，在我们四周，在我们身体内部，在我们大脑沟回里面弥散。这里我又只好模仿了鲁迅在《狂人日记》里面的笔法，来写出这种特殊的感受：“我翻开论文一查，这论文没有作者。歪歪斜斜的每页上都写着‘独特创造’几个字，我横竖睡不着，仔细看了半夜，才从字缝里看出来，满本上都写着两个字‘平庸’！”

如果新闻专业的毕业生以拆东补西式的论文来获得毕业，我们保不齐不会生产平庸。但是，要他拿出新闻作品呢？我们和社会的读者如果在里面读不出时代脉搏，读不出社会问题，读不出良知担当，读不出改革探索，读不出人间温情，那他好意思给我们“亮剑”吗？

看起来，深圳大学新闻专业的师生们骨子里面是不认命的，他们不希望让人们说，平庸是他们的命。平庸不是命定的！

第二言：积薪还需待火种

今年在一个高端论坛上，一位在崇高媒体上任职的朋友告诉我们，由于适应了数字化视觉化时代的阅读人群需求，媒体显著地提高了关注度和黏滞度。这使我想到人类保留火种的智慧。一堆柴草总有烧尽的一天，而火种却是不灭的。道金斯在《自私的基因》里面说，我们都是基因的宿主，宿主终归于消灭，基因却是不断更换宿主保持自身不灭。南朝范缜主张“神灭论”，慧远和尚主张“神不灭论”，都以薪火为喻。

“神灭论”认为薪尽火灭如形丧神灭。“神不灭论”认为“火之传于薪，犹神之传于形”，所谓“火可穷于一木，未可穷于尽薪”。

此话用之于媒体生态，新媒体取代旧媒体，如同“前薪非后薪”，至于“火之传异薪，犹神之传异形”者，倒是值得品味一番了。

办学有道，要在懂得薪火相传之理。何者为薪？资质也，人力也，知识也，器材也，场地也，资金也，生源也。何者为火？却是仁者见仁，智者见智了。在酝酿开办新闻学专业的2005年，我就处心积虑谋算着何处可以“借火”。物以类聚，人以群分，我找到当时在深圳报业集团担任《深圳日报》（*Shenzhen Daily*）总编的辜晓进。凭着本能的嗅觉识别，这是一位散发出理想主义和专业主义气味的新闻带头人。从2005年到2010年，五年当中我们不时接触，交流新闻观念，探讨教育出路。经验告诉我，薪火相传和同声相应同气相求是一个道理。这十来年中，新闻系由一群心中有火的人组建起来。辜晓进、刘劲松、尹连根、彭华新都是在新闻一线打拼数年乃至数十年的资深新闻人；黄春平、李明伟、王琛、张田田、张晗都是学有所长、热爱新闻的博士，老中青结合一体，以共同的责任和理念凝聚起来，将一个新闻系搞得红红火火。

积薪还需待火种！在新闻教育领域中，什么才是真正意义上的“火种”呢？“神之处形，犹火之在木，其生必存，其毁必灭。形离则神散而罔寄，木朽则火寂而靡托。”如果放在今天，教育的“神灭论”，当然就是争资源、争名号、争项目，所有这一切，争到了又怎样？积薪而无火，只好发霉、长苔、腐朽。是的，无薪则火无所寄、无所存、无所传；然而，积薪若有火种，则必然蓬勃向上，灿然发光！

火种不是一朵，也不是一种。人人心中或许都有可能包藏着一盆火——在那些孜孜求学的孩子们身上，在那些兢兢业业治学的教师们身上，在那些热心助学的新闻业界专家们身上，在那些秉持专业精神和社会责任的人们身上。新闻系的毕业设计，就是聚拢薪柴，点燃一把火的过程。

第三言：终究可盼是少年

我曾经将深圳大学新闻传播学各专业的毕业设计比作“临门一脚”。从中场盘带，到边线突进，再到禁区虚晃一招，一脚破门！作为教学改革的关键环节，毕业设计不是孤立的，而是有一系列的基础教学和专业训练来做铺垫。在各种铺垫功夫中，支持新闻系学生办一份校园报纸是重要的措施。这份报纸名曰《新新报》，颇合于“苟日新，日日新”的古训。每期八版，全彩印刷，十天一期，定期出版。新闻系全体教师每人轮流指导，所有学生轮番上阵，迄今已出版88期。将来到《新新报》出到100期的时候，我想深圳大学新闻系师生们会给我们讲述另外一套动人的故事吧。

在《新新报》的创刊号上，我曾情不自禁地写下一篇《寄语》：

少年办报，老朽致辞。荷杖引路，没齿念经。乖谬之举，徒增一哂。遥想梁任公著《少年中国说》，去今已一百二十年矣。煌煌之言，犹金声玉振，摄人魂魄。其言曰：“老年人常思既往，少年人常思将来。惟思既往也，故生留恋心；惟思将来也，故生希望心。惟留恋也，故保守；惟希望也，故进取。惟保守也，故永旧；惟进取也，故日新。惟思既往也，事事皆其所已经者，故惟知照例；惟思将来也，事事皆其所未经者，故常敢破格。老年人常多忧虑，少年人常好行乐。惟多忧也，故灰心；惟行乐也，故盛气。惟灰心也，故怯懦；惟盛气也，故豪壮。惟怯懦也，故苟且；惟豪壮也，故冒险。惟苟且也，故能灭世界；惟冒险也，故能造世界。老年人常厌事，少年人常喜事。惟厌事也，故常觉一切事无可为者；惟好事也，故常觉一切事无不可为者。老年人如夕照，少年人如朝阳”云云。任公下笔之时，偌大中国，分崩离析。列强觊觎，国人颟顸。志士仁人，怀报国之心，体民瘼之艰，张启蒙之帜，奋起而述诸报刊，风雷起于笔端，烟霞笼之宇内。国之称少年者，非以年齿为限，盖以不谙世故，羞问功利，志存高远，百折不回。少年之心，为日新是求。日新之举，一星一点，一字一行，一图一版，呕心沥血，激扬挥斥。如童蒙之烛照，如青涩之初恋，如白璧之映霞，如春竹之萌笋。若任公地下有知，当感佩今日之中国，后继有人也！如是寄语新新报诸生，试问明日之新闻界，岂老人之天下？！

眼下由新闻系诸位同仁集体编辑而成的这套新闻专业毕业设计书稿，有两个主要的合成部分：一个是教师们指导新闻毕业设计的经验和理论总结，从毕业设计的宗旨、选题、采访、写作、编辑、制作、指导到评审、答辩一应俱全，一以贯之；另一个部分，也是篇幅的主要部分，则是历届新闻专业学生的毕业设计成果精选。编者将这些成果归纳成三个主题的专辑，冠之以“人文观照”“社会脉动”和“前沿观察”，收入了三十组新闻深度报道和专题纪录片。这些作品，基本上是第一次以完整面貌呈献给读者的。其中部分作品曾在毕设答辩后被主流媒体报道或摘要刊发，当时也都曾引起过不小的轰动。

这并不是一般意义的学生作品。曾经多次来深圳大学参加新闻系毕业设计答辩的新闻业界的资深专家们也都评价说，我们并不是以学生作品的标准来看待和评价的。也就是说，他们是根据新闻专业的标准和眼光来鉴别和评价这些处女作的。当然，新闻系的教师们也不会将业界专家的评价仅仅当作一种鼓励。

衡量新闻专业毕业设计作品是否是合格的，有什么关键的标准？其实，有一个重要标准，就是看这部作品是否具有真正的新闻性质。关于新闻性的讨论，是一个政治问题、学术问题和专业实践问题，也是一个教育实践的问题。在这篇文字中，我不能系统回答。我只能从这些作品出发来看我们师生心目中对新闻性是怎样理解和把握的。

过去每年毕业答辩，我都尽可能排除各种事务到新闻系的答辩现场，去感受那种特殊的激动。那是一个奇怪的景象。就是大牌明星进入校园也没有那样的火爆场面。各个专业、各个年级的学生们，会早早地在科技楼大厅里排队等候进入答辩现场，排队的长龙从科技大楼蜿蜒上百米甩在草坪上。上午的答辩刚刚结束，下午的进场排队又紧接着开始。“仪式化活动”“娱乐化秀场”都不是正确的解释。孩子们的神情是严肃的，内心是欣赞的，自我是充实的。在现场的所有教师都能体会到那种节日般由衷的满足和快乐。同时，我们都似乎触摸到真正的教育的灵魂，原来她是有热度的！

经历新闻专业的毕业设计答辩和广告专业的答辩感受有所不同。后者可以体会到那种向市场进发的战略的谋篇布局，前者则可能是让人揪心的、悸动的、追问的、感佩的或叹息的。广告答辩会引起现场的笑声和哨声，新闻答辩则会让人流泪、沉默或感奋，即便最后都有热烈的掌声。

这些作品的作者们大多数都是伴随着这座欣欣向荣的城市成长起来的，他们没有经历过新闻采访中的那些特殊的生活。如果在一个封闭的暖房一般的环境里，他们不可能体会到在大学日常生活之外，社会的其他地方正在发生的惊心动魄的故事。是新闻的视野引导他们去发现，去追索，去思考。在这个过程中，他们逐渐忘我，逐渐忘记了这只是一次毕业设计，一次作业考核，他们开始真正施展一个新闻记者的能力，从中体会社会的问题、矛盾、纠结、出路，开始感觉到自己的镜头里面、键盘上边流淌的血与火、光与焰。

新闻的基础固然是真相，而发现真相的能力多半源于责任和良知，如果延伸到表达，则还要有勇气和智慧。

很多来到答辩现场的新闻业界的朋友会从这些不无稚嫩的作品中，感受到燧石击打般的闪光，对于他们来说也许是某种记忆或者希望被唤起的时刻。

来自香港的2014届的林玲玲同学在毕业设计后记中写道：

> 在渔船上与渔民共同进餐，跟着渔民到海鲜市场叫卖，跑遍各渔村与老渔民道古论今，参与渔民特有的嫁娶迎亲，跟着渔政海监部门出海登上渔排，饱览深圳滨海之美，穿梭在海风笼罩下的渔村……这些记忆渐行渐远。回想这六个多月以来的毕设过程，六人同行、同住、同甘苦共患难、同付出、同努力，虽然疲惫但是珍贵。我想，人生也许就是在不断的经历和体验中变得多彩。活在当下，珍惜、感恩！

这个时代是激流勇进的，也是有漩涡险滩的；是五彩缤纷的，也是有黑暗阴影的；机遇和风险并存，前途和问题同在。有责任感的教师不会给孩子们描绘虚假的景观，更不会用僵硬的话语禁锢孩子们的头脑，而是要和他们一起去认识和感受这个真实的社会。我们需要教会孩子们，新闻的发现和表达，不是从俯视众生的高度，也不是从仰视神灵的低度可以实现的。新闻对于人民大众，对于供养人类的自然，都只能是一个平等的视角。而且，这个平等的视角，还不能够仅仅停留在故事的外部，必须从我们发现者和表达者的内心里边投射出光亮来，这一光亮是我们对于人类社会的美好的理想，用理想之光去照亮我们生活的世界。

斗转星移，转眼已是2018年1月。作品入选“新闻专业毕业设计作品精选”的年轻的作者们都已经离开了学校，无论他们现在何处任职奋斗，我都想向他们说一声，理想是人之为人的存在的支撑，而任何时候理想都不仅仅是为个人的，理想是有温度的！

目录

CONTENTS

第一章

新闻毕设的选题策划与体裁样式

本科毕业设计，原本是文科和理工科多种专业的最后教学阶段的总结验收环节，是对所学理论和技能的一种综合检验形式。各种专业中，新闻专业的毕业设计开展得较晚，特别是以综合毕业设计替代毕业论文，更是一种教学改革的全新尝试。深圳大学传播学院新闻专业，从 2005 级本科生开始，在国内较早开展新闻毕设的实践（在替代毕业论文的同时，也给学生以毕业论文毕业的选择权利）。其毕设的内容和形式也日臻完善，并在社会上产生较大反响。近年，汕头大学、中山大学、南京大学、上海杉达学院、福建信息职业技术学院、欧亚学院等院校的新闻专业也陆续加入这一改革实践中来。

深大的新闻毕设，经过一个探索过程，逐步确定为主要以小组形式完成一组较大规模的深度新闻报道，以平面媒体或电视媒体为发布载体。2014 年后还鼓励采用包括社交媒体在内的多媒体的发布形式。毕设的完成时间长达近半年，即从大四上学期的 11 月到下学期的 4 月（在此之前，学生刚刚完成从暑期开始为期 3 个月以上的专业实践）。毕设作品完成后，还将在较大场合（容纳数百人的报告厅）进行答辩，邀请业界代表参加或观摩答辩，答辩过程对全校开放。小组成员同时还要独自完成一篇与毕设题材相关的论文或研究报告。（详见附录 1：《2018 年深圳大学传播学院新闻学专业本科毕业设计方案》）

本书以深大为例，从方法论的角度，结合较多毕设案例，详细讲解从选题策划、采访写作、编辑制作、摄影摄像到团队合作、教师指导、作品生成、现场答辩等毕设全流程各关节点的做法与要求，以对新闻毕设的改革实践进行一次阶段性总结。

本章将结合深圳大学传播学院新闻系近几年的实践，详细讲解新闻毕设的选题策划、题材选择、体裁样式选择的技术性要求。

第一节 新闻毕设的选题导向

在确定选题之前，首先要从宏观上把握好选题的导向，即在马克思主义新闻观的指导下，坚持新闻的真实性原则，遵循新闻传播的客观规律，反映中国社会与中国国情，立足改革开放与当前发展，突出本地特色，体现人文关怀。

一 坚持新闻的真实性原则

马克思主义新闻观认为，事实是第一性的，是新闻的本源，新闻是第二性的，是对客观事实的如实报道。这里所说的事实，是指已经发生并且确实存在的客观事实，而不是道听途说、子虚乌有的“事实”。[①] 而新闻毕设作为较大规模的新闻报道作品，在选择题材时必然会面对纷繁复杂的社会现象，也难免困扰于混沌多变的信息漩涡。特别在信息过载的新媒体时代，真假难辨、似是而非的所谓“事实”纷至沓来，很容易影响学生的判断与选择。

坚持真实性原则，必须深入实际，在获取充分真实信息的基础上确定选题方向。2016 年笔者指导的一个毕设小组，在酝酿选题时，从多个选题中初步确定了一个主题：东莞企业倒闭潮中下岗女工的命运。选择的依据源自这样一些印象：以外向型经济为主的广东省东莞市，近年受国际经济衰退和外贸出口下滑的影响，企业不景气，很多企业关闭或转型；自 2014 年央视报道东莞部分酒店色情业泛滥及随之而来的扫黄行动，“重

---

① 本书编写组. 新闻学概论. 北京：高等教育出版社，人民出版社，2015：33.

挫”了东莞的服务业，而服务业的从业人员以女性为主；女性成为企业倒闭的最大受害者。学生们也确实从网上获得过类似信息。讨论中，笔者建议学生们去东莞做一下预调查，对选题的社会基础加以确认。他们很认真，亲自去了东莞，还通过一些关系向知情者求证，甚至试探性接触了一些女工，最后得出的初步结论是：东莞并未出现企业倒闭潮；即便有些酒店等服务业停业或裁员，也并未出现女工大量失业的情况，她们即便下岗也会转向其他行业或流入包括深圳在内的周边城市，而极少陷入如学生们想象的那种穷愁潦倒或悲惨返乡等结局。于是，大家果断放弃了这个选题。可以设想，如果不经过这轮预调查的核实验证，毕设的结果无非两种结局：一是进行到中间发现不对，只能半途而废，被迫重起炉灶寻找新的选题；二是勉强完成，得到与预期相差甚远或不符合客观现实的结果。前者会因时间不够而影响质量，后者会导致毕设失败。

坚持真实性原则，应当善于辨别事实，在确定选题时不被虚假信息误导。现在的学生都是 90 后的年轻一代，从网上获取信息已经是这代互联网“原住民”的基本习惯。而网上信息千奇百怪、鱼龙混杂、真假难辨，往往看上去“新闻价值”越高的信息，可能埋藏着越大的虚假陷阱。因此，马克思在《〈莱比锡总汇报〉的查封》中关于“根据事实来描写事实”而非“根据希望来描写事实”[①]的观点，不仅应当贯穿于新闻制作的全过程，对题材的选择也具有指导意义。当毕设小组把搜集到的一大堆初步选题放到桌面上讨论之前，先要用各种手段开展辨别真伪的工作，分清哪些是事实，哪些是流言，哪些只是因为与自己的愿望或偏好相近而引起了自己的兴趣，甚至哪些只是出于自己的想象。

要　领

坚持真实性原则

坚持真实性原则，应当善于辨别事实，在确定选题时不被虚假信息误导。从网上获取信息已经是这代互联网“原住民”的基本习惯。然而网上信息真假难辨，往往看上去“新闻价值”越高的信息，可能埋藏着越大的虚假陷阱。马克思关于“根据事实来描写事实”而非“根据希望来描写事实”的观点，不仅应当贯穿于新闻制作的全过程，而且对题材的选择也具有指导意义。

① 马克思.《〈莱比锡总汇报〉的查封》// 马克思，恩格斯. 马克思恩格斯全集：第 1 卷. 北京：人民出版社，1960:191.

二

反映改革开放的火热现实

中国近四十年来最大的变革就是从封闭保守的极左路线走向以经济建设为中心的改革开放。改革开放令中国从贫穷落后发展成为全球第二大经济体，从温饱都成问题转变为物质的极大丰富并即将进入全面小康。改革开放已渗入到社会的各个领域和生活的各个角落，成为中国最重要的社会现实和最普遍的发展景观。因此，改革开放理应成为毕设选题的重要方向之一。

反映改革开放，要注意发现其中的新生事物。很多新生事物往往是改革开放的风向标，是风起于青萍之末的发展新动向。新生事物也往往因其与以往不同的“新”和与一般不同的“异”，而具有较高的新闻价值。对新生事物的敏锐捕捉和对其来龙去脉的全面展示，既是新闻工作者的职责和义务，也是新闻专业学生应当学习的基本功。2016 年毕设作品《摘星星的人》和 2017 年毕设作品《快手江湖》等，都是对改革开放中新生事物的及时和深入的报道。

反映改革开放，要善于由表及里，挖掘表象背后的深刻内涵。体现改革开放的事物纷繁多样，有的昙花一现，有的却可能有较大的时间跨度；有的流于肤浅，有的却内涵深厚；有的发挥的作用较小，有的却有着广泛的影响。作为要求有较大规模的新闻毕设，应优先选择那些有深刻内涵或有广泛影响的题材，以在较深的层次上反映改革开放。2014 年毕设作品《深圳渔村：远去的故乡》和《行走在流水线与霓虹灯之间》等属于此类。

反映改革开放，还要正视其中存在的困难与问题。报道改革开放，并非仅指宣扬成就、展现光明。对长期封闭保守和被极左路线困扰的中国来说，改革开放意味着走前人没走过的路，有时需要“摸着石头过河”，在探索的过程中可能面临重重困难，不会一帆风顺，甚至还会失败。忽略这部分内容或报喜不报忧，就不是对改革开放全面、客观的反映，也不利于改革开放更好地向前推进。因此，新闻毕设也有必要涵盖这方面的题材。2015 年毕设作品《社工观察：“职业雷锋”的困惑》和 2016 年毕设作品《金牌的迷思》等，都是从促进改革的角度对发展中的问题加以剖析的深度报道。

要 领

敏锐捕捉和把握“新”

新生事物往往因其与以往不同的“新”和与一般不同的“异”，而具有较高的新闻价值。对新生事物的敏锐捕捉和对其来龙去脉的全面展示，既是新闻工作者的职责和义务，也是新闻专业学生应当学习的基本功。

三

国情、本土特色与人文关怀

了解国情社情民情，是青年大学生的社会应修课，更是新闻系学生的实践必修课。国情包括了各地的“省情”“市情”“县情”以及基层情况。这些本地情况连同与之密切相关的社风民情，理应成为新闻毕设的选题方向之一。马克思说：“它（指报刊，下同——引者注）生活在人民当中，它真诚地和人民共患难、同甘苦、齐爱憎。它把它在希望与忧患之中从生活那里倾听来的东西，公开地报道出来”①。这就要求新闻工作者走进社会，深入民间，感受民众的喜怒哀乐，反映他们真切生动的现实和发自肺腑的心声。通过此类题材的毕设，无疑会加强新闻系学生对国情社情民情的认识，深化对民众生活的感知。

就毕设选题而言，我们则鼓励学生们以本土特色和人文关怀为两个切入重点。而深圳大学所在的城市深圳的特色是什么？至少有以下几个方面可供学生们考虑：

一是改革开放排头兵，这是深圳最大的本土特色。中国改革开放以来，深圳一直走在前列，并取得了令国人乃至世人瞩目的成就。二是毗邻香港，国际化程度高，与国际社会交往密切。深圳与香港有 6 个口岸相通，其中的皇岗口岸和深港西部通道均为中国最大的陆路口岸，深港之间因而有着频繁和便利的人员与货物往来，甚至有人

① 马克思.《〈莱比锡总汇报〉的查封》// 马克思，恩格斯. 马克思恩格斯全集：第 1 卷. 北京：人民出版社，1960：187.

形容深圳与香港为双子城。此外，每年到访深圳的外国人超过 780 万人次。[①] 三是外来务工人员多，人员流动性大。据最新数据，在四大一线城市中，深圳的外来常住人口占城市总常住人口的比例高达 67.7%，远超上海（40.51%）、广州（38.01%）和北京（37.3%）。[②] 四是高新科技产业发达。因为较早采取对高新技术产业的扶持政策，加之改革开放带来的创新活力，深圳高新科技产业的总值和占比一直在国内名列前茅。2015 年高新科技产业产值达 1.73 万亿，占 GDP 七成以上。[③] 华为、腾讯、中兴通讯、大疆无人机等都是世界知名的科技企业。五是海洋资源较为丰富。在四大一线城市中，深圳是唯一城区临海的城市。不到 2 000 平方公里的深圳，海岸线长达 230 公里。

可以说，以上五大特色是深圳很多社会现象产生的根源，也是新闻毕设取之不尽的题材宝库。2013 年毕设作品《深圳涉外婚姻三十年》、2014 年毕设作品《外来务工子女：无处安放的书桌》《"深"海》和 2015 年毕设作品《逃港之后 / 一代居港内地人的生存与归宿》[④] 等，都来自上述题材宝库。

人文关怀"是对人的生存境遇的关注和对符合人的自然本性与社会本性的生活意义的肯定，强调人的主体的自由、平等、权力和解放，属于主体哲学范畴"[⑤]。习近平总书记一向重视人文关怀，并在一次讲话中要求在校大学生"努力做一个有文化修养、有人文关怀、有责任担当的人"[⑥]。这里所指的人文关怀，事关民众生活、百姓冷暖、自由平等、文化传承等内涵。在新闻报道的语境里，人文关怀则更多地体现在对百姓生活、生存权利、民生事项、文化遗产、弱势群体的关注。我们欣喜地发现，在多年的毕设实践中，人文关怀题材的比重在持续上升。学生们通过对这类题材的挖掘，不仅生产了较高质量的新闻作品，自己也从中受到教育，情感得到升华。近年毕设作品《指尖下的人间冷暖》《生命不能承受之"弃"》《摇摇晃晃的人间 / 深圳脑瘫家庭调查实录》《失控与失语 / 泥头车里的人》等都属此类题材。

---

① 李舒瑜 . 每年到访深圳外国人超 780 万人次 . 深圳特区报，2013-10-29.

② 林小昭 . 一线城市外来人口解析：上海数量最多 深圳占比最高 . 第一财经，2017-11-28.

③ 综合《深圳特区报》的消息。

④ 很多毕设作品的名称为复合标题，有引题、副题等，/ 表示分行。如果遇到副题本身带破折号的，则在 / 后面加破折号。主题中带冒号的，冒号仍保留。

⑤ 扬鑫铨 . 人文关怀 培育社会主义核心价值观的内在要求 . 湖南日报，2016-04-09.

⑥ 聆听 2016 年特别报道（六）：这一年，总书记对你说 . 中青在线，2017 - 01 - 01.

四

遵循新闻传播的客观规律

新闻传播规律是存在于新闻传播过程和大众传媒发展过程中的客观法则。新闻传播规律具有普遍性，存在于、作用于所有新闻传播活动、新闻传播过程；新闻传播规律也具有一定的特殊性，在不同水平、不同规模的新闻传播活动、新闻传播过程中，有不同的具体表现形式。是否认识、承认、遵循和实践新闻传播规律，关系到新闻工作的得失成败。① 马克思说："要使报刊完成自己的使命，首先必须不从外部为它规定任何使命，必须承认它具有连植物也具有的那种通常为人们所承认的东西，即承认它具有自己的**内在规律**，这些规律是它所不应该而且也不可能任意摆脱的。"② 新闻毕设作为实战性新闻传播活动，也应当毫不犹豫地坚定遵循新闻传播的客观规律，并从选题策划开始体现。

选题阶段对新闻传播规律的遵循，首先体现在重视新闻价值。新闻价值是事实所具有的、满足社会与公众对新闻需要的要素的总和。③ 因此，毕设的选题只有具备较高的新闻价值，才有可能符合社会与民众的需要，也才有可能完成符合新闻传播规律的新闻作品。将老生常谈、官样文章、报章旧闻、无意义琐事等作为选题来源，首先就违背了新闻传播的规律。在以往的毕设实践中，就有个别小组在这方面走过弯路。

选题阶段对新闻传播规律的遵循，还体现在选题策划的具体过程中。对要求具有较大报道规模的新闻毕设而言，作品往往由一个主题和多个分主题构成，而这些多层次的选题策划也必须遵循新闻传播的客观规律。其中就包括，随着信息掌握量的增加和对事物认识的跟进，对原先确定的选题及分主题进行修正甚至改变，使之更加符合社会与民众的需要，也即更加符合新闻传播规律。

---

① 实践中的马克思主义新闻观——新闻报道经典案例评析．北京：高等教育出版社，2015：Ⅲ．

② 马克思恩格斯全集：第 1 卷．2 版．北京：人民出版社，1995：397.

③ 本书编写组．新闻学概论．北京：高等教育出版社，人民出版社，2015：49.

第二节

新闻毕设的题材选择

选题对于毕设作品的成败具有关键性作用，或者说有了好的选题，就成功了一半。第一节所述，只是毕设选题在大方向上的战略考量，而选题的最后落实，还需要符合一些技术上的要求。新闻毕设不同于一般性新闻采写，因是多人通过较长时间合作完成的较大规模报道，选题也就更为讲究。而要做到这一点，学生们必须有较广阔的视野，有一定的生活积累，对社会有抵近观察的兴趣，对事物有发现和描绘的热情。因此也可以说，新闻毕设的锻炼和考验，始于选题。

一

优先考虑非事件选题

新闻毕设既然是大周期的制作过程，就不得不淡化新闻时效。因此，事件新闻或突发新闻就基本被排除在外了。学生需要更多地从非事件题材中选择报道主题。与本教材配套出版的《新闻的名义：深圳大学新闻专业毕业设计作品精选》共三辑 30 部作品，没有一部作品是对事件新闻的报道。

那么，非事件新闻主要应关注哪些种类的题材？以下三类题材受到的关注最多。

（一）有意义的社会现象

《辞海》对“社会现象”的解释是：“人们在相互交往、相互影响的过程中产生的具体事务的表象。是事物本质的外部表现。具有复杂多变的特点，并可为人的感官所直接感知。它的发生和变化有其内在的规定性。人们的社会行为和社会关系，是社会现象的主要内容。”①新闻毕设所选择的社会现象，主要落在该定义中“可为人的感官所直接感知”和“人

① 辞海：下. 上海：上海辞书出版社，1989：4140.

要 领

大周期的制作可重点关注非事件题材

新闻毕设是大周期的制作过程，不得不淡化新闻时效。因此，需要更多地从非事件题材中选择报道主题，可以重点关注以下三类题材：有意义的社会现象，有特色的个人或群体，有历史价值的现状回顾。

们的社会行为和社会关系”这两个基本条件以及这些行为和关系所产生的社会影响上。

现实社会中，这类现象并不难找。学生也是社会成员，他们平时是可以“感知”到一些有意义的社会现象的，经过毕设前期的搜索和调研，这类现象会有较多的积累。在此次入选出版的毕设作品中，社会现象题材占了约四成。例如：《生命不能承受之“弃”》，是根据对广州“弃婴岛”的观察、调查和暗访，讲述弃婴现象的社会根源及弃婴父母在放弃孩子时的情感纠结，并对这一现象进行分析和思考；《深圳禁毒》，是对深圳近年包括禁毒、戒毒等涉毒现象的深度调查报道，披露出大量鲜为人知的事实、数据、发展态势以及吸毒、戒毒者的心路历程；《快手江湖 / 农村网红风云录》，是以“快手”视频软件为切入口，对农村网红现象的调查、展示与反思；《馨别 / 深圳临终关怀现状调查》，则是从个人、医疗机构、政府、社会等多个维度展现临终关怀的现状、困境及发展前景；《外来务工子女：无处安放的书桌》，揭示部分外来务工人员子女上学难现象及困境产生的因由和解决问题的出路。

（二）有特色的个人或群体

非事件新闻还包括直接写人的报道，涉及的对象包括有一定特色和关注价值的个人和群体。考虑到新闻毕设的报道深度、报道规模和报道样式，单一个人题材较为难做，学生们更多地选择群体作为报道对象。而这些人物群体，也往往与特定的社会现象紧密勾连，也即有“人”有“事”，报道时要在“事”中写“人”。

这类人物报道在毕设作品中也占了约四成。例如：《指尖下的人间冷暖 / 深圳盲人按摩师生存实录》、《坚守在生命终点的“天堂使者”》、《最后的“黑户”/ 深圳无户籍群体调查报道》、《他们的世界 / 关于同性恋群体的系列报道》、《逃港之后 / 一代居港内地人的生存与归宿》、《失控与失语 / 泥头车里的人》、《守艺人》(影视作品)等。

在各类新闻题材中，写人的新闻难度相对较大。学生们选择人物题材，也是对四年所学新闻实务的总结与检验。

（三）有历史价值的现状回顾

此类题材有点像解释性报道，是立足当前，对事物的发展变化进行梳理和形成现状的缘由加以分析的深度报道。外国经典教材关于特稿的分类中，就有一种叫做“解析新闻”(analysis pieces)，指通过增加背景材料或数据，对当前新闻中的事实加以分析和解释，让受众明白新闻中的人物、机构、国家等为何及怎样发展成现在的状态。[①]

出于规模的需要，这类题材常常会选择较大的时间跨度，涉及较庞杂的近期史实，还可能用到社会科学的研究方法，以获得某些新的发现。但作为新闻作品，还必须通过深入的调查和采访，揭示鲜为人知的历史事实，关照影响现状的发展细节，讲述引人入胜的生动故事。

这类题材的使用频率相对较低，在以往的新闻毕设中占了约二成。例如：《深圳渔村：远去的故乡 /——关于深圳渔村兴衰存亡的新闻调查》、《深圳涉外婚姻三十年》、《深圳填海三十年》、《佛山武馆之商业江湖》(影视作品)、《城墙内外 / 湖贝旧村的最后岁月》、《逝去与重生 / 深圳器官捐献现状调查》等。

二

优选最具新闻价值的选题

新闻价值是毕设选题首先要考虑的关键因素。尽管新闻专业的大四学生对新闻价值的六大要素或五大要素（将新鲜性与时效性合并为一个要素）耳熟能详，但在面对毕设这样的非事件大型报道项目时，仍有可能在新闻价值的比较和选择上迷失方向。同时，对新闻价值的五大或六大要素的考量，也无须面面俱到，而应各有侧重。例如，从非事件新闻的选择角度看，时效性要素就相对没那么重要。以下只选择新鲜性和重

① Bruce D. Itule, Douglas A. Anderson. News Writing and Reporting for Today's Media (Sixth Edition)(双语教材). 北京：中国人民大学出版社，2003：129.

要性两个侧重点加以阐述。

（一）新鲜性

这是首先要考虑的价值要素。新鲜主要指未知，即事情已经发生，或现象已经存在，而媒体未曾报道，民众很少知晓。这一点看似不难做到，却是毕设选题的刚性要求，因为一旦被认为是炒冷饭的题材，毕设质量就会大打折扣。由于现在的学生平时较少读报看电视，在网络上也更关注一些网红现象，于是“捡到篮里都是菜”，觉得很多事情都新鲜。

因此，在确定选题是否新鲜时，不能仅凭自己的感觉或想象，而应做必要的文献研究，以确定媒体不曾报道。特别是一些平时对外界事物关注不多的学生，更不能漏掉这一功课。即便面对难以割舍的重要选题而媒体已有浅层报道或网络已有碎片化传播时，也需通过检索确认媒体和网络涉及的程度。同时还要有一定的预见性，即确定选题时媒体虽然尚未报道，但如果随着事物的发展媒体有可能介入，最好也尽量避开这类题材。

较为安全的做法，是选择体量较大、耗时较长而媒体触碰的可能性较小的新鲜题材。例如《深圳渔村：远去的故乡》讲的是深圳渔村的消失及其原因和影响，这注定是时间和空间跨度都很大的大规模报道，所以相对安全。后来的报道过程，5 位学生也确实花费了大量精力，走访了深圳六大行政区下面 10 个曾经的渔民村，累计往返路程达 2 265 公里（相当于沿着深圳海岸线走了 10 趟），深度采访 70 多人，耗时 5 个月，甚至 2014 年那个春节都是在渔村里度过的。这样的静态选题和报道规模，与媒体“撞车”的机会是很小的。

（二）重要性

在符合新鲜性要素的备选题材中，还应尽量挑选较为重要者。重要性在教科书上主要指对国计民生的影响，而在毕设实践中，我们会把标准放得更宽些并加以细化。凡有以下因素之一者，都可视为重要：

1. 对政治经济有重要影响者

这类题材也是主流媒体和职业记者们较为关注的，容易“撞车”。而且，这类题材通常较“硬”，叙事空间不大，可读性欠佳，因此学生们较少选用。

2. 对民众生活有较大影响者

这是最易贴近读者的类别，因而得到学生们较为普遍的关注。如《当“饭碗”遇见二孩／女性就业性别歧视系列报道》，就是对全面放开二孩政策后，再生育女性与职场就业和事业发展的矛盾的揭示。这显然是触动社会脉搏、贴近民众生活且有一定前瞻性的重要题材。未入选毕设作品集的《深圳代耕农：在异乡耕作的流民》（选题挺好但完成得不够好），以及前面提到的器官捐献、临终关怀、外来务工人员子女上学等，也属此类。

3. 对弱势群体有较大影响者

这是最能体现人文关怀的题材之一，也颇受学生青睐。《摇摇晃晃的人间 / 深圳脑瘫家庭调查实录》关注的是脑瘫儿童的家长（如果仅仅关注脑瘫儿童，则此类报道并不少，不符合新鲜性要求），涉及数万人。脑瘫的治疗耗资巨大且往往伴随终身，一个家庭的幸福常常就毁在这一变故上，诸如夫妻离婚、家长去职、变卖资产等情景，屡见不鲜。这一现象对许多家庭影响深远，却鲜见于媒体，因而有较高的新闻价值。前述“黑户”调查、盲人按摩师实录、同性恋群体等题材，属于此类。

4. 对社会发展有提示作用者

这主要指对某些新现象的捕捉与揭示，而这些新现象对社会的发展会起到某种提示或引发某种思考的作用。《梧桐私塾“复兴”记》讲述的是深圳梧桐山出现很多私塾，受到不少家长的青睐。人们纷纷送孩子来这里学习，甚至有人让孩子放弃上学，将私塾作为教育的主课堂。作品通过采访家长、孩子、私塾创办者和教育管理者，对此现象进行分析，以期引发社会思考。

三

根据主客观条件确定选题

是不是符合上述条件就一定是好选题呢？答案是否定的。因为各类新闻选题，哪怕是新闻价值很高的选题，在完成过程中也会受到主观或客观条件的限制。对一名富有经验的职业记者而言，他们自会对选题的完成难度进行判断。但对涉世未深、缺乏大型题材报道经验的学生而言，做出正确的判断并不容易。

（一）客观条件限制

客观条件限制，是指拟报道选题本身存在的制约因素。即在完成的过程中，可能暗藏难以克服的困难，或因工作量太大而难以在规定期限完成，或需要借助某些特殊技术手段才能完成，或可能触及个人隐私而产生伦理问题，或有给学生带来安全隐患的危险等。以笔者多年来指导毕设的经验看，每个小组常常会在一开始提出多达 10 个以上的选题，而最终绝大部分在讨论中被否定，其中一个重要原因就是受到客观条件的限制。

有一个毕设小组的组长在“感言”中说：“从 2015 年 11 月到 12 月，我们六个人基本上每天下午驻扎在图书馆南馆进行头脑风暴，提出了一个又一个‘奇葩’选题。”她列举的“奇葩选题”包括“跨性别者”和“风水大师”。这两个选题看上去似乎挺有趣，但明显受到客观条件的限制，成功的把握不大。“跨性别者”指的是两性人，且不说该题材有猎奇志怪的嫌疑，即便可以成立，也会因为其涉及极端的隐私而很难找到典型或数量足够的采访对象。即便找到，对方是否愿意配合或配合到什么程度也要画一个大大的问号。“风水大师”与之类似。首先，职业“风水师”和以看风水为名行欺诈之实的江湖老千之间，有时难以分辨。其次，即时找到真正的“风水师”，其报道角度也很难把握：信以为真而正面宣传？视为封建迷信予以揭露批判？纯客观叙事讲述其生平“事迹”？显然都不妥。

（二）主观条件限制

主观条件限制，是指选题虽然合乎要求，也有较大新闻价值，但完成难度较大，超出了学生的能力范畴，或以学生的社会人脉、经济条件等难以支撑整个项目。在毕设实践中，学生常常会出现这种选题上“眼高手低”的窘况。

因此面对选题，学生应先掂量一下自己的实力，既要看到自己的长处，也要认清自己的不足。例如笔者指导的一个毕设小组采访闹市区最后一个古村落。村落里住的人以潮汕移民为主，很多人不会说普通话。如果小组里没有会说潮汕话的学生，就很难完成深度采访的任务，这就是主观条件的限制。好在该小组中有两位来自潮汕地区的学生，这个限制就不存在了。有的毕设选题需要用到社会科学的研究方法，如果小组成员都缺乏这方面的训练，也只能割爱。有的小组打算采用纪录片形式（此次入选作品中有 4 部纪录片），则需要审视组员在拍摄、剪辑、后期制作等方面的技术能力。

有一年，笔者指导的一个毕设小组提出关于外来务工者子女犯罪率较高的调查性选题。小组成员此前做过一些预调查，这一现象确实存在。很多外来务工者在深圳工作多年生活渐渐稳定下来后，就把家乡的“留守儿童”接到深圳来一起生活，有的家庭却因此产生了一系列的矛盾。首先，爸妈外出打工多年，孩子从小一直由爷爷奶奶看管，与爸妈出现情感上的疏离；其次，孩子远离父母而在年迈且欠缺文化的爷爷奶奶的照料下，未能养成好的学习习惯，成绩普遍不好，到深圳上学后学习跟不上，家长一面辛苦打工一面对孩子“恨铁不成钢”，情绪急躁，常有打骂，加剧了与孩子的矛盾；最后，孩子从贫困的乡村突然来到繁华的大都市，对深圳与家乡之间、周边高生活水准和自家简陋生活之间的巨大落差难以适应。这种种矛盾导致一些孩子辍学、流浪街头，甚至以非法手段追求物质享受，直至走上犯罪道路。在讨论中，笔者认为选题虽然有望揭示一种新的社会现象，具有较高新闻价值，但难度很大。难度之一，因涉及未成年人犯罪，以在校大学生而非职业记者去采访，警方不太可能予以配合，因而面上数据较难获取。离开面上数据，“外来务工者子女犯罪率高”就难以认定。难度之二，这类报道涉及种种“家丑”，由学生去调查，也较难得到涉案孩子家长的配合，典型个案不易寻找。难度之三，在校大学生与外来务工者的生活距离较远，很难找到愿意提供帮助的“人脉”。但学生不忍放弃，坚持要做这一题材，并表示有信心克服困难，取得突破。结果，该毕设因遭遇种种困难，多项报道计划都宣告失败，而此刻时间已经过去了一多半。最后只得重起炉灶，另找选题，导致最终的毕设质量受到较大影响。

（三）加强对完成前景的预判

尽管我们鼓励学生勇于面对困难，提倡选择那些需要“踮起脚来才能够着”的题材，以锻炼和提升较大规模新闻报道的能力，但对明显超出主客观条件的选题，还是应当果断放弃。这就需要对选题的完成前景进行预判。

预判的前提是知己知彼。知己，是对本小组成员在采访能力、协调配合、关系人脉等方面的了解，以判断能否确保相关选题的任务完成。有时经济条件也会成为阻碍。在此次入选的作品中，《快手江湖》《坚守在生命终点的“天堂使者”》等都有赴外地多个市县异地采访的情况，学生每人为此花费少至五六百、多达上千元，而学校的补贴远远不够花费，这就得量力而行了。

知彼，是尽可能多地掌握与选题相关的信息，并在此基础上对选题项目本身存在的困难和不确定因素予以理性评估。因此，我们主张学生尽量进行选题的预调查，并在调查之后展开充分的讨论。同时，指导老师也应尽量参加每次的选题讨论，以帮助学生作出正确的决断。

第三节

新闻毕设选题的决策过程

毕设选题既然如此重要，一个科学的决策过程便不可缺少。决策方式虽然多种多样，但从深大以往的毕设实践看，凡是认真负责的小组和运作成功的项目，大致都会经历酝酿、泛选、讨论、精选、预调研、讨论、决策等多个阶段，耗费时间通常为一个月以上。有些起步较早的小组，会在毕设正式启动前数月就开始酝酿选题。选题决策是一个群策群力的过程，是为期近半年合作的重要开端，充分的讨论殊为关键。而在选题决策的过程中，指导老师的介入和干预也是必需的，因为选题一旦出现偏差，后期的调整将更加耗时费力。

一

泛选与选题来源

泛选通常是个人化的，这是毕设小组成立后开展的第一项工作，也是毕设启动的标志。小组成立并推举小组长后，组长会布置组员分头寻找和发现选题。为提高效率，有的组长会在与组员商量后，根据大家的兴趣与偏好，确定某个大致的方向。

那么，学生们的选题线索一般从何而来？

第一来自平时的观察与积累。深大的新闻教学，重视联系当前实际，紧跟传媒发展动向，多门课程都要求学生提高新闻热情，关注并了解重要的新闻信息。因此，很多学生对外界发生的事情并不陌生，特别是大四学生，更加具备跟踪新闻的意识。平时的积累也包括对涉深图书的阅读，如毕设作品《逃港之后》，就是毕设小组长在阅读陈秉安《大逃港》之后产生的想法。她当时感到好奇，这些人几十年前历经艰险逃到香港，后来的命运怎样？活得都好吗？为何没人再提起？于是提出了这一选题。所以，平时较深厚的积累，是学生们能够较快拿出一些选题的主要原因。

第二来自专业实习阶段的留心发现。深大新闻专业的学生在大三结束之后便进入专业实习阶段，在传统新闻媒体或新媒体实习 3 个月以上。在采访、编辑和对所在媒体日常报道的观察中，学生会留意到一些现象。有些现象是媒体浅尝辄止的，有些现象则是媒体尚未触碰的。到了做毕设的时候，这些学生就会想起这些线索。其实也不仅是毕设，这些留心到的线索也会成为其他重点报道的选题来源。记得在参加由中国科技新闻学会主办的“2013 年大学生科技传播创新竞赛”活动中，有 3 位选修过笔者“现代科技新闻传播”课程的大四学生，就根据实习期间得到的线索，在笔者的指导下完成深度科技报道《与基因定制有关的三座冰山》，最终获得这项全国赛事的一等奖。

第三来自文献检索。文献检索包括从报刊等传统媒体、网络媒体、图书资料、政府文件等渠道搜索相关选题，同时也对选题的曝光情况加以验证，以便及时剔除“炒冷饭”选题。前述某毕设小组连续多日选择学校图书馆进行“头脑风暴”，也是为了方便进行文献检索和验证。2016 年毕设作品《最后的“黑户”》的选题就来自文献检索。学生当时从时政期刊《南风窗》读到一篇关于广东省无户籍人口的报道，感到情况十分严重，同时联想到作为广东省重要城市且外来人口占比最高的深圳，情况恐怕也不乐观，而当地媒体并无报道，最终决定做此选题。

第四来自指导老师的建议。这是指在决策过程中，指导老师不仅参与讨论，还提出选题建议。笔者一直认为这一步要放在最后才走，要让学生充分讨论，以便最大限度地发挥学生的主观能动性和想象力。前面提到的一个小组，在预调研阶段否定了原先的选题“东莞企业倒闭潮下的女工命运”后，学生又提出多个选题都因这样那样的原因而被否决，迫不得已，笔者提出了“深圳禁毒”这一颇具挑战性的选题，得到学生们的一致赞成。这个项目完成得非常好，被认为是近年来最具挑战性且最优秀的毕设作品。2014 年毕设作品《梧桐私塾“复兴”记》也是指导老师建议的选题，同样完成得不错。

二

精选与预调研

精选是在泛选的基础上，经讨论与文献验证，筛选后得到的更有价值和更接近毕设目标的选题。精选的步骤是：第一，剔除媒体已经较充分报道过的“炒冷饭”题材；第二，剔除可能产生时效问题或与媒体“撞车”的事件性题材；第三，剔除受限于主客观条件而难以完成的题材；第四，剔除新闻价值相对不高或社会意义相对不大的题材。这期间往往要经过多次讨论，最终可能会在十多个选题中筛选出两三个选题，也可能新增泛选阶段不曾提出的更好选题。

有几位曾希望笔者担任指导老师的新闻系学生，在 2015 年 5 月份就组成毕设小组并提前进入泛选阶段，而此时离学院规定的毕设启动时间提前近半年时间。他们当时初步提出了以下 5 个选题（下学期开学后又陆续提出一些选题），并给出了初步的理由：

选题一：《自梳女》（以深度报道为主，短纪录片为辅）。自梳女是指珠江三角洲那些把头发自行盘起，以示终身不嫁、独身终老的女性。由于蚕丝业的兴起为女性提供了独立谋生的机会，这些习俗尽管面对封建礼法压迫，仍得以相沿 300 余年，在晚清至民国前期达到高潮，后来陆续也有自梳女出现。她们曾经远赴南洋打工挣钱，被称为“妈姐”或“姑婆”。如今，这些无儿无女的老人的晚年生活，备受关注。现在中国仅剩的最后一批自梳女，年龄在 85 岁到 90 岁之间。

选题理由：（1）“自梳女”是一个很少被人知道的特殊群体，国内媒体较少报道，具有较强的“新鲜性”。（2）自梳女无儿无女，晚年孤独，希望通过报道引发社会关注，进而改变她们晚年的生存状况。（3）自梳女的故事面临失传境地，这段历史链条也将减少，就像逃港小组（指 2015 年毕设作品）所说，不想让这段历史尘封。（4）她们是中国女权主义的先驱，可与当代女权主义产生联系。

选题二：《深圳“柜族”》（以深度报道为主）。柜族又称“集装箱”蜗居族，是对迫于住房压力而蜗居在集装箱中生活的一类人的戏称。由于住集装箱并不在政府许可之列，因此“柜族”只能躲避在偏远郊区或委身于立交桥下，甚至建筑工地旁。

选题理由：（1）地理接近性，属于“就在我们身边的灰色地带”。从深圳东边的盐田、布吉，到西边的民治、福永，沿着公路行走，一路都能看到很多集装箱出租的情况。在原特区外的宝安区、龙岗区也都分布着这些非法的特殊住房。因此，从公共管理的角度来看，这着实是一个灰色地带。（2）弱势群体。“柜族”大多是低收入阶层，诸如农民工、来深建设者，这在一定程度上折射出这一群体无力承担住房租金的尴尬困境。（3）有普遍意义。据了解，从2010年起，这种现象甚至是一个全国性的问题，直接原因是高昂的房价，还涉及其他更深层次的社会原因。（4）引发思考。国外也有“柜族”，且是真的“贵族”，例如在伦敦就有很多集装箱做的新潮单身公寓，摇身一变成为温馨小屋。而在中国，在深圳，这种集装箱能成为外来务工者、底层市民甚至贫困大学生的救星吗？（5）心理探寻。居住者自身会觉得自己尊严丧失吗？这种现象的本质是不是也是一种对高房价不满的情绪外泄？

选题三：《汉服文化》（以深度报道为主，短纪录片为辅）。2003年，河南郑州的王乐天身穿汉服出现在郑州市区，被喻为“当代汉服第一人”。 而后，汉服运动如星火燎原在国内开展起来。短短十年，全国产生了两百多个汉服社团，深圳汉服爱好者的规模也在逐渐增大，不断有新的成员加入“汉服圈”。

选题理由：（1）兼具新鲜性和接近性。2006年，媒体报道的数据显示深圳的汉服爱好者只有100多人，而到了2015年，仅“汉服深圳”论坛的注册成员已经有2 317人。（2）属于争议现象。近日（2015年5月）西安30名汉服爱好者举行汉式女子成人礼，“二十及笄”的复古仪式引发热议。对此类现象是文化传承还是形式主义和铺张浪费的争议也越发激烈。（3）文化探索。汉服从一个鲜为人知的模糊概念，逐渐开始变成了有严谨定义、有典籍研究、有理论支撑、有实践队伍、有媒体关注、有较为广泛的人参与的一种文化现象，其发展趋势值得关注。

选题四：《本地文化遗产》（纪录片）。以“狮舞”和“飘色”为主。舞狮初期是一种用以驱邪避鬼的民俗，后发展成模拟狮子行为的舞蹈，属于民间表演艺术。舞狮有南北之分，报道将以南狮（亦称醒狮）为对象，南狮主要分布在华南一带，广东湛江遂溪县有“中国醒狮之乡”美称。飘色是一种融戏剧、魔术、杂技、音乐、舞蹈于一体的古老的汉族传统民俗艺术，其精妙之处在于用手指般大小的铁柱支撑起台上所有表演者的重量。主要分布在中国南方地区，如深圳沙湾、中山、珠海、香港和番禺等地，如今面临着失传境地。

选题理由：(1) 有本地文化特色，能体现广东的历史文化渊源。(2) 有新鲜感，舞狮和飘色都是大家有所耳闻而不甚了解的民间艺术。(3) 这类文化虽然已得到政府扶持，但后继无人的问题仍越来越严重。

选题五：《人口红利与刘易斯拐点》。人口红利被认为是造就中国增长奇迹的重要源泉，但早在2007年，中国社会科学院就曾预言，我国剩余劳动力远没有想象的那么多，我国正在由劳动力过剩向劳动力短缺的时代转变，即面临“刘易斯拐点”。

选题理由：人口红利消失带来的劳动力短缺、学校生源锐减等现象，离我们很近，值得进行深层次分析和报道。

以上选题加以详录，是想表明，即便在泛选阶段，一些毕设小组也是认真对待的。同时也不难看出，其中有些选题是匆忙得出而欠缺深思熟虑的。至少选题三（已有报道）、选题四（并不新鲜）、选题五（失诸泛泛）是应当在精选阶段予以“枪毙”的。以笔者眼光，最值得做的是《深圳“柜族”》，虽已有零星报道，但只是蜻蜓点水，并不足以完整呈现这一新现象。由于在这个小组之前已有小组选择笔者做指导老师，他们后来选了其他老师。我关注到的结果是，他们在精选阶段放弃了上述所有选题，而做了反映深圳海洋生态保护现状的纪录片《“深”海》。这个小组对纪录片的拍摄有很高热情，最后完成得也很好。

对于精选出的两三个选题，一是要继续比较它们的新闻价值和社会意义，选出最佳者；二是要对最后入选的题材进行预调研。所谓预调研，是指对相关题材进行一番摸底式调查，包括进一步的文献研究，向专家或业界老师请教，与拟报道对象试探性接触等。预调研的目的，是确保选题的可靠性和可操作性，以最大限度地避免中途出现难以逾越的障碍。

三 决策与老师引导

最后的决策当然是在精选和预调研之后。需要注意的是，在最终选定“那一个”的同时，最好保留一个备选选题，以防项目执行过程中出现意外状况。同时还要强调，在整个决策过程中，指导老师不应缺位。

指导老师通常在泛选之后介入。也就是说，学生召开第一次正式的选题讨论会时，就应邀请指导老师参加。这时，指导老师最好和学生平等地讨论选题，弱化干预的力度，以便让学生的思路在自由的讨论中逐渐清晰起来。在此后的选题讨论会中，老师则应加强引导，以确保选题讨论的效率和朝正确的方向发展。对于缺乏业界经历或在新闻实操方面缺乏经验的年轻老师，邀请业界老师共同参与指导是个好办法。而当学生经泛选和精选仍找不到恰当的选题时，老师应适时提供选题建议。为保证这个建议确实好于之前学生的选题，老师也应早早酝酿，只是到了学生“走投无路”时才和盘托出。这样做的目的，仍是最大限度地发挥学生的主观能动性，让学生在选题阶段得到最大的锻炼。如果老师过早提出建议，则有越俎代庖之嫌，不利于学生的业务精进。根据笔者以往的经验，指导老师至少要参加三次以上的选题讨论会，并保持与毕设组长的密切沟通。在这一阶段，指导老师切勿放任不管。

在选题最终确定之后，指导老师仍应关注相关题材的发展和走向。《最后的“黑户”》（“黑户”是对城市里由于种种原因而没有户口或失去户口的人的民间称呼）决策得很早，选题在2015年的暑假之前就基本敲定。但当10月份大家坐下来商量报道方案时，国家的政策发生了变化。在中央推进户籍制度改革的大背景下，解决无户籍人口的户籍登记问题突然被提到议事日程，全国1 300万黑户的数据也屡屡见诸媒体。根据以往经验，此事一旦中央重视、全国铺开，媒体就会跟进曝光，甚至成为报道热点，“黑户”现象很可能由隐性转为显性。果如此，则到第二年（2016年）4月毕设答辩时，这个题材的新闻价值就会大打折扣，成为“蝶也愁”的“明日黄花”。

这时大家都很纠结，对是否更换选题举棋不定，最终还是舍不得放弃这个题材。笔者与学生们仔细研判包括政府反应和媒体报道在内的各种情况，结果判断媒体介入没那么快，而且因为涉及大量具体实施细则，地方政府的落实也不会那么迅速到位。后来的事实证明我们的判断是正确的。尽管新华网于当年11月发表评论公开提到“黑户”问题（题目是《解决“黑户”问题 不止是权力回归》，国务院办公厅于2016年1月印发《关于解决无户口人员登记户口问题的意见》，2016年3月的“两会”上也多次涉及“上户”问题，但地方媒体除了上传下达，并未深度介入这个话题，地方政府也无明显的公开动静，“黑户”们的很多诉求仍未解决。甚至到2017年4月，公安部领导还通过媒体要求“推动全面解决无户口人员落户问题”。换句话说，在毕设小组整个调查期间，“黑户”现象依然是个等待解决的“地下”话题，“黑户”们仍处于“都市隐形人”状态。

四

选题决策案例

下面列举一个笔者指导的最新案例。这个小组的6位学生将于2018年毕业，也就是说，她们将在2018年4月之前完成毕设任务，4月中下旬参加毕设答辩。这个毕设小组也动手很早，早在2017年的大三下学期进行不到一半时，就组成了毕设小组并找笔者作为指导老师。

根据该毕设小组组长的介绍，她们2017年5月就正式进入了毕设选题阶段，并于当月“开了两次线上选题会和多次线下选题会”。但这还属于泛选阶段，她们是利用课余时间进行的。这期间笔者并未介入，也没给任何暗示，尽管这几个学生都在笔者的课上，接触机会较多。

当年6月20日中午，应学生们邀请，笔者第一次参加她们的选题讨论。讨论开始，学生们亮出一批选题：大学生裸贷，流浪人员救助，抑郁症，家暴，“蓝鲸游戏”类死亡游戏对青少年的影响，城市内涝，女大学生卖卵，外来务工者子女犯罪情况，刑满人员出狱后的去向，深圳出租屋管理，共10个。这些选题一看就知，大多数来自网上，有些属于网络热门话题，有的属于并不靠谱的网络传言，还有些是拍脑袋想象出来的。笔者虽然在心里已暗暗将大部分予以否定，但仍鼓励大家认真讨论，决定取舍。

讨论中，经老师引导，大家逐渐看清了这些选题的弊端。例如，“大学生裸贷”是过气题材，过度炒作，毫无新意；“流浪人员救助”与城市特色无关，也缺乏新闻价值；“抑郁症”过于笼统，若论个案，多年前深圳已有著名女作家李兰妮出版的长篇自传体散文《旷野无人——一个抑郁症患者的精神档案》，能写得过她吗？“家暴”无新意；“‘蓝鲸游戏’类死亡游戏对青少年的影响”有点像研究报告，且难度很大；“城市内涝”不典型，深圳内涝最严重的时候是20世纪90年代，近年已有极大改善；“深圳出租屋管理”大而无当，新闻价值不大；“女大学生卖卵”与裸贷类似，网上炒作多时，各地报道大同小异；“外来务工者子女犯罪情况”前几年已有学生触碰，以失败告终；“刑满人员出狱后的去向”涉及个人隐私，对在校大学生来说，采访难度太大，且有一定风险……于是大家商定，利用暑假继续寻找选题，并约定新学期开学后再和老师一起讨论。

2017年10月初，在忙过新学年开学之初的诸多事宜后，我们再次开会讨论。学生们提出了一些新的选题，如深圳“拆二代”（指因拆迁而致富的在深圳拥有较多房产的原住民的后代）、戒网瘾学校、深圳人工智能&传统产业转型升级、深圳幼教行业乱象等，大都也不太理想。这时，眼看到了毕设正式启动的时间，笔者抛出了两个选题建议：

第一，深圳原住民墓地，也称“公益墓地”。这是一个媒体长期沉默而鲜为人知的存在。深圳的土地面积是四大一线城市中最小的，墓园更少，原特区内只有一个公共墓园，且寸土寸金。但深圳同时却有大约30个散落各地、只供原住民无偿使用的“公益墓地”。这种沿袭原农村墓地政策形成的特殊墓地，在20多年前已全部实现农村城市化、农民早已转变为市民的今天，民众怎样看待？使用情况如何？是否已经饱和？这些早期划定的墓地与城市发展有无冲突？有无违规出售“小产权墓”等情形？种种未知情况具有较高的新闻价值，且在次年毕设作品完成时，正逢清明节，可以通过媒体转载产生一定社会影响。

第二，过剩的购物中心。十多年来，深圳各类大规模的购物中心发展迅猛，有些区域早已饱和，却仍在不断上马。这导致有些购物中心门可罗雀，有的只靠餐饮聚集人气，有的被质疑建购物中心的目的是圈地。但迄今媒体未见对购物中心的系统性调查报道，而该题材对城市发展有积极意义。

大家觉得这两个选题都不错，但笔者建议学生们先别急着表态，下去做些预调查，下次开会再定。

2017 年 11 月 14 日，学生邀请笔者再次开会。会上，大家汇报了预调查结果，决定选择购物中心题材。组长代表大家讲述了选此题材的理由。笔者表示同意，选题决策宣告完成。

第四节 新闻毕设的体裁样式

根据深圳大学传播学院新闻系的规定，新闻专业本科生的毕业设计主要以小组为单位完成较大规模的深度报道并以规范而有创意的形式加以表现，包括平面媒体作品和视频作品。这里所说的体裁样式，以平面媒体作品为主。

一 并非所有体裁都适用

新闻体裁有消息、通讯、评论、述评等多种样式。通讯按中国教科书的传统分类又可细分为人物通讯、工作通讯、事件通讯、风貌通讯、非事件通讯等。还有“专访”“侧记”“见闻”等也都在通讯的范畴。述评则是通讯和评论的结合体。

自西方的新闻实务教材和经典新闻作品不断被翻译引进后，“特稿”（feature）的概念渐渐流行。特稿本质上是与消息相对应的体裁，与通讯并无区别，可归入通讯。这也是为何中国新闻奖迄今只有“通讯”而无“特稿”的原因。但在使用语境和约定俗成方面，特稿具有独特含义。甘惜分教授主编的《新闻学大辞典》的特稿（该辞典将其等同于特写）词条为：“以形象化手法，将新闻事件、人物、场景、动作等具体、生动地再现出来的报道。”① 而在西方新闻媒体的实践中，特稿有着更加宽泛的含义。英文版《当代

① 甘惜分主编 . 新闻学大辞典 . 郑州：河南人民出版社，1993：168.

媒体新闻写作与报道》(第六版)称:“特稿是一个涵盖性术语。它包含了各种各样的软新闻,如人物、人性描写、教育、娱乐、趣味、解释等。特稿并不将提供新闻作为第一要义,而通常是对第一轮已经报道过的重要新闻加以重新挖掘和展示。它可以是独立的新闻,也可以是主要新闻的配稿。”① 该教材进一步将特稿归纳为五种类型:

(1)个性化人物报道(personality profiles):旨在拉近受众与新闻中或新闻外的人物的距离。应运用采访、观察和有创意的写作来刻画出人物的生动画面。

(2)人类趣味新闻(human interest stories):向受众展示事物奇异、感性、娱乐、实用等方面的价值,也包括游记类写作。

(3)趋势新闻(trend stories):揭示人物、事物、组织等对社会正在发生的影响。一些关于最新时尚的趋势新闻就很受欢迎。

(4)深度报道(in-depth stories):通过扎实的调查与研究,向受众提供远比基本新闻更加翔实和深入的新闻故事。其可以是关于某个题材的长篇故事,也可以是对个人、团体、机构等错误行为的调查揭露。

(5)背景新闻(backgrounders):也称“解析新闻”(analysis pieces),通过增加背景材料或数据对当前新闻中的事实加以分析和解释,让受众明白新闻中的人物、机构、国家等为何及怎样发展成现在的状态。②

之所以对特稿说这么多,是因为我们在毕设的指导过程中,倾向于用特稿的概念替代通讯,这一点容后详述。

新闻毕设由于较为漫长的生产周期和非事件新闻的选题倾向,消息便较为少用。消息讲究时效性,且传递的事实相对较为简单,这都与近半年的新闻大制作相抵触,也与毕设要求的深度报道不太合拍。此外,追求短平快的消息体裁,在采访的复杂性和艰巨性方面,总体上也相对较弱。这可以解释为何普利策新闻奖获奖作品中很少见到我们所说的几百字“消息”。在其 14 个新闻奖项中,除了摄影、漫画、评论、社论写作等类别,其余文字新闻奖项的作品大多数都可以被定义为特稿。《纽约时报》的汤姆·威克(Tom Wicker)是美国总统肯尼迪遇刺事件的见证者和第一报道者。他通过电

① Bruce D. Itule, Douglas A. Anderson. News Writing and Reporting for Today's Media (Sixth Edition)(双语教材). 北京:中国人民大学出版社,2003:127.

② Bruce D. Itule, Douglas A. Anderson. News Writing and Reporting (Sixth Edition)(双语教材). 北京:中国人民大学出版社,2003:127-129.

话陆续发回的报道分别发表在报纸的头版和第二版，他也因第一手的翔实报道而一夜成名。但这些“倒金字塔”消息并未为他带来普利策奖桂冠。

但消息也并非绝对不可用。在毕设作品最后完成之前，找到某些新的事实作为由头，将其中某篇早已采写的新闻包装为最新的消息，也是可以的。或者毕设作品是针对某个事件的系列报道，其中当然也可以包含消息。但上述情况并不多见。特别是事件新闻，但凡有较大新闻价值，主流媒体早已报道，轮不到学生慢慢去制作。

与特稿常常难以区分或容易被混淆使用的概念是“特写”。特写（close-up）的提法来自摄影术语，涵盖照片和影视，是指被拍摄对象被放大或细腻表达的局部画面，旨在使拍摄对象突出于周围环境，用以呈现更清晰的细节、更生动的情绪或更微妙的变化。新闻特写与之相似，关键点在于 close（近观）。其不求全貌，也不求完整，而以横截面的方式展现事件或现象的细节，或以微观的手段刻画人物的相貌或情感。因此，特写属于特稿中的一个分类而并不等同于特稿。特写也是毕设中鼓励使用的体裁之一。

二

提倡多用特稿体裁

中国新闻界将特稿分离于通讯而作为一种独特体裁运作的实践，始于 20 世纪 80 年代末，兴盛于 90 年代。1995 年《中国青年报》创办特稿版“冰点”，是其中一个标志性事件。包括《南方周末》在内的国内很多报纸，特别是更加贴近社会的市场化报纸，后来纷纷成立特稿部或深度报道部，促成这一体裁的普及运用。直到今天，特稿仍是《南方周末》《财经》《财新》等媒体最常运用的体裁。种种优秀特稿作品，不仅深受读者喜爱，也作为新闻专业主义的表现之一而得到学界的认可与好评。

当然，特稿写作也是有较高门槛的。它考察的是记者调查突破的能力，挖掘真相的能力，捕捉细节的能力，叙述故事的能力。2012 年“7 · 21”北京特大暴雨之后，当地很多报纸都做了大量报道，但唯有《工人日报》的《北京一夜》，因为“生动地还原出那个雨夜的悲情与温情”[①]，而获得了第23届中国新闻奖的一等奖。该文就很好地体

① 张烁 . 第 23 届中国新闻奖：讲好中国故事　传好中国声音 . 人民日报，2013-11-09.

要 领

特稿写作重点考察的能力

特稿写作重点考察记者的以下能力：调查突破的能力，挖掘真相的能力，捕捉细节的能力，叙述故事的能力。

现了其作者的上述四种能力。新闻专业的本科毕业生，理应学习并在一定程度上掌握这些能力。因此，在新闻毕设中，我们提倡学生多用特稿的写作方法，而他们平时并不缺乏这类训练。由新闻系学生创办并运营、每月出版 2 至 3 期的深大校园报纸《新新报》（该报已多次获得全国高校校报新闻评审的一等奖及由《中国日报》香港版主办的海峡两岸、香港、澳门学生报纸新闻评审的冠军奖），每期都有“焦点”“特稿”和“脸谱”（人物特稿）等特稿专版。毕设环节鼓励使用特稿，只是在平时要求的基础上提高了验收标准而已。

鼓励采用特稿形式，也是考虑到毕设采写的实际需要，即淡化新闻时效，挖掘新闻价值，重视精彩叙事。

（一）淡化新闻时效

在各种新闻体裁中，特稿是时效性不强的一种。前述《北京一夜》的发表时间，较之“7 • 21”特大暴雨发生时，已过去一个星期。2013 年获普利策特稿写作奖的《纽约时报》多媒体作品《雪崩》的发表时间，更在事件发生的 10 个月之后。查阅该特稿的发表文本，到第 4 自然段才笼统提到“2 月份发生在华盛顿州卡斯卡德斯的雪崩”①，而通篇并无精确时间。新闻毕设作为时间跨度长达数月至半年的制作项目，其主体部分也宜采用特稿形式。

（二）挖掘新闻价值

新闻价值，是我们衡量毕设作品质量的最重要尺度之一。对毕设而言，在新闻价值的六大要素（时效，新鲜，接近，重要，显著，趣味）中，时效价值已经打了折扣。

① John Branch. Snow Fall：The Avalanche at Tunnel Creek. www.nytimes.com. Dec. 20, 2012.

显著价值也常常退居较次要地位，原因是这类依附显著人物、显著场所、显著事物而产生的新闻事实，容易被媒体或网络抢先报道，或本身并不构成可深入展示的新闻故事。这时，就要加强对其他价值要素的挖掘力度。

对新鲜性价值的挖掘。尽管我们要求选择媒体不曾报道过的题材，但也难以避免某些局部重叠。例如有一年，学生选择深圳莲花山的老人相亲角，即很多老人在这里聚集和发放信息，为自己的儿女选择配偶。此事媒体已有报道但并不详细，毕设作品就需要通过深入调查揭示尚不为人知的事实，呈现更加生动的场景，以增强题材的新鲜感。

对接近性价值的强化。除内容本身应贴近受众外，特稿可以借助非虚构文学的写作方式，如细节的再现、巧妙的布局，来拉近与读者的心理距离，引发情感共鸣，从多个方面强化接近价值。

对重要性价值的提升。重要性固然是选择题材时首先要考虑的价值要素，但特稿采写通过背景的穿插、事实的呼应、情节的演绎、意义的阐释等，有助于加强题材的张力，以此提升和更好地展现题材的重要价值。

对趣味性价值的渲染。好的特稿写作，可以通过精彩的对话、生动的细节、真切的情感等，给读者增添审美情趣和带来阅读快感。

（三）重视精彩叙事

特稿特别讲究故事性，要求有血有肉的生动叙事。梅尔文·门彻的《新闻报道与写作》在我国已有多个中文版本，其对特稿的定义就突出了讲故事的要求：“特稿是写来供娱乐和告知的。作者让个人的动作和意见来传递故事。”[①]有学者在分析各种新闻体裁后确认：“特稿则是高度强调叙述性，以‘故事’来打动读者。”[②]以2013年的毕设作品《深圳涉外婚姻三十年》为例，如果不引入特稿的写作方式，就可能成为枯燥的综述性报道或干巴巴的新闻解析，等同于一般意义上的“通讯”。在完成过程中，学生们被要求多用特稿的方式。他们采访到很多生动精彩的故事，包括8个人物特稿，将这些故事的叙述融入长达4万多字的作品中，大大增强了作品的可读性和感染力。

---

① 梅尔文·门彻．新闻报道与写作．展江，主译．北京：世界图书出版公司，2014：182.

② 王辰瑶．模糊而有意义——谈谈文字报道题材的分类与命名．新闻与传播研究，2015，(1)：119.

三

样式首选专题报道

作为需要多人耗时近半年完成的深度报道，除了前述报道体裁外，用什么报道样式来呈现最为合适？学生们通常面临三种选择：一是单篇稿件；二是系列报道；三是专题（组合）报道。多年的实践表明，专题报道是最适合新闻毕设的报道样式。

（一）单篇稿件

指一个标题下的独立稿件。由于毕设的规模要求，这样一篇稿件注定需要很长的篇幅来展现。这就可能给毕设带来一些不利因素：第一，不利于分工合作。小组中的多个成员因平时缺乏合作默契，很难围绕一篇文章进行有效而均衡的分工，也不便各成员扬长避短，发挥优势。第二，不利于文章的连贯顺畅。尽管单篇文章下可设多个小标题，让组员分工完成，但各段落的组合拼装如果不能很好地统一融合，很可能会影响整篇文章的叙事逻辑和气韵贯通。第三，不利于阅读与呈现。毕设作品少则一万余字，多则三四万字，如此单篇超长文章会给阅读带来困扰，也会影响版面的美观与疏朗。

因此，这种单篇超长稿件无论是报纸、杂志还是网络，目前都较少采用。也正因为上述种种缘故，深大开展新闻毕设多年来，尚无任何毕设小组选择此种样式。

（二）系列报道

《新闻学大辞典》给“系列报道”下的定义是：“对在一个较短时间内人们普遍关心的几个重要的相关问题或一个重大问题的几个侧面，分为若干各自独立而又有机结合的篇章加以报道的方式。”[①]这个定义的缺陷在于忽略了系列报道各文章之间时间轴的纵向关系，即时间上的连续性。换句话说，系列报道虽不定期发表（视报道的进展而定），但却有着时间上的先后顺序，即系列报道的各篇文章不太可能同一天在报纸上刊登，否则就是另一种样式——专题报道了。

系列报道最常见的是针对一个事件（特别是突发事件）进行连续的报道。如2018年

① 甘惜分主编．新闻学大辞典．郑州：河南人民出版社，1993：154.

1月6日，一艘巴拿马油轮与一艘香港货船在中国东海近上海海域相撞，引发大火并造成32名船员失踪（后被确认死亡）。关于此事的系列报道直至笔者完稿的1月下旬仍在继续。事件发生后，媒体有责任尽快履行告知义务，但逼近真相却要假以时日，所以需要持续地披露新的事实，包括对最初报道信息的修正。美国“9 · 11”事件的报道，从最初推算的死亡1万多人到一年后的3 000多人，就是不断修正的过程。也可以针对某一复杂事实边调查边报道。《华盛顿邮报》的“水门事件”系列报道就持续了约一年的时间。还可以针对一种现象，经过精心策划和组织，从不同层面、不同角度围绕同一主题进行连续的报道。第22届中国新闻奖系列报道一等奖获奖作品《中国企业走向非洲》，就是《中国日报》从6个采访角度完成的6篇报道并分期发表的。这6个角度采访到的事实本身，并无时间先后，但报纸的刊登却有着时间的顺序，通常会将最能体现主题价值的核心事实首先发表。笔者在20世纪90年代组织多位记者，围绕深圳实现城市化后是否存在农业这一主题，从畜牧、家禽、果菜等多方面采写的6篇系列报道，也属此类。从近年中国新闻奖的系列报道获奖作品看，非事件系列报道占据了较大的比重。

但是，系列报道却不太适合新闻毕设，主要有三个原因：其一，毕设作品是一次性提交的，其纸质作品通常以报纸或杂志形式呈现。一期杂志内刊登多篇“系列报道”，并不符合出版惯例。其二，如果在毕设期间就某一事件或现象，按系列报道的要求先后采访并做成报纸分期印刷，理论上是可以的，但实施却会带来问题。如果这一事件有足够的新闻价值，即便主流媒体尚未发现，却很难保证直到毕设答辩时仍不被

要 领

系列报道的“纵向”与专题报道的“横向”

系列报道的各篇文章在时间上具有连续性。换句话说，系列报道虽不定期发表（视报道的进展而定），但却有着时间上的先后顺序，即系列报道的各篇文章不太可能同一天在报纸上刊登，否则就是另一种样式——专题报道了。

如果说系列报道是纵向的，专题报道就是横向的。专题报道也称“聚合报道”或“组合报道”，是指从多角度、多侧面围绕同一主题或同一事件进行报道并同时刊发的一组新闻。这也是目前报纸、杂志、网络最频繁使用同时也最为受众喜爱的深度报道样式之一。

报道。而一旦报道（很可能比学生报道得更好），这组毕设作品就会失去价值。其三，如果是非事件报道，则无必要刻意分期出版。不过也不是绝对不可以，在此次入选的毕设作品中，就有少数作品采用了系列报道的样式。

（三）专题（组合）报道

如果说系列报道是纵向的，专题报道就是横向的。专题报道也称“聚合报道”或“组合报道”，是指从多角度、多侧面围绕同一主题或同一事件进行报道并同时刊发的一组新闻。这也是目前报纸、杂志、网络最频繁使用同时也最为受众喜爱的深度报道样式之一。

在华文圈里，最早采用这一样式并将其作为一种报道形式固定下来的，是港澳台的报纸。其中，香港报纸做得最为出色，其在这一样式的策划和版式编排方面直到今天仍胜过内地报纸。而香港报纸的实践又是借鉴自欧美报纸以及欧美新闻周刊的封面故事。港报长期称此类报道为“专题”并每天辟有“专题”版面（都是深度报道，而非内地一些报纸软广告的代称），这就是“专题报道”这一特定指称的由来。笔者倾向于沿用这一称呼，因为一些教科书将系列报道也列入组合报道，易生歧义。专题报道的对象既可以是事件，也可以是非事件。就新闻系学生的毕设而言，这一报道样式具有多项优点，例如：

1. 容量大

专题报道较为适合深度和较大规模的报道，容量大且具有较灵活的扩张性是其重要特点。根据事实的复杂程度，专题报道可以是半个版或一整版，也可以多个版甚至整叠报纸、整本杂志。2012 年 3 月 8 日，梅西在欧冠决赛中连进 5 球，《深圳特区报》用半个版刊发 3 篇稿件形成一个小专题。《纽约时报》在报道“9 · 11”这样的大型突发事件时，用了整个 A 叠共 27 个版（加上 1 个广告版共计 28 版），发表了超大规模的专题报道。而毕设作品规模都较大，需要较大的出版容量。毕设作品《深圳涉外婚姻三十年》就用了 8 篇（组）稿件、4.3 万字、36 个版面。

2. 易分工

专题报道通常由多人完成，正好与毕设小组的多人员组合一致，可以根据个人专长，分工完成报道任务。这也更利于学生在答辩过程中呈现和阐释自己负责的工作。

3. 重设计

专题报道更加注重版式设计，大都采用当今流行的模块化版式，有利于图文并茂地呈现报道内容，突出报道主题。这一样式可以锻炼和检验学生的平面设计能力。

关于专题报道的具体策划、组织和编辑要求，详见“第四章 新闻毕设的编辑制作”。

第二章

新闻毕设的采访

毕业设计通常以深度报道的形式呈现，选题多聚焦于社会热点、难点和痛点，因而采访无疑是困难重重的。对于未出校门的“准记者”们来说，采访涉及面之广、难度之大、关系之复杂，都是前所未遇的。有了好的选题之后，能不能让选题落地，能不能找到最合适的采访对象，并采集到鲜活生动的报道素材，这是对学生新闻实务能力的考验。因此，采访也成了毕业设计的重头戏。

本章将结合近年来深圳大学传播学院新闻系毕业生所做的毕设作品实际案例，详细解剖毕设采访中所遇到的问题以及相应的实操指导。

第一节

新闻毕设采访的特殊性

新闻采访是指新闻工作者出于新闻报道的目的，通过访问、观察等方法，收集资料、认识事物、发掘报道素材的活动。[①]采访是新闻工作者的职业活动，因而要求采访者具有专业技能，遵守职业规范。令人信服的新闻报道，都是从采访中得来客观真实的素材，有了扎实的采访，才能为新闻写作打下基础。新闻采访要体现新闻工作者的

① 张征．新闻采访教程．北京：中国人民大学出版社，2008：1.

职业能力（journalistic skills）。从这个角度来说，仅仅拥有质疑的勇气和追求真相的理念是不够的，采访还是个技术活儿。

新闻专业毕业设计中的采访与一般媒体记者的采访相比，还存在一些特殊性。

参与新闻毕设采访的，是即将毕业的大学生们。他们虽然系统地学习了新闻采访的理论与技能，并在校园内做过新闻采访实践，但是由于没有采访证等客观原因，以及自身缺乏社会经验和人脉关系等，总会遇到诸多难题。破解这些难题，既需要学生具有单打独斗的突破能力和坚持不懈的专业精神，也需要项目小组的分工协作和统筹规划。

一 没有记者证的尴尬

学生们出去采访，最常遇到的就是对方要求出示记者证，特别是一些政府部门的要求更为严格。在这种情况下，通常学院会给每个毕设小组开具一份介绍信，详细说明学生的身份和采访工作的目的等，一般会得到采访部门的认可。但是，也遇到过被政府部门拒绝的情况，因此，没有记者证，就成了学生采访最为尴尬的事。

由于没有记者证，学生在与政府部门沟通时，经常遭到拒绝，或者不提供权威数字。例如，《深圳填海三十年》小组在采访相关政府部门时，因为没能够说出具体的部门、人名，经常被保安拦在门外，或者被工作人员一句话打发到其他无关部门。这个小组学生在三次去有关部门采访而被拒绝的情况下，仍然坚持采访。他们总结出了和政府机关打交道的经验，那就是坚持不懈——即使被推向不相关部门，也不放弃。虽然没有记者证，也没有任何关系引荐，他们到政府机关采访，就厚着脸皮去问，用大学生的真诚、热忱打动工作人员，最终成功采访到相关部门负责人。

不仅没有记者证让学生遭遇尴尬，毕设采访中缺乏采访经费也成了一个拦路虎。学校无法为学生提供充足的采访费用，一些需要异地采访的选题，学生的差旅费和其他经费都只能自行解决。《快手江湖 / 农村网红风云录》小组为了采访到遍布全国各地的农村网红，先后前往湖北、贵州、山东、辽宁等地，采访中不仅住宿经费出现问题，有时候找个旅馆都很难，因为采访对象很多都住在农村或者县级城市，有的地方旅馆很难找。[①]

> 比如我们在从化时，采访对象在松园村，但是只有龙潭村旁边有一家叫“友谊公寓”的旅馆，友谊公寓不友谊，一间房要108元一晚，开房不需身份证，给你房卡就让你上楼。厕所的洗澡水哗啦啦的全是冷水……我们每天还要步行半小时才能到采访对象家，但是方圆十里也只有这一家旅馆。不过很多时候，采访对象都会邀请我们住在他们家，当然我们都开心地答应了，毕竟可以节省经费嘛。

二 缺乏社会经验，与采访对象沟通难

参与毕设采访的学生普遍缺乏社会经验，对社会现实的了解不够，不能准确把握重大题材的采访，导致纸面上的采访设计和现实情况大相径庭。

面对关涉社会热点和难点问题的重大选题，学生往往徒有一腔热情，当面对采访对象时，会出现无法把控采访进程的情况。采访也往往会陷入僵局。这就要求学生在采访前做好充分的采访策划和采访准备。采访是个沟通的过程，需要采访者具备较好的社交能力。作为在校生，学生平时所做的校园媒体，采访往往局限于校园内的人和事；然而，毕业设计的选题突破校园的限制，通常选择的是那些社会热点和难点问题，以及一些特殊人群，与采访对象的沟通就成了考察学生专业能力的第一关。

通常情况下，小组需要采访的人数众多，各种采访对象的身份、地位不同，性格迥异，这就给采访沟通带来了很大的难度。这些采访对象，有政府官员、专业人士，也有普通百姓，与各种人的沟通要采取不同的方式，才能取得好的效果，这对学生来说是一个难点，他们往往不知如何下手。

此外，毕设采访中学生的社会网络、人脉圈子比较有限，要寻找合适、有价值的采访对象比较困难。采访对象难找，典型的采访对象更难约到。有时，还要面对被访者提出付“采访费用”的要求。《快手江湖 / 农村网红风云录》(2017) 小组确定了报道

① 以下仿宋字部分摘自毕设小组学生的项目介绍，下同。

农村网红这个主题之后，就遇到了寻找合适采访对象的困难。

> 快手上的网红多如过江之鲫，寻找特定的农村网红存在一定的困难，只能通过长期、大量的刷快手，寻找合适的采访对象。前后历经三个月的时间，我们才找到了愿意接受采访的农村网红。
>
> 快手上粉丝量超过五百万的大网红，很难联系到。他们更多愿意接的是广告合作，在辽宁鲅鱼圈，采访对象喜良告诉我们，如果我们想要采访某位网红，需要给十万元的采访费。这句话不知真假，但是通过喜良我们采访到“东北霹雳舞大叔”（快手粉丝：161.9w），这位网红在接受采访时问我们，采访是否会给费用，我们当然给不出。

当然，以学生身份进行采访也有很多便利之处，比如学生身份容易取得采访对象的信任，当跟对方讲清楚毕业设计项目之目的后，通常会得到采访对象的理解和支持。学生在采访中谦虚求教的态度也容易得到采访对象更积极主动的配合。

三

小组配合、分工协作

毕设是以项目小组的形式来完成的，因为选题一般比较重大、涉及面广、相对比较复杂，采访的工作量非常大，一般每个小组至少要采访几十人，还要采访相关政府部门、社会机构。

比如，《指尖下的人间冷暖 / 深圳盲人按摩师生存实录》小组走访 50 家盲人按摩店，访谈了逾 100 位盲人按摩师，还采访了多名深圳市残联、盲协的工作人员，以及专家学者、律师，和 30 多名顾客；《外来务工子女：无处安放的书桌》小组，在毕设采访中走访了 86 所民办学校，深入采访了其中的 21 所，采访了 22 位老师、5 位校长，采访外来务工人员子女 60 人，以及 17 位家长等。这样繁杂的采访任务需要做统筹安排。

项目小组的组长是小组的灵魂人物，需要把握项目进度，安排小组成员分头采访，并在分头采访之后组织大家及时进行沟通。通常当采访受阻、报道方向迷失的情况出现时，小组组长还需要及时与指导老师取得联系，寻求指导老师的帮助和指点。毕设项目实施之前需要做详细的采访计划，但是实施过程中还需要根据实际情况不断进行调整，这些都需要小组成员紧密配合、分工协作。

小组成员分头采访，需要及时反馈采访信息，及时交流采访情况，进行阶段性的采访总结，并推动采访的深入，查缺补漏。比如，《摇摇晃晃的人间 / 深圳脑瘫家庭调查实录》小组，以专题报道的形式展示深圳脑瘫家庭的生存全景。采访对象涉及近百人，深入采访近20个家庭，细致深入地了解脑瘫患者的康复、教育、就业的方方面面。这个小组共有六名组员，他们采取三两结合的方式，分头进行采访。每次采访由一人主问，另外两人辅助提问并做好记录。每次采访结束后都进行一次线上或线下会议，总结当天采访获取的信息及新的发现。在整个项目的推进过程中，他们至少每周进行一次线上或线下会议，制订采访计划及任务，采访最密集的一段时间里，几乎每天都开会，可见毕设采访中小组成员密切合作和及时沟通的重要性。

第二节

采访策划和采访准备

毕业设计采访是一个大型的、复杂的项目，要求学生在采访前做较为充分的策划和必要的准备。当一个毕业设计小组有了选题和明确的采访目的之后，还要对整个采访做精心策划，其中就包括采访对象的选择、采访方式和地点等。而采访前的必要准备包括资料准备、采访前的心理准备等。

一

采访策划

毕业设计项目作为一项大型报道活动，有其复杂性，因此通常需要学生在采访之前做精心策划，包括对采访主题、采访步骤和采访对象以及采访方式和采访地点的策划。作为综合性的多媒体报道，毕业设计通常还会兼顾文字、摄影和视频拍摄等多种表现形式，这就要求学生在采访之前做合理的安排。

采访策划不是凭空臆想出来的，一份好的策划案是建立在前期的调查和准备基础之上的。学生在选题的时候，就要适当做一些社会调查：这样的选题是否具有社会意义？有没有最新的新闻由头？是否有深入挖掘的空间？能否找到合适的采访对象？适合怎样的呈现方式？要回答这些问题，学生通常要做一些社会调查和前期采访，而这些前期的调查和采访，正是采访策划的基础。学生要在此基础上提出合理的采访策划，列出采访提纲。

二

采访前的准备

（一）资料准备

对于记者来说，在确定了新闻选题、有了新闻线索之后，首先要进行的是资料准备。这就要求记者能够迅速地查找到与采访线索有关的资料，并能够对资料进行快速的理解、分析，在此基础上，对资料进行综合和评估。

那么，为什么记者在采访前需要做资料准备呢？

首先，如果记者在采访之前能够掌握相关的资料，就可以更好地了解采访对象，便于记者提出更有针对性的问题。其次，记者需要迅速了解相关知识，采访中尽量不提外行的问题。

任何新闻的发生都有一定的背景，搞清楚了过去的背景，才能更好地认识现在，采访时再去提问题，针对性也就强多了。特别是人物采访，如果记者采访前没有做资料准备，对采访对象的基本情况不了解，面对采访对象，不是说外行话，就是问题提不到“点子”上。《逃港之后》（2015）小组为了了解20世纪发生在深圳的大逃港事件这段真实的历史，在采访之前通过搜索引擎、论文数据库、图书馆资料室等途径搜索与逃港有关的论文、影视资料，并阅读了深圳作家陈秉安的《大逃港》、法国汉学家潘鸣啸的《跨掉的一代》、李建中的《论知青逃港潮》以及《香港史》等资料。

在采访前进行充分的准备，尽可能多地了解采访对象，提问就能准确恰当。如果采访时能讲出一些具体事例，让对方回忆当时的情景或心理活动，这样往往能获得有价值的材料；如果采访对象不愿意讲时，记者可以根据已经掌握的事实进行提问，促使对方不得不开口。这些都体现了前期准备的必要性。

我们看到一些记者在新闻发布会上能够提出很精彩的问题，同时又不断地追问，这种现场追问的功夫其实是来源于记者采访前的资料准备，比如他要深入了解采访对象的背景资料，了解采访对象所处的环境等等，只有把这些情况都摸透了，才能够步步追问，进而得到有价值的新闻内容；其次，记者掌握了更多的资料，可以在新闻的角度上更加出新。同样一个采访对象，同样一个选题，别人已经做了什么？他们选择了怎样的角度进行报道？如果记者在采访前对这些问题能够做到心中有数，就可以较好地避免雷同。现在媒体竞争异常激烈，表现出来的内容和形式上的同质化现象却很严重，如果记者能够在采访前做较为认真的资料查询工作，对于即将报道的新闻选题进行仔细的分析，就可以避免雷同的现象产生；通过资料准备的过程，也可以激发记者思考问题的深度和广度，从而找到更加具有意义的新闻角度。

学生在做毕设采访时，选题往往涉及面更广，面对自己不懂的知识领域，往往面临采访时提不出问题、无法跟采访对象深入交谈的窘境。这就需要做较为深入的知识准备，有时候，“临时抱佛脚”也很有必要。例如《深圳填海三十年》小组，在采访深圳城市规划设计研究院的专家时，因为对设计方面知识的缺乏，采访对象拒绝和他们继续聊下去。遇到这样的情况，学生只能先回去搜集相关知识，补充了解一些基本词汇含义，然后再去约专家采访。

还要注意资料来源的可靠性。随着网络时代的到来，资料已经不仅仅限制于文字和图书、剪报等，更多的资料来源于互联网。我们知道，互联网上的信息资源是海量的，由于其查找方式的便捷性和资料的易得性，记者在查找有关文字和影像资料时，时间大大缩短。但是，网络资料的来源可靠性则要引起注意，一些来自网络的资源没有提供出处，且信息的完整性不够，这就要求记者在查找资料时，尤其是当引用有关资料时，要格外小心。

一个毕设项目甚至要建立自己的资料库。在项目进展中采访者不仅要对相关知识进行积累，把阅读图书、报刊时看到的相关文章拷贝下来，另一方面也要对其他人的报道形式和写作方法进行分析和积累，逐渐形成自己的资料库。“不积跬步，无以至千里；不积小流，无以成江海。”《荀子 · 劝学》篇中的这句话，对于完成毕设项目的学生们来说，无疑具有启示意义。

（二）心理准备

记者在采访前除了资料的准备以外，还需要做心理上的准备。

心理准备是进行某项行为之前所作的心理管理，就是将自己的心理机能提高到和行为相适应的高度上来，以便行为的顺利实施。记者在采访之前，首先要在心理上做好充分的准备。采访之前，如果你心里面没有准备好去和你的采访对象进行一些比较深入的交流，采访中就会出现很多尴尬的场面。

毕设采访可能面对很多无法预知的场景，有些可能是恐怖的场面，有些是难以沟通的人等，记者在采访前，就必须要在心理上做好调适。

不妨在采访前问自己这样几个简单的问题：我要采访的是什么人？这个人（这些人）的社会处境是什么样的？他们的基本心理状态如何？我要以怎样的态度面对采访对象？只有理解采访对象所处的具体环境，设身处地站在对方的立场去提问，才能问到对方的心坎上去。同时要注意，不能轻易以自己的价值观去做判断，要从被采访者的切身感受入手。

比如对灾难新闻的采访，记者面对的经常是受害者，当事人本来已经经受了灾难的袭击，心理非常脆弱，这时候记者进行采访，就要考虑受害者的心理承受能力。比如，2008 年“5 • 12”大地震中，国内一些记者在灾区现场采访中表现出的敬业精神十分令人钦佩，但是他们在现场的一些提问却引发公众质疑。一位女民警在地震中失去了自己的父母和女儿，而一位记者在采访她时直接问道：在地震中是否失去了亲人？女民警表现出很悲伤无力的样子，而这位记者居然又问："你在救助这些灾民的时候，看到老人和小孩，会不会想到自己的父母和女儿？"女民警随即昏倒被送上救护车。在这样的采访提问中，显然记者本人没有做好心理准备，没有充分了解采访对象的处境，从心理上体会对方的处境，并提出更合乎情理的问题。这不能简单地归结为记者职业道德的欠缺，而应该从更深层次挖掘出现这样情形的原因。从心理学的角度来看，记者在灾难采访中的表现欠缺，应该从心理准备方面予以关注，作为职业行为，记者应该首先从心理上对自己做必要的调适，然后才能在采访中从容面对。

记者的心理准备包括哪些内容呢？

首先，记者的访前心理调适，是指记者在采访前，根据对采访对象的了解，把自己的心理调节到适合采访的状态。特别是对特殊环境和特殊任务的采访，更应该做特别的心理调适。比如，《坚持在生命终点的"天堂使者"》毕设小组成员，为了写好这些 90 后入殓师，先是跟随他们进到殡仪馆，观摩入殓师们为逝者化妆美容的过程，之后，部分小组成员还克服恐惧心理，亲自动手为逝者化妆，以体会这些入殓师的工作难度。对于这样特殊场景下的采访，在采访之前，学生们是做了心理准备的，对于自己将要面对的事物有一定的心理准备，这样就保证了整个采访过程顺利进行下来，也取得了采访对象的信任。

其次，记者对采访对象的心理进行分析和研究。通过做必要的调查研究可以了解采访对象的心境，并据此制定合适的采访方案，找到采访的突破口。例如，《最后的"黑户"》这个项目小组，最初对"黑户"人群的采访十分困难，主要源于在国家政策放开二孩之前，这些人实际上是违反国家计划生育政策的人，他们对于户口的事既关注又很敏感，对采访者不信任，这就给小组的采访造成了不小的困扰。

> 我们第一次参与深圳"黑户"群体活动的时候，就在现场遭到了某些二孩父母的质疑，怀疑我们小组是"间谍"，想要套取他们的信息。这些二孩家长的说法很快被其他家长传开来，这对于我们小组调查工作的进展构成了很大的威胁。此后，在我们加入的QQ群中，我们也多次被怀疑是政府部门派到群里摸底的，是"卧底"。我们分析了采访对象的这种敏感和戒备的心理，决定通过开展沙龙活动，推送公众

号宣传我们的理念和调查的主旨，取得他们的信任。其中一些家长开始配合这样的采访。由于“黑户”题材本身的特殊性，很多政府部门在面对我们的采访要求时选择了讳莫如深的态度，我们经常遇到“不知道”“这个不归我们管”的委婉拒绝，这对于我们了解政府部门的政策执行状况很不利，给我们造成了很大的困扰。

采访前进行的资料准备和调查研究等，是了解采访对象心理的重要依据。有些采访者很看重在采访中的察言观色的作用，实际上，采访前对采访对象心理的研究同样重要，甚至决定了能否顺利进行采访。了解采访对象的心理状态，可以找到打开采访对象心灵的钥匙，找到采访突破口。

（三）前期调查

正式采访之前，需要做一些前期调查，就是对整个采访计划的可行性进行初步的了解和观察。

《深圳渔村：远去的故乡 /——关于深圳渔村兴衰存亡的新闻调查》小组，在做采访策划时进行了前期调查，通过查阅《深圳文史》等文献和网络资料，小组成员先后走访了 11 处渔社区或渔村：蛇口渔一、渔二社区，盐田上、下渔社区，罗湖渔民村，中英街社区，沙栏吓村，大鹏东渔社区，南渔社区，坝光社区，沙鱼涌村，福田渔民村，沙井蚝社区等。前期调查十分辛苦，而且渔村交通不便，每次采访都要几经转车，但是，这样的前期调查为后面的采访做了较好的准备。

（四）采访前的其他准备

除了采访前的资料准备和心理准备以外，还需要其他的一些准备。比如，衣着的准备和采访工具的准备。

记者出入不同的场合，就要注意自己的衣着是否合适。通常出于对采访对象的尊重，不要穿过于随意、暴露的衣服，一些场合还需要穿正装。学生记者有时会衣着随便，不注意形象，就会引起误解。

采访工具对于记者来说，相当于战士手中的枪。因此，记者对采访工具的准备也是必须重视的。对于数字时代的记者来说，笔、采访本、照相机、摄像机以及笔记本电脑都是必不可少的采访工具。在胶片时代，有经验的摄影记者总是在他们的衣服口袋里尽可能多地塞满胶卷，当然数码时代的摄影记者已经不需要这样麻烦，但是准备充分的记者总会在关键时候成为幸运者。对于照相机、电脑等设备，如果你的采访地点不方便持续充电怎么办？在极端的气候条件下，你的采访器材不好用了怎么办？这些都是记者在采访前要做的必要考虑和准备。

甚至包括语言的准备。一些学生深入采访时发现，在与采访对象的沟通中还要具备语言能力：你会讲采访对象的家乡话吗？你听得懂人家在讲什么吗？采访中，很多小组同学都遇到了语言沟通的障碍。当采访对象只能讲粤语、潮汕话、湖南话、江西话，该怎么办？《深圳渔村：远去的故乡》小组对此做了提前准备，提前了解采访对象的情况，让懂得方言的小组同学做沟通，这样才能得到需要的采访素材。

由于“正在消失的渔村”的选题需求，我们需要获得大量关于渔村历史和以往渔民故事的采访内容，而了解这些的老一辈渔民多数并不熟悉使用普通话。本地村民多为客家人、潮汕人，部分为香港人，且本地人的粤语还会夹杂着本地口音。目前仍在打鱼的外来渔民多来自河南、湖南、湖北、四川等地，有着不同方言，因此在采访中，语言沟通成了我们最大的问题。为解决这一问题，我们的采访通常分为两组进行，每组中有懂得方言的组员。

第三节 如何拟定采访提纲

采访提纲，是对将要进行的采访活动的一个大致规划。它可以规划我们的采访程序，保持清晰的思路，做到按计划进行采访、写稿，快捷地完成任务。毕业设计是一个综合项目，往往需要多角度、多线索的采访，涉及的采访对象通常在几十人甚至上百人。

制订采访计划，就是要制定大体的活动步骤、方式，确定要采访的人、部门及顺序等，因此要详细、具体。

采访提纲包括的主要内容有：明确采访目的、选取新的角度、选择采访对象、规划采访步骤、列出采访问题等。

一

明确采访目的

本次毕设采访的主要目的是什么？跟以往相关报道的角度有何不同？这需要在采访准备过程中做较为扎实的资料准备和初步调查分析。

泥头车事故频发现象屡禁不止，已经成为城市交通安全重大隐患和马路杀手。《失控与失语 / 泥头车里的人》（2013）毕设小组在选择做泥头车这个选题之后，就开始考虑如何选取不同于以往媒体报道的新角度。这个小组的学生通过前期调查，在位于西丽的路桥路政工程工地上，见到了泥头车司机龚师傅，经过对工地泥头车司机师傅的访谈，大致了解了泥头车司机的想法和他们的生活境遇。小组成员意识到，社会上对于泥头车司机的谴责声音很响，但是这个群体的声音却被淹没。泥头车为什么会失控？这些泥头车司机在城市的空间里又是如何生存的？最终，这个小组选择了《失控与失语 / 泥头车里的人》这样的报道角度，并明确了采访的目的和采访对象。

二

选择采访对象

记者的基本功之一是“找人”。不同的问题，要找最有能力、最有说服力回答的人回答。有些记者常常把一些不该由某个采访对象回答的问题问给这个人，比如随便采访一个什么事，就找到政府主管部门，然后什么都问这样一个人，就写出来一篇稿子。其实有些问题并不是一个政府官员就能够说清楚的。对于比较复杂的新闻，记者在采访前就要考虑周全，哪些部门、哪些人能够对澄清事情的真相起到作用？这些人是不是代表了各方的利益？在采访多个部门和人员时，也要对采访的顺序进行合理安排，比如，关键性的人物要安排在最后采访，因为通过对外围人物的采访，可以使记者了解到更多的新闻事实，从而把最关键和最重要的问题留给关键性的采访对象，这样做一方面可以使记者的采访取得主动权，另一方面也可以通过外围的调查使采访对象对于事实难于否认，这样的采访技巧往往被用在调查性的采访中。

要 领

关键性的人物要安排在最后采访

记者的基本功之一是“找人”。不同的问题，要找最有能力、最有说服力回答的人回答。在采访多个部门和人员时，要对采访的顺序进行合理安排，关键性的人物要安排在最后采访，因为通过对外围人物的采访，可以使记者了解到更多的新闻事实，从而把最关键和最重要的问题留给关键性的采访对象，这样做一方面可以使记者的采访取得主动权，另一方面也可以通过外围的调查使采访对象对于事实难以否认。

选择合适的采访对象，往往成为学生毕设采访的第一道难题。学生的人际圈子大多局限于校园内，缺乏社会人脉资源，如何接触到采访所需要的关键人物，就成了一道难题。例如，《沉重的血铅村》(2013)项目小组在采访中，先从血铅超标受害者入手，联系了曾经给媒体打过爆料电话的爆料人，并由此找到了血铅超标受害者。但有些受害者拒绝接受采访，为了片子的完整性，他们又通过滚雪球的方式找到了愿意接受采访的受害者。

毕设小组要顺藤摸瓜，寻找合适的、有价值的采访对象。《深圳填海三十年》小组，在蛇口工业区寻找经历过深圳填海的采访对象可谓历尽波折。

> 我们从曾任蛇口工业区办公室打字员的林晓静阿姨开始，逐步找到了招商局的老领导梁宪先生，港口工程师林本义先生，港口规划师王金贵先生，参与过蛇口炸山的孙美燕奶奶，袁庚的儿子袁中印先生。参与过20世纪80年代招商蛇口填海工程的老领导大多已经70多岁，因为身体原因不方便接受采访。于是我们在

老干部活动中心和老人们聊天，打听填海的故事；在征得同意的情况下，一大早买果篮去医院，和打着吊针的老领导聊天。

三

详细列出提问的问题

采访之前，记者要根据拟定的采访目的和选题角度，针对不同的采访对象，列出较为详尽的问题。实际上，记者采访时提的问题，有提前就拟好了的，也有在采访过程中随时想起来的问题。当然，即使提前准备好了要问的问题，采访时也要根据情况的变化和采访内容的变动而进行及时的改变和调整。

好的采访提纲是采访的“蓝图”，绝不是可有可无的东西。而采访提纲的内容也会随着采访的深入而不断调整。

第四节

采访中的提问

毕设采访中如何更好地提问？在提问时，哪些是记者需要注意的？

一

第一个问题很重要

第一个问题可以拉近与采访对象的关系，因此要针对不同的采访对象，设计你的第一个问题，或犀利，或亲切自然。意大利著名女记者奥里亚娜·法拉奇以提问一针见血、尖锐犀利而闻名，她在 1980 年采访邓小平时，第一个问题就直截了当：“天安门上的毛主席像是否要永远保留下去？”可谓犀利。

要 领

采访提问要注意什么？

◎ 第一个问题很重要。

◎ 提问要多问细节。

◎ 提问语言要简洁、具体。

提问越长，对方的回答就会越少；提问要具体，要学会将复杂的问题分解成简单的提问，不要期待被访者会完整地理解你提出的问题。

◎ 当提问遭遇反问，不要放弃。

要明白自己究竟想了解什么，而且要有打破砂锅问到底的精神。

◎ 不要让受访者处于紧张状态。

在采访提问结束之后，还要核对主要事实、数字和引语；收起采访本后与对方的闲聊往往会聊出新闻，因为对方已经完全放松了。

二

提问要多问细节

提问要有明确的指向性。采访中需要多问细节，寻找故事，写作时才会用故事来说话。

通常开放式的提问，给对方一定的灵活性，不那么直接、咄咄逼人，带有探索性、伸缩性；而限制性提问用以引出具体的答复。问得含糊，答得也含糊，问得具体，答得多半会比较具体。往往事前无法计划，只能随机应变。

例如，在《对话》节目采访史玉柱的《一个著名的失败者》中，主持人问到史玉柱，落魄的时候兜里还有多少钱，史玉柱不愿回答，只说：“还有一些。”主持人转换思维，又问：“那时候你出差住多少钱一晚的房间？”史玉柱回答说：“30 块钱一晚的。”这就是一个限制性的问题，他不能不回答，而这个细节恰好说明那时候的史玉柱的确很落魄。

三

提问语言要简洁、具体

比如，采访校园中的贫困大学生，问他们是不是受到了同学的歧视？几位学生都说没有，但是从他们讲述的事情中明显可以看出他们很少参加同学的活动，跟其他人的交往不多，难以与其他同学交往。这里面就涉及提问的方式问题。直接问："你是不是受到了同学的歧视？"被采访者只能回答"是"或"不是"，如果换一种方式问他："其他同学聚会，通常会邀请你吗？"就更具体、好回答一些。

四

当提问遭遇反问，不要放弃

有的采访对象为了遮盖事实，可能会用开玩笑、恐吓等方式转移话题、质疑记者动机，不回答记者问题。这时候，访问者不要轻易放弃。学会追问，使事情更清晰，这样才能得到更多的事实。如果你没有弄清楚对方的想法，可以问："我还没完全搞清楚，你能解释一下吗？""你能再说得详细一点吗？"

采访者要善于把握事物的矛盾点，从而抓住重点，循着某种思路与逻辑，连珠炮式地提出问题。即便是批评性报道，也要让对方感到追问得合情合理，注意不要把追问搞成"审问"。

五

不要让受访者处于紧张状态

采访普通人，通常可以采用聊天攀谈的形式稍作迂回，然后逐步将谈话引上正题。

普通人接受采访，往往会感到紧张拘束，或者不愿意交谈、不知从何谈起，这时候记者都可以采取侧面迂回的提问方式，逐渐将谈话引上正题。如果采访对象确实不了解情况，也不要勉强。记者也可以采取诱导提问方法。这种提问，可以进一步引导对方明确访问的范围和内容，渐渐打开对方的“话匣子”，也可以激活对方的思路，引起对方的联想。由于这种提问的针对性较强，对方会感到无处退让。

首位获得普利策新闻类奖项的非洲裔美国女记者伊莎贝尔·威尔克森（Isabel Wilkerson）曾经说过，“如果一说访谈就是指迈克·华莱士所做的那种访谈，那我并不太做访谈”[①]。伊莎贝尔·威尔克森的采访对象都是那些普通人，她总是让受访者处在一种非常舒服的状态，“一种舒服到不管怎样都能说出口的状态”。

总之，采访提问要注意问题简单明了，提问越长，对方的回答就会越少；提问要具体，要学会将复杂的问题分解成简单的提问，不要期待被访者会完整地理解你提出的问题。从这个角度来说，记者要掌握更多的采访提问的技巧。在采访中，记者自己要判断什么是有用信息，判断一下哪些是夸大的，哪些是有用的。要明白自己究竟想了解什么，而且要有打破砂锅问到底的精神。

在采访提问结束之后，还要核对主要事实、数字和引语；收起采访本后与对方的闲聊往往会聊出新闻，因为对方已经完全放松了。

六

采访提问中的人文关怀

毕设采访中，为了选题的新颖和特殊性，项目小组往往选择一些特殊群体作为采访对象，比如盲人、癌症患者、同性恋者、入殓师等，这也给采访带来了难度。在对社会弱势群体和其他特殊群体人员进行采访的时候，采访者要十分注意采访中的人文关怀。

《生命不能承受之“弃”》小组，选择的采访对象是那些因为种种原因而不得不遗弃亲生骨肉的人，在采访中，采访对象很少开口，或者只是寥寥数语，而在这种场景

① 马克·克雷默，温迪·考尔．哈佛非虚构写作课：怎样讲好一个故事．王宇光等，译．北京：中国文史出版社，2015：46.

之中，采访者一定要顾及对方的心情，不可太过强迫对方开口。

> 抛弃亲生骨肉这对一个家庭或者当事人来讲，本来就是十分残忍、难以向他人诉说的。许多当事人不愿意面对他人尤其是媒体的询问，即使是聊天式的访谈，当事人也不愿多说，不留下任何联系方式。很多时候我们都只能单靠着在现场有限的十几分钟，或者仅仅是几分钟的时间，努力跟这些人沟通。

这个小组学生在整个采访当中始终注意把握一个度，即从人文关怀的角度出发，任何强迫性的采访都是不适当的。

这些即将走入社会的学生，通过对社会弱势群体及其他特殊群体的采访，以悲天悯人的情怀观察并记录社会。这样的毕设采访，不仅能够锻炼学生的采访技能，还能够让学生领悟新闻专业主义的精髓，并深刻体察转型社会的深层脉动。正如《摇摇晃晃的人间 / 深圳脑瘫家庭调查实录》项目小组所写："摇晃，是脑瘫患者的常见走姿，也是他们的人生常态。当他们摇摇晃晃地行走在这摇摇晃晃的人间，总要有人记下他们缓慢而坚定的脚步，而我们想写下这些故事。"

第五节

采访观察与记录核实

一

学会倾听

在采访中，要判断什么是重点倾听的东西：哪些是事实信息和观点信息；采访者还要调整身体和情绪，保持开放的心态，同时要注意身体语言。要关注变化，采访对象的声音、语调、语速、肢体语言、表情及用词突然发生变化了吗？这预示着说话者的情绪变化。要学会鼓励对方说下去，表达自己倾听的兴趣：

“你当时一定很为难吧？那你当时怎么做的？”

“您能举个例子吗？”

“那您的意思是说，禽流感并没有人传人？”

采访者还要在倾听中思考：采访对象说的事实是否准确？观点是否合理？有没有前后矛盾的地方？

二

采访中的观察

采访是全身心的采访，而不仅仅是用嘴，眼睛采访是让文章生动的重要手段。

有些场合只能观察，不能提问。《生命不能承受之“弃”》小组，在广州市社会（儿童）福利院旁边的弃婴“安全岛”旁边，连续蹲守四夜，目睹了一幕幕别离的场面。现场观察成为这个项目小组采访中用到的最主要的采访方式，通过实地观察，他们获取了直观的感性印象和具体的第一手资料，这些报道素材包括弃婴父母惨痛的哭诉央求、丢弃时的纠结无奈，甚至他们在那样的场景下会无助地跌倒、呕吐等细节，这些细节观察对报道写作有很好的帮助。观察才能有细节，观察使报道更精彩、更生动，增强可读性。蹲守观察为项目小组的采访带来了大量鲜活的素材。

写调查性报道尤其要有观察能力，被采访对象在回答问题时紧不紧张？为什么会紧张？有些场合，被采访对象说的内容和你观察的内容不符，眼见为实。

三

营造采访气氛

在采访中，不同的采访对象，初次见面时往往表现不同——有人紧张，有人冷漠，有人夸夸其谈，采访者要巧妙“拆墙”，为采访做好铺垫。在正式采访开始之前，可以聊聊生活小事，拉近和对方的关系。

1980年8月21日，法拉奇第一次采访邓小平时，在正式提问之前有这样一段对话：

法拉奇：“明天是您的生日，祝您生日快乐！”

邓小平幽默地回答：“我的生日？明天是我的生日吗？”

“是的，邓先生。我是从您的传记里得知的。”

“好吧，如果您这样说，那就算是吧。我从来不知道我的生日是哪一天。而且，如果明天是我的生日，您也不应该祝贺我：这就意味着我已经76岁了。76岁的人已是江河日下了。”

“邓先生，我父亲也76岁了。但是，如果我对他说76岁的人已是江河日下，他会扇我耳光的。”

“他干得好！您不会这样对您父亲说的，对吗？”

这段关于邓小平生日的对话显然是法拉奇精心设计的，将采访对象和自己的父亲作比较，使得对方产生亲近感。

选择合适的采访地点，可以使气氛更融洽。如在换衣间采访运动员；在餐桌上、途中采访政客；采访对象讲话时，记者要有适当的反应，不能总是在记录；采访中还会经常遇到受干扰的情况，记者要善于把对方的注意力吸引过来。

四

采访记录与整理、核实

采访中的记录十分重要，大多数学生习惯使用录音设备完成对采访内容的记录，一次采访下来，就有长达几个小时的录音资料。实际上，采访中记者的笔记非常重要，动笔记下重要的新闻事实，有价值的提问与回答，有助于帮助记者在后期厘清思路。比如，《深圳非遗的旧梦新生》小组，从2014年11月开始，历时五个多月，共走访了深圳宝安、龙岗等很多地方，也曾到广州、香港了解当地非遗情况，共计整理采访记录数十万字。

《深圳渔村：远去的故乡》小组经过多次采访之后，积累了大量的原始素材，而这些素材的整理也让小组成员颇费心思。

> 我们在采访过程中，每日整理的素材包括录音资料、视频资料、采访手记。录音资料需要及时整理成相应的文字。由于被采访对象多讲粤语，所以音频整理的工作便集中压在了3位懂粤语的组员身上。视频资料的整理与当日的采访量有直接关系，最多一次采访时3台索尼DV共拍摄近10小时的视频资料。所有视频资料需要分类整理，并记录主要内容和关键采访的时间节点。采访手记为个人工作，每人每天需要整理相关的采访记录和手记，以便在第一时间回忆出尽量多的采访细节，便于日后写作。

毕设采访中，每一次采访都要迅速整理笔记，趁早动笔，以便发现疑点，补充采访，核实材料的准确性。养成及时整理采访素材的好习惯，才能为后面的写作打下坚实基础。否则，后期写作时将面临素材多而混乱的尴尬。整理过程中要不断地核实，除了对那些重要的时间、地名、人名等要认真核实，消灭差错之外，还要对重要观点信息和事实信息进行核实，以免出现问题。如果在整理过程中发现新的疑点，可以做补充采访。

第六节

新闻毕设采访常用的采访方式

深圳大学传播学院新闻毕设的形式以深度报道为主，采用多媒体综合报道的形式，要求学生最大限度地展现出多渠道、全方位报道的能力。为了更好地完成新闻毕设，就要掌握采访技巧，采访中对于社交媒体的合理运用，以及数据调查与分析等手段，可以提高采访效率，帮助获取更为客观、扎实的素材。

在毕设采访中，经常会用到体验式采访、街头采访、问卷调查和数据分析等方式。

一 体验式采访

体验式采访，又称参与式采访，是指在遵循新闻规律的前提下，采访者进入现场亲身体验，并获得真实报道的一种新闻报道形式。

采访是一个逐步认知的过程，采访者通过亲身体验，可以获得真实的认知。在体验式采访中，记者以参与者的身份深入到新闻事件当中，和当事人一起参与事件。采访者通过跟采访对象一起生活，既是参与者，也是观察者。因此，体验式采访最大的优势在于采访者可以亲身经历事件的整个过程，能更加客观和真实地反映事实。

在毕设采访中，采用体验式采访的方式，可以让学生作为采访者亲身体验普通人的生活状态，感受生活的原汁原味。

《社工观察："职业雷锋"的困惑》(2015)小组在项目实施过程中较好地运用了体验式采访。在几个月的时间里，这个小组的五个女孩子几乎跑遍了深圳各区的社工网点。她们采访了社区中心主任、刚刚毕业不久的普通社工，也采访了专家和政府部门管理人员等。除此之外，她们还专门赴香港采访了社工汪国波先生，随他前往香港的服务机构，参观和了解机构项目。如何能够深切体会社工的喜怒哀乐？唯有体验式采访！小组同学作为义工亲身体验和辅助社工的每周例行工作，拍摄了非常有代表性的社工工作场景，亲身体会到社工工作的难处，以及他们的现实困惑。从普通的深圳社工的生活入手，小组采访了几位机构创始人，这其中就包括为社会提供"临终关怀"服务的几位社工元老，包括深圳北大医院的"临终关怀"社工赵海涛女士、深圳市殡仪馆的殡葬服务社工詹社工与王社工等，为此，她们曾先后三次前往龙岗区丹竹头的殡仪馆，这些人物在新闻稿件中都得以呈现出来。

《生命不能承受之"弃"》(2014)项目小组，为了深入接触案例，清晰掌握事情的来龙去脉，他们以真诚感动了两位采访对象，答应他们介入事件发展的过程，对事件进行体验式采访。

对于其中一个弃婴家庭，我们从其弃婴前到领回婴儿的整个过程，均有跟踪体验。事后，我们还陪同家长一起回到他们在韶关的家里，对其家庭生活环境、工作方式等进行为期两天的体验，这使我们对该案例故事的前因后果有了更为深刻的认识和全方位的把握。

体验式采访作为一种特殊的采访方式，具有贴近现实的优势。但是，采访者还要注意其局限性。首先，要在法律和社会道德允许的情况下进行体验式采访；其次，体验式采访过程中，要防止先入为主，带着观点进行采访；此外，在采访中还要把握好度，不能为了追求新闻报道的完美而不顾及当事者的情绪。比如《社工观察："职业雷锋"的困惑》小组在医院采访临终关怀的场面，以及参与深圳市殡仪馆清明祭拜，都囿于场景的特殊性而没有拍摄现场画面，虽然这对新闻报道来说是个不小的遗憾，但是出于对逝者的尊重，采访者还是要把握好这个度。

二 街头采访

为了实现全媒体报道、满足社交媒体传播的需求，新闻毕设中，一些项目小组还制作了短视频，其中就包括运用街头采访的方式制作的短视频。这种街头采访通常确定一到两个主要问题，通过随机拦访路人得到答案，再经过后期的剪辑与制作，做出一个短视频。

街头采访的采访主题往往与项目小组的报道主题相关，短视频的内容是为了配合深度报道的主题，灵活展现对该主题的多样性看法和态度。街头采访的难度在于劝说采访对象配合采访，而实际的采访往往需要花费采访者大量的时间和精力。

比如，毕业设计项目《当"饭碗"遇见二孩 / 女性就业性别歧视系列报道》(2016)小组开通了微信公众号"本宝宝来了"，微信公众号的内容主要针对职场女性，街拍短片是其核心推送内容之一。从前期策划，到后期剪辑五六分钟的短片往往需要一周的时间制作。为了拍到足够多的精彩回答，学生们在街头一待就是一整天，要采访数十个路人。

街头采访需要迅速缩短与采访对象的距离，打消对方的顾虑和心理隔阂，这就要求采访者在采访前取得采访对象的信任。街头采访中，采访者要先进行自我介绍，真诚的态度更是必不可少。由于街头采访属于随机性采访，提问的问题不宜太笼统，让对方无法回答。同时，开放式问题比限制性问题更有张力，采访对象的答案千变万化，才会给后期制作提供更多的素材。此外，要选取与话题相关的对象，选取那些在年龄和身份上具有一定代表性的采访对象。

三 问卷调查与数据分析

（一）问卷调查

记者在做深度报道时，可以采用问卷调查的方式，就报道中的某一个主题向人群随机抽样选取出的一小部分人提出问题，并要求对方在短时间内做出回答。调查问卷的发放形式既可以是面对面发给被调查人，也可以通过邮寄、电子邮件以及通过互联网和自媒体发布。通过调查问卷所反映的情况，可以推及整个调查对象人群的情况，从而为新闻报道提供更为扎实的观点。

《外来务工子女：无处安放的书桌》（2014）项目实施过程中，围绕外来务工子女教育状况这个主题，小组成员对外来务工子弟学校老师、学生及家长这三类群体展开问卷调查，并把调查所得的数据转化为新闻报道内容。在调查性报道中，记者设计并完成相关主题的问卷调查，在报道中运用了独立调查数据，使感性的新闻报道具有理性的成分。通过调查问卷了解这一特殊群体的真实想法，并能够在新闻报道中尽量体现出对这一群体的客观把握，为这篇调查性报道增加了说服力。

> 我们选择福林小学、星河学校等六所学校的师生及学生家长作为调查对象，采取随机派发、当场填写并收回的形式。我们以进入学校、在校门口等待、家访的方式针对老师、家长、孩子三类人群派发问卷，共派发 315 份，有效问卷 300 份，针对老师、家长、孩子的有效问卷各 100 份。在设计问卷的时候，我们遵循以下基本原则：第一，问卷的措辞视我们调查的对象而定。例如，针对孩子和老

师的问卷就使用不同的措辞，前者使用稚嫩的语气，后者使用专业性词汇。第二，问题具体。例如，在针对家长的调查问卷中，询问家长对孩子教育重视程度时，我们不以“重视”“一般”“不重视”等作为回答选项，这会让被调查对象摸不着头脑，因为大家对重视的界定不一样。在问卷中，我们以“每天辅导孩子家庭作业多长时间”的方式提问，这让我们获得更确切的回答。第三，提问考虑受访者的感受，尽量避免敏感性词汇。例如，农民工子弟本是社会弱者群体，我们在问卷中体现出了尊重。第四，合理安排问题的顺序，遵循了先简单后复杂、先封闭后开放、先一般后特殊的基本原则。

回收问卷后，我们利用专业的 SPSS 软件以及“问卷星”统计最后数据，力求达到专业。进入新闻写作阶段，我们坚持“用数据说话”，对调查数据进行客观阐述，根据统计后的数据，分析数据，并从新闻专业角度挖掘数据背后的新闻调查结果，将调查数据转化为生动的新闻语言。

《深圳涉外婚姻三十年》专题报道小组，在前期采访中也设计了一个调查问卷，项目组通过对 300 名随机抽取的深圳市民的调查，用以了解大众对涉外婚姻的看法。

（二）数据的挖掘与分析

在毕设项目采访中，一些选题需要对社会的整体情况有所了解，这就要求采访者对于相关数据进行收集和分析。为了使报道更有说服力，更能够体现报道的全面性，在毕设采访中往往需要从政府相关部门和媒体报道中挖掘出更多的有用数据，并对所采集到的众多数据进行必要的分析和解读。因此，数据的挖掘与分析成为一种重要的采访手段。

作为一种更为客观和科学的报道模式，精确新闻报道（precise journalism）近年来在深受新媒体冲击的我国新闻业备受瞩目。这种报道模式就是将社会科学的研究方法，比如抽样调查、实验和内容分析等，引入到新闻报道中，用其搜集资料、报道新闻。《正在消失的报纸：在信息时代拯救新闻业》一书的作者菲利普 · 迈耶（Philip Meyer），在中国出版的第二本著作就是《精确新闻报道》，在这本著作中迈耶提出，当代记者不仅要掌握如何寻找信息，还要学会如何评估和分析信息，以及如何用有效的方式来传播信息。密苏里大学的布兰特 · 休斯顿（Brant Houston）在推介这本书时说，“如果想在21世纪做深度报道，那么《精确新闻报道》就是记者的必读书”，“它……清楚地解释了如何有效地运用社会科学方法来增加新闻报道的准确性和可信性”[①]。

获得数据，才能发现问题，并有针对性地进行调查。《深圳涉外婚姻三十年》专题报道小组为了获取深圳涉外婚姻的数据，最开始从深圳涉外婚姻登记处下手了解情况，没想到，数据的收集却成了整个项目执行过程中最艰难的部分。深圳市的涉外婚姻登记工作归属于市民政局，而数据资料归档又涉及市统计局和市档案局，因此和这些政府部门打交道成了首要任务。而得到数据后，还要对数据进行分析和整理。

我们在艰难地获取到相关数据后，对其进行了分类整理和分析。由于我们的数据是从各个区获得，且各区并没有对这些数据进行整理和分析，因此我们所得的数据全部都是散乱的个人档案，因此整理数据成了首要任务。项目组将数据分为“对数”“年龄”“学历”“工作”“国籍”“是否华裔”“初婚”“再婚”等指标进行归档，同时每项指标下设“外籍丈夫”“外籍妻子”“中方丈夫”“中方妻子”“外娶婚姻家庭”“外嫁婚姻家庭”六项子指标进行分类整理。全市5个区8年的数据，整理起来工作量有多大便可想而知了。

在整理归类完成后，项目组分类别绘制出深圳涉外婚姻发展以及婚姻夫妻的各项指标的统计图，通过这些图示，结合对15对涉外婚姻夫妻的采访，寻找出数字背后的亮点，并针对深圳涉外婚姻中的特别之处对涉外婚姻亲历者、民政局负责人、婚姻登记处工作人员、社会学者、西方文化学者、婚姻专家、法律专家等进行采访，试图挖掘出数字背后的原因，展现最真实的深圳涉外婚姻现状。

（三）可视化图表的制作

《罗湖棚改：违建之困，转型之惑》（2017）中，罗湖棚改涉及许多补偿、奖励、罚款等政策条款，又因为不同的身份划分出不同的群体，通过文笔很难描述其中对应的情况，项目小组通过制作图表将政策进行图解（参见图2-1），以方便读者阅读。同时，对深圳土地政策变革历史脉络，以及深圳甚至全国棚户区改造情况（参见表2-1），也都通过表格简单展示出来。

① 菲利普·迈耶．精确新闻报道：记者应掌握的社会科学研究方法．4版．肖明，译．北京：中国人民大学出版社，2015：封底文字．

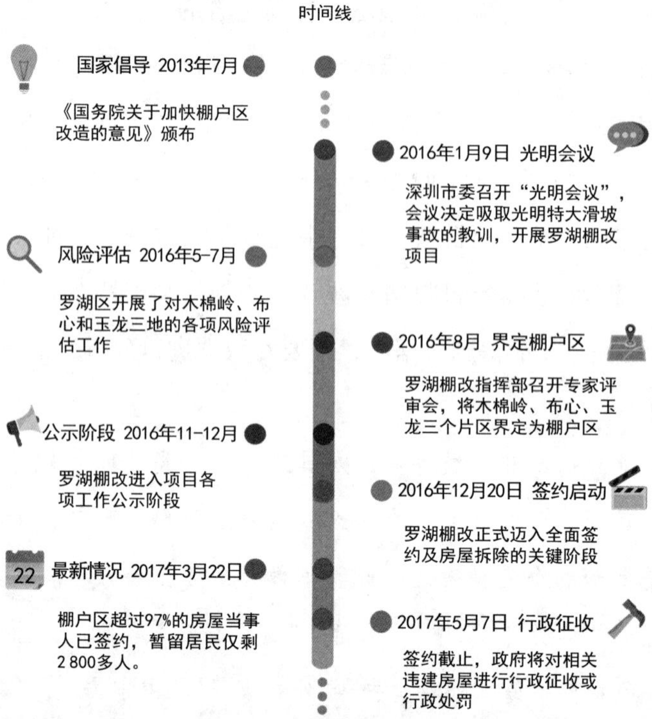

图 2-1 罗湖棚改时间线

表 2-1 中国城市棚户区改造的典型模式

模式	导向	特点
阜新模式	推动资源枯竭型城市主动转型	2005 年始，阜新市利用棚户区改造的契机，以土地置换为依托，促使产业结构优化升级：改变过去单一的依赖煤炭产业的经济发展模式，促进现代农业与服务业全面发展，大力扶持发展第三产业，侧重科技密集型产业。
哈尔滨模式	变商业开发为政府主导	2008 年始，哈尔滨市政府针对棚户区改造新增拆分政策：回迁安置居民可先选择面积户型，在拆迁面积内“拆一还一”；选择异地安置或其他保障性住房的居民，除补贴外还有一定优惠。
长沙模式	以健全住房保障为先导	2009 年，长沙市按照“一健”“三改”，即健全住房保障体系，改革制度、改造房屋、改善环境的总体思路，推进安居工程建设。长沙市建立了住房保障市、区、街道、社区四级工作的网络体系，争取构建全方位、多层次的城市住房保障制度。
包头北梁模式	以保护和传承历史文化为导向	2013 年包头市北梁在棚户区改造过程中，将老城改造与历史文化保护传承相结合，突出城市特色，充分挖掘老城的文化底蕴，实现历史资源增值，拓展老城空间，促进老城可持续发展。
成都模式	以城市综合治理为导向	2014 年启动的成都棚户区改造是将棚改与危旧房改造、旧城更新、新区开发以及历史文化建筑保护相结合的城市综合治理，统筹民生改造、城市建设和历史文化保护，提升城市综合竞争力。

黄敏旋／制表

四

调查性报道的采访技巧与原则

调查性报道是一种专门的揭露性报道，有时也称揭丑性报道，它是深度报道的一个重要类型。调查性报道的选题通常是某个特定的社会现象或社会问题，报道篇幅长，不仅告知事实，还服务于公共利益，可起到监督社会、扶正除恶的作用。

新闻毕设中，学生大多选择针对某一社会焦点问题进行专题报道，这种专题类的调查报道，与突发事件类的调查报道不同，专题类的调查报道属于静态问题的调查报道，通常以为公众解疑释惑为己任，开掘新闻背后的新闻，深挖事实真相。在进行专题类调查报道时，特别要注意采访技巧。

（一）寻找合适的采访对象

调查性报道中接触采访对象难。由于调查性报道的采访对象一般会涉及敏感事件，对媒体和记者有一定的抵触情绪，因而，调查性报道中接触到有价值的采访对象比较困难。在调查性报道的毕设项目中，学生们首先要面对的就是接触采访对象难。比如《深圳禁毒》（2017）小组在采访伊始就遇到了类似的困难，最终，他们靠着“软泡硬磨”，成功说服受访者。

由于选题的敏感性，我们在联系受访对象的过程中遇到较多的困难。无论是官方的禁毒办、强制戒毒所，还是吸毒人员、戒毒者，都对我们的采访有较严重的抵触心理。官方工作人员顾忌影响，不轻易接受采访，多方设置采访限制；吸毒者顾忌媒体影响，担心曝光会给自己和家人带来生活不便，因此我们通过多方联系、反复对受访者“软泡硬磨”，最后才成功采访到想要采访的人。

当需要采访多个采访对象时，一定要区分轻重缓急，按照先外围后核心的顺序原则进行采访，这样才能逐步揭开事实真相。

（二）永远在现场，深入实地调查

调查性报道要求记者深入到新闻事件现场进行求证采访，采访者深入现场，全身心接触事实，是调查性报道采访中的基本要求。

美国西北大学新闻学院师生曾经做过一起谋杀案的调查性报道，六位新闻系学生花了四个月时间，替死刑犯翻案成功。学生到犯罪现场模拟之后发现问题，找到了当年现场的唯一目击证人，还在档案中找线索，发现了一个十分可疑的记录，并顺藤摸瓜，在私家侦探的协助下找到凶手。这个报道轰动了全美，NBC 退休主播汤姆 · 布洛考（Tom Brokaw）当年在播报该案时说：永远在现场，永远要挨家挨户做访问，这是采访的基本功，但我们却早忘了这项要求。这正是这个案例给我们的启示。

然而，在调查性报道的采访中，有时进入现场往往又面临重重困难。比如，《深圳禁毒》（2017）小组在采访戒毒所时，就遇到了这样的困难。

> 因为强制戒毒所的特殊性和敏感性，我们通过官方联系、医生引荐、指导老师帮忙等多个途径，终于被允许在不带任何通信与拍摄设备的情况下进入强制戒毒所。而且，在第一次进入强戒所时，记者还受到所内警察的特别监视，无法近距离接触到戒毒者。所幸第二次进入强戒所时，我们采访到了四位正在接受治疗的戒毒者，获取到很宝贵的一手资料。

（三）调查性报道的采访原则

我国知名调查记者王克勤曾经说过，"调查性报道的真谛就是追问、求证，通过不断地追问、求证，找到最能说明事实真相的证据"[①]。因此，调查性报道成败的关键在采访调查。稿件中的任何事实都要有证据，采访者要尽可能地录音、拍照、录像或者拿到其他原始材料，并将得到的证据妥善保管好。

调查性报道的采访，要注重平衡与客观。每篇调查报道中，只有单一的信源是十分危险的，容易误导记者偏听偏信。调查性报道中的信源既要正反双方，还要采访中立方，要全面立体地呈现事实，就要做扎实采访与核实，尽可能地逼近事实真相。

《罗湖棚改：违建之困，转型之惑》（2017）以深圳罗湖区旧城改造为选题，这个

① 王克勤 . 调查性报道基本问题梳理 . 法治新闻传播，2011，（2）.

改造项目总占地面积约为 60 万平方米，需拆除房屋约 1 413 栋，总面积约 138 万平方米，涉及居民超过 8 万人。这个深圳有史以来第一例以棚户区改造立项的旧城改造项目，工程难度大、辐射范围广、涉及人数多、复杂因素多，被称为“中国棚改第一难”。虽然此前媒体对于棚改的进展已经有一些报道，但都是动态报道，缺乏全面报道。这个毕设项目小组就把报道视角对准棚改工程的利益攸关方，展示棚改的困境和症结，报道中注意把握平衡与客观：

> 我们的报道涉及三方群体。在以往的城市更新报道中，对于业主和开发商的报道存在明显的失衡，多数是开发商工程节点的报道和好人好事，对业主的真实情况描述相对较少。在棚户区改造的报道中同样面临这样的问题，更缺少其他相关群体如租户等的采访。我们希望在报道中对棚改涉及的所有人群做细致的刻画，以求得报道的平衡与客观。

五

运用新媒体手段采访的利与弊

当下，随着媒体技术的发展，新闻采访的手段也不断翻新。在 2017 年的全国两会上，“部长通道”上的采访不再是记者直接提问，而是在通道两端竖起了提示板，记者需要扫描上面的微信公众号，或者发送手机短信等方式提交问题，经工作人员筛选热点问题后统一向部长们提问。

学生们善于运用社交媒体，能灵活运用多种沟通方式进行采访，比如网络采访，也能够取得出乎意料的效果。例如，《最后的“黑户”/ 深圳“无户籍”群体调查报道》（2016）这个毕设小组在采访中，通过加入超生家长 QQ 群进行采访，成功找到这些“都市隐形人”。由于“黑户”群体本身的特殊性，尤其是像未婚妈妈这样的人群，属于社会边缘群体，在城市中如何寻找到这些采访对象，是一件特别困难的事情。

> 在我们进行深圳黑户人群调查的时候，经常遭到拒绝。但这部分人群却在虚

拟的互联网中集结起来，从而为我们的采访寻到了一个突破口。从记者调查期间先后加入的三个未婚妈妈群的样本来看，仅在深圳地区，未婚生育的群体就至少有 90 人。还有个由 50 位 90 后甚至 00 后未婚妈妈组成的 QQ 群，其中很多都还是未成年人和学生，有些女孩子看起来甚至身体都还没有发育成熟，但是她们确实已经成为孩子甚至二孩的母亲。我们在网络上与她们沟通，取得她们的信任并成功展开采访。

在社交媒体大量出现之前，电话采访和短信采访曾作为对记者当面访谈的补充形式。电话采访由于不能与采访对象见面，往往不容易与采访对象进行深入沟通。当下，通过社交媒体进行采访，越来越便利。微博、微信采访还可以跨越地理时空的阻隔，实现异地交流，并能够节省时间。特别是微信采访既可以用文字的形式，也可以采用视频、音频形式，十分便利。与微信交流相比，电子邮件采访需要记者集中提出采访问题，采访对象需要用文字的形式集中回答记者的提问。

无论是网络采访还是通过社交媒体的采访，都不能代替记者当面访谈，一个好的采访一定是深入现场，与采访对象进行面对面的交流，只有这样才能获取真实可信的素材。而其他采访手段则可以作为补充。

第三章

新闻毕设的写作

在本章，我们无意沿袭新闻写作教科书的传统体例，从角度、结构、叙事、语言等方面全面系统地讲述新闻写作的基本原则和实操技巧，而是结合毕设的实际案例重点呈现我们在毕设写作阶段的基本指导思想和点滴经验。

在毕业设计的写作指导中，我们一直秉持一个基本理念：讲好一个有意义的故事。

“有意义”，强调的是报道应当包含丰富而充分的新闻价值和社会价值。在毕设的最初阶段，学生就要依靠自己的新闻敏感和日常积累发现那些可能包含着“新闻富矿”的选题。更为重要的是，在采访、写作和编辑的实操过程中，他们还需要依赖自身的专业努力，持续不断地发现、挖掘甚至最大可能地穷尽“富矿”中的“新闻资源”。有意义的报道，不能满足于局部、碎片地报道事实，而要尽可能全面、系统地呈现事实与事实之间的关系；不能满足于简单告知受众事件的发生和陈述显性的事实，更要力求打开“黑箱”，揭露事件背后隐藏的事实，并将隐藏的事实连贯起来，呈现出现实的真正面貌。

同时，任何深刻而丰富的新闻内涵与意义，都需要依托于一定的载体来呈现。“故事”，或许是迄今我们所寻找到最为适合的表现方式。在西方，人们以“story”来指称新闻报道。“讲好故事”对于新闻报道的重要意义，几乎已经成为今日学界和业界的共识。新闻报道毕竟不是社会调查报告，不能将我们的观察、发现、结论生硬地抛给受众，而要将新闻的意义展现在故事的开端、发展、高潮和结局之中，展现在人物的悲欢离合、矛盾冲突之中，让受众在行文的曲折婉转、起承转合之中发现意义，感受和体会真实和真相所带来的巨大力量。

因此，在毕设的写作阶段，我们对学生的指导主要体现在两个方面：新闻思维的调整（发现意义）和写作技法的提升（讲好故事）。如果说“发现意义”要求我们具备“社会学的想象力”，那么“讲好故事”则要求我们拥有“小说家的笔触”；前者要求我们从纷繁复杂的具象化的素材中抽离出来，处于一定的思维高度洞察新闻背后的意义，后者则要求我们将抽象的意义重新呈现于具体生动曲折精彩的故事之中。从具象至抽象，再由抽象回归另一种具象，这也是毕设写作中很有趣的部分。

要 领

讲好一个有意义的故事

写作的提升主要体现在两个方面：新闻思维的调整（发现意义）和写作技法的提升（讲好故事）。“发现意义”要求我们具备“社会学的想象力”，“讲好故事”则要求我们拥有“小说家的笔触”。

“有意义”，强调的是报道应当包含丰富而充分的新闻价值和社会价值。“讲好故事”则要求将新闻的意义展现在故事的开端、发展、高潮和结局之中，让受众在行文的曲折婉转、起承转合之中发现意义，感受和体会真实和真相所带来的巨大力量。这是从具象至抽象、再由抽象回归另一种具象的过程：前者要求我们从纷繁复杂的具象化的素材中抽离出来，处于一定的思维高度洞察新闻背后的意义；后者则要求我们将抽象的意义重新呈现于具体生动、曲折精彩的故事之中。

第一节

发现和挖掘新闻中的“意义”

一

新闻报道中的“问题意识”

人们在日常生活中常会遭遇难以理解的疑惑或难以解决的问题，这将推动人们积极思考和探索，不断地提出问题和解决问题。思维的这种心理品质，心理学上称之为“问题意识”。爱因斯坦说过：“提出一个问题往往比解决一个问题更重要，因为解决一个问题也许仅是数学上的或实验技能上的技能而已。而提出新的问题，新的可能性，从新的角度去看旧问题，却需要创造性的想象力。”对于新闻报道来说，“问题意识”同样重要。能够发现问题，提出问题，才有可能发现新闻事件中不一般的特质，并以此为契机，在一步步的追问中发现新闻事件更为丰富而深刻的意义。

新闻报道所强调的“提出问题”，并非局限于发现麻烦、事故如天灾、意外、负面的社会事件等，而在于发现新闻事件中那些不一般的特质或者变化。与前面提到的麻烦、事故这些显性的变动不一样，这里所提到的这种“特质或变化”往往是隐性的、不易被发现的。但是，这种事件中所隐藏的“特质或变化”往往能成为打开“新闻富矿”的一把钥匙。

下面以 2013 年毕设作品《失控与失语 / 泥头车里的人》为例，来具体说明这种“问题意识”究竟所指为何。在该小组的项目文本中，他们描述了自己对该选题的最初思考：

“10·17”莲花山事故后，不仅媒体对泥头车司机指责批判，整个社会都在讨论对泥头车的监管，而政府更是重磅连击推出政策。当人们对于这群人的评价简单地停留于谴责的时候，泥头车司机们，尤其是异地泥头车司机们却集体失声于社会主流声音之外。我们希望从泥头车司机的立场出发，将被淹没的声音重新

要 领

增强新闻报道中的“问题意识”

对于新闻报道来说，“问题意识”同样重要。能够发现问题，提出问题，才有可能在一步步的追问中发现新闻事件更为丰富而深刻的意义。

新闻报道所强调的“提出问题”，并非局限于发现麻烦、事故如天灾、意外、负面的社会事件等，而在于发现新闻事件中那些不一般的特质或者变化。这种“特质或变化”往往是隐形的、不易被发现的。但是，这种事件中所隐藏的“特质或变化”往往能成为打开“新闻富矿”的一把钥匙。

放大，看看我们城市建设的重要参与者为什么要以失控的速度穿梭于城市钢筋水泥之间。同时，他们的失控又是如何被建构于媒体，他们在城市的空间里又是如何一种生活状态的。

2012年，深圳发生了震惊全市的“10 · 17”莲花山事故：在地处深圳中心地带的红荔路与彩田路交会处，一辆泥头车因刹车失灵撞上路口斑马线的行人，造成3死3伤，3名死者中2名为成年女性，1名为5岁女童。事故发生后，肇事司机朱某被认定承担全部责任。一时间，媒体的批评与谴责声不绝于耳：《深圳特区报》评论呼吁“绝不能再让泥头车撒野了”；《晶报》则痛斥：“笨重的泥头车走在路上……何时，他们能真正成为这座城市不被厌恶的一分子？”；而在数月后发生的另一起泥头车事故更是被媒体冠以“夺命泥头车又杀人”的标题。媒体报道的“一边倒”现象，在该组同学看来是“非正常”的。他们进而追问：媒体的报道取向为何如此整齐划一？这是否意味着某种对新闻话语的垄断？在媒体单向度的报道中，谁的声音被淹没了？在这一连串的追问和思考中，他们将视线转向了那群失语的失控者——泥头车司机，并最终提炼出“失控与失语”这一报道主题。不难看出，对于这一毕设作品来说，最初的“问题意识”至关重要：以“问题”为契机，小组成员在对疑惑的探寻和进一步追问中开辟了全新的报道空间，构建了新鲜且具有深度的报道主题。旧问题的解决和新问题的产生交互展开，推动着毕设小组的新闻实践。在此过程中，他们不断挖掘出更多的新闻资源，呈现了更为深刻和多元的新闻意义。

（一）“问题意识”对于新闻写作的意义

1. “问题意识”有助于形成报道焦点，防止“结构性失焦”

在毕设过程中，经常有小组下大功夫花大力气查文献做采访，可最终在写作的时候面对海量的素材不知所措、无从下手，难以提炼主题形成思路。也有小组的新闻报道呈现了极为丰富的内容，看起来却好似对某一社会现象或群体的调查报告甚至是基本情况汇报，面面俱到没有重点，似乎关于该选题的每个维度都有涉及却鲜有深度。究其原因，“问题意识”的缺失是一个非常关键的因素。下面我们以 2013 年毕设作品《他们的世界 / 同性恋群体系列报道》为例，来具体说明“问题意识”对于新闻报道具有怎样的结构性影响。

该小组成员发现平时接触到的同性恋者大多活泼开朗、友善热情，似乎与媒体报道中所看到的同性恋形象很不一致。在查阅了相关报道后，她们发现在报道中同性恋群体常常与娱乐八卦、艾滋病、犯罪、自杀等负面词汇联系在一起。几位同学意识到，同性恋群体的报道的确存在标签化甚至污名化的倾向，这很可能导致公众对该群体的片面认知，甚至形成负面的社会刻板印象。而这种偏见则将成为同性恋群体无法回避的社会压力。很快，小组成员达成共识：尽量摒弃猎奇的视角和各色偏见，通过参与式体验与深度访谈，力求逼近真相，试图在报道中呈现这个群体更多的面向。“报道偏差”这一问题的发现，为这组毕设成功开拓了报道和创新的空间。

但是在写作阶段，她们再次遭遇难题：如此庞杂的前期素材，该如何选择角度与切口呢？最初，她们甚至将采访的内容全部分门别类划入设定的文本框架之中，涵盖内容十分广泛：同性恋群体本身的问题、同性恋者的家庭与婚姻、同性恋群体与社会的互动关系、研究同性恋问题的学者、同性恋组织、同性恋运动等等。但文本完成后并不理想：报道结构就好像一个货架，大家只是按照类别将采访素材纳入不同的位置；各篇稿件之间几乎没有太多关联，缺乏内在逻辑，就好像一堆断了线的珠子，散落一地，报道的堆砌感十分明显；涉及内容太多，每个角度都浅尝辄止无法触及本质。在进一步的讨论中，学生意识到：“同性恋群体”这么大的选题，不可能在一次毕设中穷尽其所有方面。应该回溯整个采访和调查过程，重新思考究竟是什么给予自己最大的震撼和最深刻的印象。几个同学的感受几乎是一致的：“我们”与“他们”的这种区隔是前期采访中最深刻的体验。至此，似乎一切都“柳暗花明又一村”了。她们不再急于将大量素材分类归置，好似要完成所有采访资料的平面展示，而是将重心转移至“我们”与“他们”的关系和互动，围绕该焦点展开深度挖掘，最终完成了《他们的世界》这一深度报道。

2. 通过“追问”能够挖掘更多的新闻价值，推动选题向纵深发展

对于新闻记者来说，“追问”不仅是一种重要的新闻采访的提问方式，更是发现新闻意义的重要思维手段。通过环环相扣的追问，我们能够呈现选题的更多维度，展示选题的丰富内涵，不断逼近事实真相。

接下来，我们以 2016 年毕设作品《馨别 / 深圳临终关怀现状调查》为例，通过下面的思维导图（图 3-1），看看小组成员是如何通过步步追问来挖掘选题的内涵与意义的。

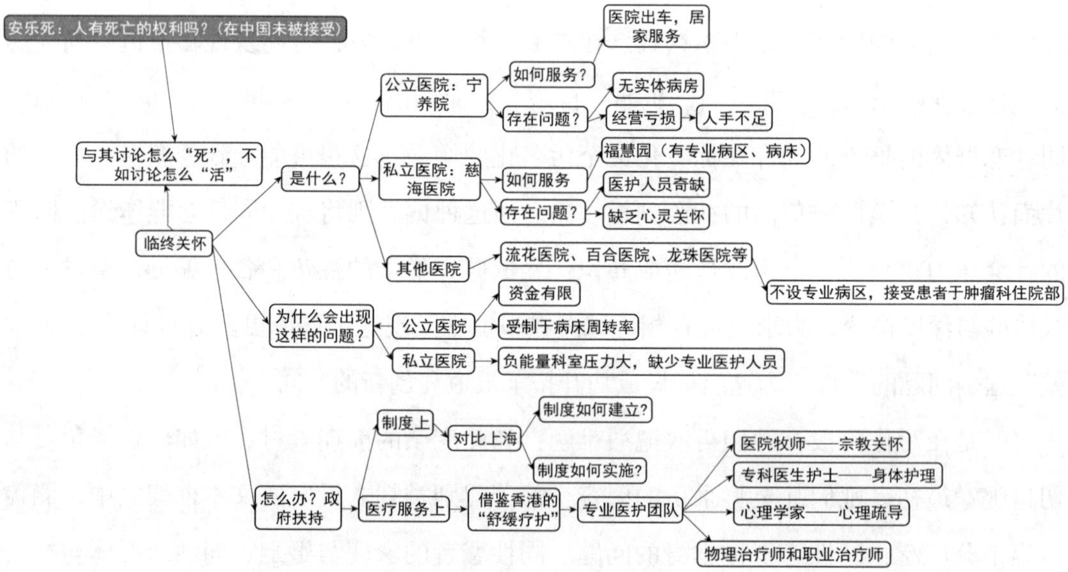

图 3–1　2016 年毕设作品《馨别 / 深圳临终关怀现状调查》思维导图

小组成员最初拟定的选题是“安乐死”，但在当前中国的语境中，该选题的新闻价值和可操作空间都相对有限。但是，如何让人死得更有尊严？这仍然是一个极具新闻价值与社会意义的问题。于是，他们转向了与此相关的另一个选题：临终关怀。据此，他们提出了第一个问题：临终关怀究竟是什么？在规范层面，什么才是真正的临终关怀？而在中国的现实语境中，临终关怀又处于怎样的一种状态？现实与规范之间的距离究竟有多远？中国的临终关怀服务存在怎样的具体问题？这一系列问题直接推动和指导了他们的初步采访。如果说，第一个层面的问题还属于一般意义上的“基本面貌呈现”，接下来的追问就显得更有现实针对性，也更加接近问题的本质：临终关怀所面临的现实问题都是如何形成的？为什么会出现？通过整理数次采访的素材，这一层面的问题也能得到合理的解释。在此基础上，他们提出了第三层面更有建设意义的问题：如何解决这些问题？这一系列的追问本身就是一个自然的逻辑推进的过程。在“提出问题—解答问题—提出新问题—解答新问题……”的过程中，选题的意义得以层层展开。

（二）如何获得“问题意识”？

“问题意识”并非天生就有，也绝不是“灵光乍现”。“问题意识”的获得需要我们长期的积累和专业思维的训练。

1.“问题意识”来自日常生活的实践积累

不观察生活，不体验社会，不去真正感知我们生活的世界究竟是怎样的，又如何可以发现独特性提出好问题呢？以 2013 年毕设作品《城墙内外 / 湖贝旧村的最后岁月》为例，该组的刘羽洁同学从 2011 年起就非常关注城中旧村湖贝村，他常常去湖贝村进行实地考察及采风，也拍摄了许多照片，这些照片曾被《南方都市报》两度选登。在较长时间的接触和关注中，他深知湖贝村不同于一般的旧改城中村：村内存有不少清朝时期的老旧村屋，这些旧村屋在深圳原特区外的宝安、龙岗两区的城中村较为常见，但原关内地区的原本模样旧村，已经所剩无几；此外，改革开放之后大批潮汕移民来到深圳，而湖贝村正是他们的一个聚居地，村巷内随处可见潮汕特产，随时可闻潮汕方言。湖贝旧村正是以其鲜明的特征成为闹市最后一片旧村。2012 年 9 月，经过湖贝股份有限公司股东投票，湖贝旧村的改造工程交予华润置地。改造后的湖贝，将成为下一个城市商业、居住、娱乐综合体。面对湖贝旧改，刘羽洁写下了这样的文字：

> 湖贝旧村，是我很钟情的一片旧村，我时不时会去那儿走走看看，因为我很怕，如果不去，在某天再度经过，就再也见不到这片旧村。我们无法阻止城市化的进程。但是，能为这座城市留下一点回忆，让后人知道深圳曾有过这么一面，唤醒更多人留意并保护本土的历史故事及古迹，是我们的责任，也是完成这篇稿件的主要动力及目的。

可以想象，若非对湖贝村的长期接触与了解以及在此过程中形成的对这爿古村落的深厚情感，该组同学就不可能发现湖贝村异于一般城中村的独特之处，也不可能提炼出“深圳闹市最后一爿古旧村落”的报道主题并最终形成一篇充满人情味的深度报道，更遑论对深圳“城中村记忆”的唤醒以及对城市旧改的反思。

2.“问题意识”有赖于前期扎实的文献工作

在毕设初期，每个小组都要围绕既定选题展开文献研究。文献的范围很广泛，不仅包括该选题可能涉及的各种背景资料，也包括既有的媒体报道以及与选题相关的理论著作和学术论文。通过阅读文献，我们可以预先了解选题的基本概况。更重要的是，在对既有报道进行总结的基础上，我们能够发现报道中的缺失，比如被忽视或误读的群体、被遮蔽的声音甚至尚未被报道的角度等等，而这正是我们的毕设作品得以创新的空间所在。此外，相关的理论著作和学术论文能够帮助我们高屋建瓴，从理论的视角来观照新闻事件，从而获得不一般的发现。

以2014年毕设作品《梧桐私塾“复兴”记》为例。该小组在前期文献阅读中发现，对梧桐山私塾的报道主要集中于2010—2012年，2013年已鲜有报道。大多数报道仅是一般性介绍梧桐山私塾的状况，询问关于文凭和孩子未来发展等话题，还有少量报道质疑私塾的“合法身份”以及“只读不解的教育模式”。他们认为当前的报道稍显碎片化，不足以让受众获得相对完整的认识。据此，他们决定将报道聚焦于梧桐山私塾的“儿童读经教育”。围绕该主题，提出以下问题：首先，梧桐山“儿童读经教育”的全貌究竟如何？为解答这个问题，他们需要具体详尽地报道孩子们在私塾内的生活（包含饮食、起居、学习等），需要了解私塾的具体课程设置和发展规划（如“读经”与“解经”如何衔接，中英文教学比例如何等等）；其次，怎样的家庭、怎样的孩子会接受这种私塾的读经教育？私塾是否在某种程度上成为“问题学生”的“避难营”？再次，梧桐山的读经教育究竟给孩子带来了怎样的影响（现在的和未来的）？小组所提出的这些问题，能够帮助他们更加全面完整地呈现梧桐山私塾的面貌，并能跳出“就事论事”的框框，对“儿童读经教育”这一更为深刻的主题进行反思。

3.“问题意识”得益于批判性思维的运用

批判性思维对于新闻报道而言十分重要。如果缺乏批判性思维，我们很有可能在面对复杂的社会现象时丧失独立思考和判断的能力，新闻报道也会流于表面，无法触及问题的核心部分。只有善于质疑，带着发现问题的诉求，才能更好地提出问题。

前面提到的 2013 年毕设作品《失控与失语 / 泥头车里的人》就是借助批判性思维提出问题的典型案例。2015 年毕设作品《短路：精神病患者的现实世界》也是通过质疑社会对精神病患者的世俗态度，明确了选题的方向。该组同学是这样描述他们的报道初衷的：

> 也许，常人一听到精神病患者就不自主地联想到“情绪化”“暴力”“不定时炸弹”等词语。“神经病”更是作为不少人的口头禅流传甚广。有的人甚至将精神病患者与“疯子”等同。一直以来，精神病患者都游离在社会的边缘，饱受社会的误解和歧视，没有人知道他们究竟是怎么样的一个群体。
>
> 我们通过描写精神病患者在生活中、治疗中以及回归社会的过程中所经受的苦与难，为大家揭开精神病人的真实世界。对于精神病患者来说，“疯癫”只是他们的一种状态，而且是能够被治愈的。精神病患者其实也是社会中的一分子，应该得到社会的公平对待，享有作为一个人的基本权利，这个社会也应该接纳他们。

不难发现，这些借助批判性思维提出问题、明确报道焦点并最终完成的新闻报道，往往具有较强的反思性，报道无论在新闻价值还是社会价值方面都显得较为突出。

二

社会学的想象力：在时空脉络中发现新闻的意义

美国新闻学家麦康博（Maxwell Mccombs）曾经提出新闻报道的冰山理论（Iceberg Theory）。他认为，我们所处的外部世界极为复杂，好似海里的座座冰山，露出海面的仅是冰山一角。新闻媒体每日观察国家及地方社区并完成日常报道，但是这种常规报道仅仅能帮助我们看到海面之上的冰山一角，沉在海底的主要部分并未能在这些报道中充分呈现。然而，对于受众来说，仅仅描述冰山的顶端可能远远不够。如何才能在新闻报道中尽可能多地呈现冰山的海下部分呢？这或许正是深度报道的存在意义和主要功能。

20 世纪 40 年代，美国哈钦斯委员会就曾在《一个自由而负责的新闻界》中指出："新闻界应在赋予当日事件意义的情境中对它们予以准确报道。"[①] 常规报道呈现的多是碎片化的、"点"状分布的新闻事实，但这些"点"状分布的新闻事实并非原子式的存在，它们之间存在着这样或那样的复杂关系。这些关系就好似各种隐性的线条，将看似并无关联的新闻事实联结在一起。深度报道应当致力于发现并揭示这些事实间的内在关联，从而为这些看似原子状分布的新闻事实编织出一个能够明确其社会位置的经纬度坐标。

如何才能发现这些隐性的联系，从而揭示出新闻事件的意义呢？我们需要借助"社会学的想象力"。美国社会学家米尔斯所提出的这一概念，是"一种心智的品质，可帮助人们利用信息增进理性，从而使人们能看清世事，以及或许就发生在他们之间的事情的清晰全貌……它可能会被记者和学者，艺术家和公众，科学家和编辑们所逐渐期待"[②]。米尔斯认为，只有将个人生活进程与社会的历史背景及其结构性变迁联系起来，才能跳出杂乱无章的日常生活看清世事，看清更广阔的历史舞台。

对于新闻记者来说，发挥"社会学的想象力"极为重要。这意味着我们要将采访的素材、现场感觉与过往经验、宏大背景和相关理论关联起来，穿插于小场景与大时代之间；意味着我们既要呈现事件今日之面貌，又要回溯过往，追问何以为今日；意味着我们既要看到个体的主动性，也不能忽视社会的结构性因素。唯有如此，方能将新闻事件"呈现在一种可以表现真正意义的脉络中"，使受众理解特定社会事实及其背后的意义。

（一）在历史视野中观照新闻事件

著名的美国专栏作家朱蒙得（Roscoe Drummond）曾提出，深度报道当"以今日之事态，核对昨日的背景，从而说出明日的意义"。每起事件都有前因后果和来龙去脉，每个人物也有自己的过去、现在与未来。当下的很多疑惑与困境，很多时候需要我们回溯过去方能发现解决的路径。割断历史的脉络，就无从理解今时今日，也无法预测

① 新闻自由委员会 . 一个自由而负责任的新闻界 . 展江，王征，王涛，译 . 北京：中国人民大学出版社，2004：24.

② 米尔斯 . 社会学的想象力 . 陈强，张永强，译 . 北京：三联书店，2005：3.

未来趋势。因此，在毕设写作的过程中，我们强调学生要秉持历史的视角，将个体与事件置于历史的视野之中，以一种动态变迁的视角呈现新闻背后的意义。

2014年毕设作品《深圳渔村：远去的故乡 /——关于深圳渔村兴衰存亡的新闻调查》聚焦于“深圳渔村的消失”这一选题。在报道中，她们对深圳渔村的发展历史进行了详尽细致的梳理。为此，在前期调研和采访中她们寻找了深圳沿海10个渔村的村史，访问了不少深圳老渔民，尽量还原和记录历史的细节。在稿件安排方面，她们在主稿《漫漫三十载 渔村大变迁》中，就以时间为线索，以20世纪60年代渔民上岸、80年代改革开放、90年代初深圳特区内的农村城市化为时间坐标，结合人物访谈、个体故事和历史资料，呈现了深圳渔村的发展变化。通过这段历史的梳理，我们了解到：20世纪60年代至70年代末渔村船队出海打鱼依然盛况空前；而在改革开放前后，大量吃不饱饭的渔民追随逃港大潮趁开船买鱼逃往香港，渔村经济一时受挫；从20世纪90年代初开始，深圳推进特区内的农村城市化，取消农村行政建制。城市化进程中的旧改、城市更新等项目几乎彻底改变了渔村原有的面貌，也让传统渔业失去了赖以生存的基础。将深圳渔村置于深圳的发展历史脉络中，在对历史的清晰梳理中，再现了渔村远去的过程，渔村消失的原因也一步步明晰。

2017年毕设作品《罗湖棚改：违建之困，转型之惑》聚焦于深圳有史以来第一例以棚户区改造立项的旧城改造项目，较为完整地记录了“深圳棚改”这段特殊而重大的城市经历，讲述了形形色色的人群和他们的“棚改故事”，展现了棚改进程中不同利益群体之间复杂的关系勾连。同时，该作品将罗湖棚改还原于深圳发展的历史情境中，呈现了历史与现实的交叠与碰撞。棚改作为深圳城市化发展进程中的重要一步，不可能发生在历史的真空中，它必须面对深圳发展历史留下来的各种遗留问题，比如大量的违法建筑。在报道中，小组成员并没有武断地认定“既然违建，理所应当该拆迁”，相反，他们花费了大量的时间和精力去查阅文献、展开访谈，试图去发现和梳理深圳的“违建史”。在调研中，他们发现：从20世纪80年代开始，深圳步入快速城市化的轨道，土地从农村集体用地征用为国有土地，原村民获得土地上建房的权利，土地从资源变成资产，这便为后来的违建埋下种子。随着政府政策的一步步放宽，退让妥协，数十年间深圳掀起多次抢建加建风潮，违法建筑几乎遍布深圳各区，占地面积近半。通过梳理这段历史，我们看到：深圳的城市化历程不仅是深圳经济腾飞的历史，同时也是城中村和违法建筑大量生长的历史。不难看出，将“罗湖棚改”置于深圳经济特区发展的历史之中加以观照，方能呈现出罗湖棚改的复杂性和多样性，而报道也因此而平添历史的厚重感。

（二）在社会语境中观照人、事、物之间的关系

新闻事件不可能发生在历史的真空里，也不可能发生在社会的真空中。新闻报道不能将事件从其发生的社会语境中抽离出来作为一个原子单独呈现，而要力求还原这一具体的语境，不仅要关注复杂新闻事件内部各个场景之间的联系，更要在新闻事件与其他相关事件之间的关系之中揭示事件背后的意义。

2013年毕设作品《失控与失语 / 泥头车里的人》聚焦于深圳特大泥头车交通事故之后的众矢之的——深圳的外地泥头车司机。当时，深圳不少媒体纷纷站在道德高地，批判泥头车司机为压缩成本疯狂超载，导致刹车失灵速度失控最终成为“城市的马路杀手”。尽管官方提供明确数据说明近年泥头车事故已经大大减少，仍有媒体呼吁“对外地车进行监管，该留下的就留下，该赶出去的就赶出去”。

这篇报道则冷静客观地为我们呈现了深圳的外地泥头车司机所处的职业生存环境——“最严格的制度，最严厉的执法”：“一证三限”的交通管理措施（即凭证、限时、限路行驶）；泥头车驶出工地须过“六关”，除需提供多个政府部门核发的有效证件，还需接受施工单位详细的记录备案；此外还包括要求对所有泥头车强制安装卫星定位行驶记录仪（GPS），实施统一的24小时不间断动态监控，一旦发现泥头车有超载、超速、闯红灯以及不按限定路线、限定时间行驶的行为，立即视情况采取远程监控技术手段，强制其停驶。职业环境已经如此严峻，为何还要冒着风险违规上路？该组同学多日跟随泥头车司机出入数家工地，他们发现这些工地并不需要出示任何证件，车厢装满泥之后，挖掘机会自觉地压平泥继续装。离开工地也无须称重、冲洗、检查，直接发放证明。一方面相关的政策、交警的罚款压缩了泥头车司机们的收入，司机们不得不多跑赚钱；另一方面老板的疏通甚至是正规企业的转包又给泥头车带来了继续上路，甚至是违规上路的空间。

这群外地泥头车司机在深圳的生活境况又如何呢？小组成员在调查中发现，他们在深圳建起了自己的“围城”：大部分外地泥头车司机都是由同乡介绍来到深圳，然后

与同乡一起生活在城中村中，平日里他们几乎都只与老乡吃饭喝酒，很少与圈外的人交往。生活环境局促而破旧。在不断出台的管制政策下，生活压力越发明显。对于外地泥头车司机来说，日益严苛的制度并未能成为有效的交通安全保障，反而增添了更多的经济负担：所有的证件办理都需要花钱，如果挂靠本地公司也需要每月数千元的挂靠费。更为残酷的是，在新政出台之后，他们可能不得不离开深圳另寻出路。

在报道结尾，同学们这样写道：

> 失控的刹车，失语的人。吴师傅作为深圳外地泥头车司机中的一员，作为深圳建设者的一分子，为这座城市留下了汗水和脚步。可如今，他们不得不在生存上面临着强烈的冲击与不适应。采访过程中，吴师傅提到次数最多的话就是“我们也不知道为什么”，失控的企业，失控的制度，让这群都市的“边缘人”，被迫经历着“失语”的境地。

这篇报道并未像一般媒体报道那样，仅仅从“泥头车交通事故”这件事来呈现泥头车的“失控”。相反，这些同学在报道中全面细致地呈现了外地泥头车司机在深圳的生活境遇和职业环境。在这个过程中，我们不仅看到了外地泥头车司机这个群体自身，也看到了该群体与工地企业、与自卸车协会、与上层制度之间的互动关系。在人与人、人与机构、人与制度的关系网络中，我们才能理解：原来，失控的原因，并非仅仅存在于某一个人或者某个群体；失控的，不仅是泥头车，也是机构甚至制度；既然如此，将“失控”归因于一个“失语”的城市边缘群体，是不正确的，更是不公正的。通过将“泥头车失控”置于更为广阔的社会语境中加以观照，报道更加逼近事实真相了。在泥头车司机与多方关系的网络之中，读者对“泥头车为何失控”这个问题也有了更加深刻的理解。

第二节

如何在新闻报道中讲好故事

不满足于碎片化事实的呈现，在时空脉络中发现和挖掘新闻的意义，我们的报道才能逐渐呈现冰山的全貌，不断逼近事件的真相。那么，如何才能让其他人对我们感兴趣的真相也产生兴趣呢？在《〈华尔街日报〉是如何讲故事的》这本书中，作者威廉 · E. 布隆代尔（William E. BLundell）提出了上述问题。他认为："我们既是事实的提供者，更是故事的讲述者。如果没有做好这两件事，就没有人理睬我们的作品"，于是，他高声疾呼："给我讲一个故事，看在老天爷的分上，让它有趣一点。"①

故事为什么能够如此有效地吸引读者？美联社特写新闻部主任布鲁斯 · 德希尔瓦（Bruce DeSilva）如此解释："以说故事的方式向人们提供的新闻信息更容易被理解和记忆，因为这种方式让人放松，让人觉得有趣。以这种方式整合过的新闻素材将更加有效地吸引读者，因为读者看到的不再是干巴巴的事实罗列，而是真实的生活。"②普利策奖得主迈克尔 · 维特兹（Michael Vitez）也曾说："我相信，讲故事是新闻业的救星。我们活在一个充斥着网站、频道、宣传家、资讯、新闻，甚至只是噪声的世界，读者没有可能消化所有信息。他们往往索性什么也不理。我发现，接触人、打动人的最佳方法，就是说故事。如果你能够透过有人情味的故事，阐明一个重要议题，我认为这就是最好的叙事新闻了。"

一

新闻报道中的叙事

哥伦比亚大学新闻学教授詹姆斯 · 凯瑞（James W. Carey）认为新闻是"一门经过

① 布隆代尔.《华尔街日报》是如何讲故事的 . 徐杨，译 . 北京：华夏出版社，2006：3-5.

② 杰里 · 施瓦茨 . 美联社新闻报道手册 . 曹俊，王蕊，译 . 北京：中央编译出版社，2003：157.

严格训练的叙事艺术”，由此可见叙事在新闻报道中的重要性。我们强调“叙事”，关注的是以怎样的文本形式（叙述方式）能够更好地表现新闻本质。在毕设深度报道的写作中，我们要超越“倒金字塔”的结构框架和思维惯式，建构“叙事理念”，并要灵活运用多种叙事角度，在自如转换之中完成对新闻事件的多角度呈现。

（一）叙事写作中的新闻要素

在常规的消息写作中，我们始终强调“五个 W”；而叙事写作则使报道看起来不再具有硬新闻的面貌，更像小说或者戏剧。尽管报道中仍然包含“五个 W”这些新闻的基本要素，但是在叙事风格的写作中，新闻要素被强调的特质却发生了变化：“何人”成为故事主人公，“何事”成为故事情节，“何时”成为时间顺序，“何因”指向行为动机和背景，“何地”则成为场景。

要　领

新闻是“一门经过严格训练的叙事艺术”

“讲故事是新闻业的救星”。常规的消息写作强调“五个 W”，而叙事写作则使报道看起来不再具有硬新闻的面貌，更像小说或者戏剧。尽管报道中仍然包含“五 W”这些新闻的基本要素，但是在叙事风格的写作中，新闻要素被强调的特质却发生了变化：“何人”成为故事主人公，“何事”成为故事情节，“何时”成为时间顺序，“何因”指向行为动机和背景，“何地”则成为场景。

在非叙事风格的新闻报道中，“何人”通常作为行动者和消息源而存在，既可以是人物也可以是机构组织，其主要功能在于传递事件的相关信息。而在叙事写作中，“何人”变为故事的主人公，是具有鲜明个性的人物形象，是新闻报道要着重表现的对象。叙事往往以人物为中心而展开，人物的行为、语言、思想、情绪甚至命运等都得到较为全面细致的展现。

“何事”是非叙事报道中的重点，但在常规报道中，往往更为关注事件的结果及影响。而在叙事风格的报道中，“何事”转变为“情节”，这意味着我们更加关注事情究竟是如何发生的，更加在意怎样以更生动的方式来再现而非陈述事件发生的过程。因此，常规报道中那种平铺直叙的写作手法在叙事写作中往往不受欢迎。比如，叙事写作或许会将时空顺序打破然后重新拼贴组合，也会更加强调“悬念”等叙事技巧的运用。

“何时”在常规新闻报道中，通过表现为某个具体的时间点，对应事件的某种状态。而在叙事写作中，时间常常用于串联起故事的情节。时间顺序的调整还可以帮助形成悬念等故事元素。

“何因”在叙事写作中，更多表现为人物行为的动机和相关背景。新闻的故事情节归根到底是在人物的具体行为中得以展开的，因此要解释事件发生的原因，首先要去呈现人物出于怎样的动机和目的从事某种行为，要把人物的行动逻辑理顺。其次，人物所处的背景作为人物行动的舞台，为人物行为设定了某种结构框架，也在相当程度上影响了情节的走向，因此，背景本身也是推动情节发展的内在动力，需要在叙事写作中得到清晰的展现。

“何地”在常规新闻报道中指的是事件发生的地点，而在叙事写作中，我们更加强调情节发生的现场情景。记者在采访过程中就需要调动自己的各种感官去感受现场，在写作时将自己观察感受到的内容以生动的文字展现出来，从而还原当时的情景与氛围，使读者好似成为亲历现场的目击者，获得身临其境的感受。

（二）新闻报道中的叙事视角

叙事视角，即建构叙事的角度，代表着作者将以怎样的口吻和身份来叙述新闻事实。叙事视角的变化，意味着叙事者的变化。多元的叙事视角能够让我们从不同人的立场、身份与角度来观照新闻事件，在写作过程中，我们要根据叙事的需要呈现多种叙事视角，特别要注意避免单一的叙事视角。在这里，我们将叙事视角粗略地划分为：零聚焦叙事视角、内聚焦叙事视角和外聚焦叙事视角，下面我们结合毕设作品实例来分别介绍这几种叙事视角。

1. 零聚焦叙事视角

零聚焦叙事视角又被称为全知视角或者“上帝的视角”。在这种叙事视角下，叙事者几乎像上帝一样无所不知，叙事者所知大于所有新闻当事人所知。叙事者既可以俯瞰整个事件，也可以随时改变视角，既可以处于新闻事件的漩涡中心，也可以冷眼观

要 领

切忌以一种叙事视角从头写到尾

叙事视角，即建构叙事的角度，代表着作者将以怎样的口吻和身份来叙述新闻事实。叙事视角的变化，意味着叙事者的变化。多元的叙事视角能够让我们从不同人的立场、身份与角度来观照新闻事件。

学生在写作中经常出现的问题就是以一种叙事视角从头写到尾，缺乏叙事视角的变化。这种写作方式不仅会使报道文本显得单调乏味，更重要的是，由于缺乏视角的变换，只能呈现某一个固定的叙事者眼中的事件，其实是对新闻事件的“简化处理”，这将大大削弱事件本身的丰富性，同时也将影响新闻报道的客观性和表现力。

看，甚至能够跳脱出来对事件发表一定的观点。2017 年毕设作品《深圳禁毒》开头就呈现了这样一段文字：

岁末，深圳缉毒警廖增华斜坐在办公室座椅上，长吁了一口气。刚从市里开完会回来的他，显得有些疲惫。

年关将至，廖增华的任务多了起来：他需要到南山区各街道督查禁毒工作、去中小学开禁毒宣传讲座，还需要完成单位要求的年终总结。回顾 2016 年的禁毒工作，廖增华难掩担忧之情。

全市缴获各类毒品 8.34 吨，其中，市禁毒支队缴获毒品 5.4 吨；共侦破毒品案件 3 587 宗，破获目标案件总数名列全省第二。

这是深圳市 2016 年的扫毒“成绩单”。

在廖增华看来，成绩的背后暗示着依然严峻的毒情。

居高不下的吸毒人数，只增不减的毒品犯罪率，层出不穷的新型毒品，防不胜防的毒品交易形式……重锤之下，毒情依然不断蔓延。问题到底出在哪里？

禁毒，既是一场攻坚战，又是一场竞速赛。而这场与毒品的“肉搏战”，从未停止。

在这个片段中，叙事者几乎不受视域的限制。以场景开头，通过对廖增华的动作和神情的描写，表现人物的情绪。继而进入人物的内心，呈现其“担忧”的心理。随后，跳出办公室的具体场景，视角由小至大，全面概述深圳毒情的严峻程度。最后一段更是通过结论性的文字明确了报道的主题。

零聚焦叙事视角的最大优点在于叙事的灵活自由，从而使叙事具有广度和深度。从叙事广度上看，该视角能够拓宽叙事时空，叙事者或纵横天下，或俯仰古今。从叙事深度上看，叙事者可以深入新闻人物的内心，适当时候甚至可以对事件做出一定的判断。在运用这种叙事视角的时候，要注意尊重新闻的真实性原则，不能“合理想象”，同时要谨慎使用评论，否则会削弱报道的客观性。

2. 限制视域式叙事视角

这种叙事视角和零聚焦叙事视角都属于外部聚焦，叙事者都是外在于新闻事件的。不同之处在于，零聚焦叙事几乎不受视域限制，极为灵活自由，叙事者所知大于所有新闻人物所知。而在限制视域式叙事视角之下，叙事者只能像摄像机一样记录新闻事件的表象，叙事者所知少于新闻当事人所知。由于强调客观记录，这种叙事视角在语言选择上也更为克制，表现出相对严谨冷静的风格。

比如 2015 年毕设作品《逃港之后 / 一代居港内地人的生存与归宿》的这个片段就采用了限制视域的叙事视角，讲述了逃港者白辉初抵香港的遭遇，这段文字几乎是客观实录。

> 到港第二天，他在朋友的帮助下找到了姑妈的住所，等待他的却是一道铁闸。姑妈躲在里屋不敢见他。他的表姐隔着铁闸跟他“讲道理”，她说，“我们也怕被警察抓，你要体谅我们”。白辉当下躲在后楼梯哭起来，一边哭一边向同伴说：“我（要）回（大陆）去了，我回去了……”

3. 内部聚焦叙事视角

在内部聚焦叙事视角下，叙事者存在于新闻故事内部，是新闻报道中的某一个人物，既可以是行动者，也可以是旁观者和目击者。叙事者的所知就是报道中的人物所知。每个叙事者的视角都是固定的，只能以局内人的眼光以其自身对事件的参与来叙述故事。由于叙事者是事件的参与者甚至是故事情节的推动因素，叙述的也都是他的所见所闻和亲身感受，因此读起来亲切自然，很能感染和打动读者。这种叙事视角可以细分为以下几种类型：

其一，新闻记者视角。

在这种视角之下，记者成为新闻事件中的一个人物，讲述与自己有关的新闻故事。记者可以以“目击者”或者“观察者”的身份，向读者介绍自己在现场的观察、感受或者发现。例如2016年毕设作品《金牌的迷思》中的片段，该片段所呈现的场景正是记者在体校文化课上的观察。

“老师，你看，陈胖子又在泡妞了。”一个壮壮的，穿着运动短袖的男生坐在前排的课桌上大声说道。

“滚，周胖子，嫉妒啊！你敢说你不喜欢？”被叫作“陈胖子”的男生在教室后面大声回答道，随即，课堂上一阵爆笑。讲台上正在讲“弹性形变”的物理老师张城，依然面不改色地讲着课。教室静下来后，张诚走到“周胖子”身边，一边用手捏起他手臂上的一块肉，一边对教室其他学生说：“大家看啊，这就是‘弹性形变’。”教室又爆发一阵哄笑，但趴在桌上睡觉的同学，似乎并没有被惊动，依旧一动不动，跆拳道队的张润涛就是其中之一。

这是在深圳市体育运动学校中专二年级（一）班的物理课上发生的一幕，据记者观察，这个班大概只有六分之一的学生会认真听20分钟的课。

记者也可以以“主人公”的方式出现，这种类型多见于体验式报道。比如在2014年毕设作品《行走在流水线与霓虹灯之间/90后农民工在深圳的别样城市生活》中的这个片段，讲述了记者亲身体验进入红宝石五金厂做临时普通工人的经历，文中的“我”就是记者本人：

走出丹竹头地铁站A出口，走过左边一条不足两臂宽且两边放满了章鱼小丸子，“韩国摇滚烧鸡”、“旺角糖水店”、手抓饼等打着世界各地名号的廉价小吃热气弥漫的道路后，一个银色的大门出现在“旺角糖水店”拐角处，这就是我实习的红宝石五金厂。

整个厂里员工加起来只有70到80人，是一家规模小型的五金厂，常年做着一些五金窗框、门框制作等订单，由于生意不大，每天仅加1~2小时的班。年底订单增多，但此时已是12月，不少工人已回乡过年了，着急招聘的厂家对临时工的招聘放松了许多，我作为一名临时普工顺利进入了工厂。

我所工作的车间叫制框部，顾名思义，就是制造各种金属框架的部门。走进车间，立刻就被厂房内部各种轰鸣的机器声吸引。工人们都在靠近车间大门的一边工作，他们一一站在各自的桌子前，接棒似的拼接、安装、包装一个个五金制品，如钢化玻璃、三角窗框铝条等。车间简陋地由水泥地和各种木桌、机器组成，地上还有因拖拉货物造成的拖痕。上了年纪的女工告诉我："小姑娘别穿漂亮衣服来，这里搬搬抬抬的磨损衣服。"油渍与金属，还有身穿灰色衣服的工人，组成了整个灰色调的厂房。

一个身穿黑色运动服的青年男子一直在工人中走动，手里拿着扳手和手套，时不时对工人正在制作的板敲敲打打。大概见我实在笨手笨脚，几小时后他忍不住问道，"你是第一次出来打工吧？"

在得到肯定的回答后，他笑着说，"看得出来。"

"你是监工吗？"我问。

他笑着说："这里没有监工，我是品质部的。"

其二，新闻当事人视角。

在这种视角下，叙事者由新闻当事人承担，他感受、观察、思考，却不像一个叙事者那样对受众讲话，场面好像直接在读者眼前展开。

其三，记者与新闻当事人共同视角。

这种视角结合了上述两种视角。记者参与了故事情节的发展，和新闻当事人一起成为叙事主体。比如2013年毕设作品《他们的世界 / 同性恋群体系列报道》的这个片段，呈现了小组同学进入同性恋酒吧与酒吧工作人员D仔聊天交谈的情景，同学们的问题引导和D仔的回答共同推动了叙事的发展。

晚上九点，酒吧已经开始营业，但来的客人并不多。酒吧的营销工作人员三三两两地坐在吧台上吸烟喝酒，现场音乐声太大，谈话时总是需要交头接耳。她们几乎全部都是T，穿着黑色衬衫，剪着像韩庚一般的短发，女性特征并不明显，只是面庞相对白净清秀。

“第一次来吗？我看你们在门口站了很久。”工作人员D仔笑得露出了酒窝。

“对啊，第一次来。这些都是我同学。”

“哇，一个班出了5个（同性恋）。”她眼睛睁得圆圆的。

“不是啦，都是直的，过来玩。你们不会分辨谁是谁不是吗？”

“没有啦，你说P怎么分，都是长头发，不像T。”

“其实到底可不可以掰弯（异性恋）？”在同性恋者的世界里，异性恋者被称为直人，“掰弯”是指改变异性恋取向。

“多来几次就弯了。”D仔“咯咯咯”地大笑起来。

学生在写作中经常出现的问题就是以一种叙事视角从头写到尾，缺乏叙事视角的变化。这种写作方式不仅会使报道文本显得单调乏味，更重要的是，由于缺乏视角的变换，只能呈现某一个固定的叙事者眼中的事件，其实是对新闻事件的“简化处理”，这将大大削弱事件本身的丰富性，同时也将影响新闻报道的客观性和表现力。

二

新闻报道中的“故事化”要素

曾获普利策新闻奖的美国记者乔恩·富兰克林（Jon Franklin）指出：“用故事化手法写新闻，就是采用对话、描写、场景设置等，细致入微地展现事件中的情节和细节，突出事件中隐含的能够让人产生兴奋感、富有戏剧性的故事。”[①]下面我们来介绍几种新闻报道中常见的“故事化”要素。

① 薛国林. 当代新闻写作. 广州：暨南大学出版社，2005：332.

（一）场景设置

场景作为人物行动的舞台和情节展开的空间，在故事化写作中有着非常重要的作用。美联社特写新闻部主任布鲁斯·德希尔瓦认为：“没有场景描写，故事就没法讲。”[①] 在报道中通过准确生动的描写设置场景，能够成功地营造氛围，迅速将读者代入故事之中，同时也有助于读者理解人物的性格及其行动逻辑。场景描写，并非简单地描述天气、时间和地点，而要注意凸显场景中最有特点的要素。我们来看 2014 年毕设作品《行走在流水线与霓虹灯之间 /90 后农民工在深圳的别样城市生活》中的这段文字：

> 穿过富士康南门的天桥，王宇把我们带到一条窄巷的入口处，窄巷的对面就是卖袜子和毛巾的摊档。王宇用手指了指巷子的深处说：“喏，这就是夜鹰。”没有巨大的标志和地毯，没有花篮和 LED 屏，只有红色和绿色的通电霓虹灯歪歪扭扭地写出“夜鹰”两个字钉在两人多宽的巷子口，黑漆漆的深巷顶部每隔几米亮起一条拳头宽的红色彩灯，隐隐约约可以听到低音炮沉重的鼓点声，空气中充斥着尿液和垃圾的味道。如果不是认识的人领路，光是站在巷子口绝不可能想到这里是附近一带最火爆的酒吧。

这段文字展现了富士康工厂附近最为火爆的一家娱乐场所——夜鹰娱乐城。不少富士康的工人都是这里的常客，去“夜鹰”似乎成为富士康工人的某种象征性仪式。因此，通过对夜鹰娱乐城的描写可以让读者感受到 90 后农民工的日常休闲娱乐生活是怎样的一种状态。

在这段场景描写中，作者并没有面面俱到地展现夜鹰娱乐城，而是紧紧扣住“夜鹰”这一农民工娱乐场所与城市中心夜场的差别来写。比如，不在醒目的地点，却在“巷子的深处”；“没有巨大的标志和地毯，没有花篮和 LED 屏，只有红色和绿色的通电霓虹灯歪歪扭扭地写出‘夜鹰’两个字”；周边环境也很糟糕，“空气中充斥着尿液和垃圾的味道”。寥寥数笔，就让读者清晰地感受到 90 后农民工的日常生活状态及其与城市生活的巨大反差。

① 杰里·施瓦茨．美联社新闻报道手册．曹俊，王蕊，译．北京：中央编译出版社，2003：158.

（二）细节描写

细节是最鲜活的事实。通过细节展现的内容，通常比运用概述表现的内容更能再现新闻事实本身的独特性和丰富性。在2016年毕设作品《馨别/深圳临终关怀现状调查》中有这样一个片段：

流花医院521病房的方秀萍病情急转直下，她的瞳孔突然放大，每隔几分钟就浑身抽搐，嘴巴也随之歪斜，脑袋像断了线的木偶一般不受控制地震颤，以致脖颈塌软，整个人倒向枕头左侧。她眼睛密布着红血丝，不规则地暴出眼眶的浑浊眼球在抽搐中显得格外瘆人，口腔里充斥着不时从牙缝间渗出的血液。15秒之内，心率由83飙升至170。听到动静冲进来的护工阿姨马上按住方秀萍的下颌，以防她咬到舌头。

在这段文字中，作者以细腻的笔触给我们呈现了某重病患者在生命危急时刻的状态。作者将各种细节组合起来，给读者勾画出一幅极为直观的画面，让读者好似成为现场的亲历者，具有较强的震撼力。

值得注意的是，我们在写作中不能为了细节而细节。只有那些紧扣主题、能够充分说明作者报道意图的细节才是有用的好的细节。比如下面的这段文字：

富士康工人丁坚说："这附近到处都是娱乐场所，青春的荷尔蒙在我们这个年纪最强烈。这些场子那么热闹，比起娱乐需求，更多人在这里寻找满足性需求的机会。"走在观澜大道上，不时会有人向你递送各种按摩洗浴中心的传单，传单上年轻的女孩儿出格清凉的打扮在强烈地暗示着它们所能提供的特殊服务。在大水坑一村附近逛几圈，你会发现，装修最豪华气派的就是妇科门诊，方圆50米内集中着四五家妇科男科门诊。诊所里的医生对于十四五岁就来堕胎或者染上性病的女孩早就见怪不怪。

这个片段展现了记者在富士康工厂附近的街道所观察到的情景，但是仅突出了以下细节：暗示有特殊服务的按摩洗浴中心传单、豪华气派的妇科诊所、密集扎堆的男科门诊等等。事实上，正是这些细节有效印证了富士康工人丁坚的判断。因此，任何细节的使用都需要服务于特定的写作目的，否则，无论其再精彩都是无效的。

（三）写好新闻中的“人”

人物是推动故事情节发展的直接力量，鲜活的人物形象也是吸引受众阅读、引发共鸣的重要元素。因此，无论写人还是写事，人物都应当成为故事的写作重点。

但是，并非新闻事件中的每一个人都需要细致刻画，那些具有典型性的、在故事情节发展中发挥重要作用的人物才能成为我们塑造的重点。刻画人物当力求避免“面面俱到”，否则很容易造成“脸谱化”和“程式化”，无法写出人物的神韵。只有抓住人物身上最主要的特点，呈现出人物与众不同的特质，才能塑造出鲜活的人物形象。

在 2014 年毕设作品《行走在流水线与霓虹灯之间 /90 后农民工在深圳的别样城市生活》中，作者选择的四个人物极具典型意义，分别代表了不同类型的 90 后打工者。王宇眼高手低，对世界充满不屑，自认为“时机到了，自然会赚大钱”，盲目的乐观自信与现实中频繁更换工作的窘境形成鲜明对比。林鸿强是更为踏实稳重的新生代农民工代表，背负着沉重的思想包袱，深感生活、工作、婚姻的压力，只好选择“都不用花什么钱，工资 3 000 多都能省下来……寄回老家”。丁坚是奋斗者中的迷茫派。同样努力上进，却不甘于工厂工作的枯燥乏味，很想跳出这里成为一名白领，可也深知自身能力所限希望渺茫。想创业，也不知从何入手。阿辉则代表了无数外来打工者的梦想——在深圳赚到了钱，甚至找到了另外一半，几乎就要成为深圳人了，但他同样忧心忡忡。这几个人物在 90 后农民工群体中具有相当的样本意义，个个形象鲜活、个性鲜明，共同构成了 90 后农民工的群像。

（四）变化与起伏

常言说，文似看山不喜平。但在写作中，不少同学习惯了“日记”式的实录，简单堆积素材，平铺直叙，缺乏吸引力。我们要善于运用叙事视角的改变、文字节奏的变化、不同素材的穿插等多种手段来制造起伏，让报道更具感染力。

下面以 2017 年毕设作品《快手江湖 / 农村网红风云录》的节选部分为例，来具体分析这段文字中的变化与起伏。

快手 CEO 宿华对快手的定位是：一款记录、分享生活的软件。快手用户通过快手记录和分享自己的生活状态，但快手上同时会出现一些在“双微一Q”上很少见到的东西，比如喊麦、社会摇，以及关于农村生活的搞笑段子。快手四亿的用户量，即使在中国，仍不是一个小数目。谁在生产这些内容？让我们将目光投向广阔的中国大地，寻找答案。

辽宁大连瓦房店李屯村，村外公路旁，东北蛇哥正带领他的网红团队拍摄系列视频。这位号称“快手第一狠角”的中年男人，为了拍视频，曾额头上放鞭炮，赤身裸体躺刀刃，让车轧过右手，赤膊扎进结冰的河面，种种狠活做遍，留下满身伤痕。终于，在一次“假死”过后，决心投身“正能量”视频。

湖北大冶市龙角山村，龙角山上有一处景名为“岳飞洞”，搬砖小伟在这里搭建了模拟工地的脚手架，和追随他的少年们一起练习街头极限健身。前水平、后水平、单杠悬挂 360° 转体……屡次擦伤又愈合的腹部和手臂，在激烈的动作里胀缩，一旁的石块上架着四部苹果手机，摄下他在管架间跃动的身姿。

贵州省遵义市大连村，村口路旁一处地势低矮的房屋里，刘金和他的徒弟金云正在二楼房间里直播。随着他们的动作，隔开楼层的木板吱嘎作响，说话声一直传到楼下。这是他们夜晚生活的常态。而白天，他们在田地和山林间穿梭，精心制造各种倒霉的瞬间，包括把脸摔进牛粪，在田边洗手时被推进泥中，让滚烫的面汤从头浇下。

广州从化龙潭村，破败房屋间夹出一条小巷，徐小鱼、二狗教小学生演搞笑段子。穿着校服的小男孩带上造型夸张的假发，在柴垛和砖块边，演绎基佬、日本人和早恋、金钱、美女。

…… ……

从有着辽阔平原的东北到丘陵广布的中部，再到山脉连绵的西南、海潮涌起的东南，这群活跃在快手上的网红们地域分布跨度极大，但大部分生活在相似的背景当中，那里房屋稀疏错落，水泥浇筑出狭窄的“村村通”公路，此外是大片大片裸露的土地，植被肆意生长。

根据 2010 年第六次全国人口普查，农村人口有 6.74 亿，占中国一半，这是背景的另一面。虽然带着数字意义上的广阔，话语边缘人群却近乎寂寂无声。

当人们把目光聚集向飞速发展的城市，分给农村的注视便少了。网络信号仍在一步步普及，从繁华都市到破落的乡村，信息的海洋顺着它涌流。农村的人以怎样的姿态置身于这互联网时代里？似乎无从得知。

直到2016年端午假期，微信公众号X博士发表一篇推文——《残酷底层物语：一个视频软件的中国农村》，快手走进了大众的视野。借由它，一个仿佛独立于主流世界之外的“线上农村”被发现了。在X博士的目光下，自虐视频、喊麦表演和抽烟的儿童共同拼凑成荒凉、残酷的农村文化景象。针对这篇文章以及其中的中国农村，议论和批判纷至沓来。

看呐，被视为平行世界的快手江湖里，农村网红们发出声音，也被纷纭的声音裹挟。

开篇就明确地提出问题：谁在生产“快手”上这些不同于“双微一Q”的内容？成功地设置悬念，引人继续阅读。在叙事视角的转换上，这段文字表现得极为灵活。素材运用上较为丰富多元，有典型人物，有鲜活细节，有生动场景，还有背景概述。事实的呈现也表现出明显的起伏：辽宁、湖北、贵州、广东，空间上的跨度极大；视线也从乡间延伸到城市。整段文字读完好似坐过山车：从极小到极大，极微观到极宏观，一会儿飞上云霄，一会儿深入地底。

（五）展现，而非讲述

在形容其名著《战争与和平》的力量时，列夫·托尔斯泰说：“我不讲述、我不解释，我只是展现，让我的角色说话。”普利策新闻奖得主里克·布拉格（Rick Bragg）回忆自己初任记者时，就曾被主编提醒：“优秀写作的基本原则就是要展现，不要讲述。给我看你所看到的一切，用文字来描绘一幅画面，然后，我就可以跟随你的脚步。”[①]

在报道中展现故事情节，意味着我们要改变在非叙事写作中最常见的“讲述”的方式。在采访时，记者就要充分调动自己或者亲历者、目击者的各种感官去感受现场，然后在写作中还原这种感受，通过文字让读者看到、听到、嗅到甚至触摸到，从而让读者在文字中亲自体验和感受事件，从而产生极强的真实感。比如2014年毕设作品

① 梅尔文·门彻．新闻报道与写作．展江，主译．北京：华夏出版社，2003：174.

《深圳渔村：远去的故乡 /——关于深圳渔村兴衰存亡的新闻调查》中的这个片段：

午饭时间，张大姐的渔船刚刚靠岸，她敏捷地爬上岸，将绑着渔船的另一头绳子拴套在岸上的大铁钩上，将船只固定好。紧接着熟练地跳下船与丈夫一同搬过一个蓝色的大桶，再迅速地爬上码头，将大桶抬上岸之后又跳下船去搬下一个大桶。在蓝色的大桶内，装了四个脸盆，装有鱼、虾、鱿鱼、蟹……

"突突突……"，正当张大姐手忙脚乱地往鱼盆里接驳氧气管道的时候，一辆三轮车驶来，车夫和张大姐三两下就把装满鱼盆的蓝色大桶扛上车，往市场赶去。

在这段文字中，作者几乎还原了自己在现场的观察：张大姐的一连串动作，蓝色大桶，四个脸盆，鱼、虾、鱿鱼、蟹，还有三轮车的"突突"声。所有元素组合在一起，给予读者极为直观的感受。

展现新闻事件，还要学会运用生动准确的动词。杰克·哈特（Jack Hart）说："新闻就是动作，但是记者们经常把生活从一个充满动感的世界中挤了出来……我们描写旅馆墙上留下了成千上万的子弹孔，而不知道去说子弹把旅馆打成了麻子。我们报道一个跳伞者周一死于伞未打开，而不会使用动作动词比如陡直跌下或者猛冲而下。"[①] 比如 2017 年毕设作品《快手江湖 / 农村网红风云录》中的这段文字正是通过大量动词的准确运用，生动记录了农村网红"搬砖小伟"录制视频的过程。整段文字动感十足，极富美感。

像往常一样，他把手机调到拍摄状态，在石块上架好；脱掉上衣，抽出一长条卫生纸，别进裤腰，任其垂落舞动——他认为这让他看起来会更飘逸，做完这一切后，小伟把双手伸进防滑粉里搓了搓，对着屏幕竖起大拇指，说："不要怂，就是干！"

以抓着单杠的双臂为支点，小伟的身体在空中灵活又富有弹性地跳跃，他松开单杠，发力旋转，360 度后，他抓空了，斜着身子，左腿点在地上，然后整个身体重重压下来。他的左腿骨折了，在地上不自然地扭曲着，小伟把它掰正，打

① 卡罗尔·里奇．新闻写作与报道训练教程．3 版．钟新，主译．北京：中国人民大学出版社，2004：243.

电话叫救护车。

呈现人物对话也是展现故事的好方法。例如下面的文字：

有一条50.5万播放量，近2万次点赞的“爆笑小学生”视频。背景是开阔荒地上一幢破茅草房，二狗面向三个小学生站立，脚趾紧夹一双颜色泛白的人字拖，袖子卷起，弓着背，文着鲤鱼刺青的右小臂在空中挥舞，他扯着嗓子问：“同学们，今天老师问你们！有钱能买到知识吗？”

小学生小王不屑地说，“有钱还要知识干啥！”

二狗使出一个大耳光，假装扇到小王，“这么拽？”

小王配合地把身子一侧，捂住左脸，看着“老师”。

“老师”冲着第二个同学小黑，继续问，“有钱能买到爱情吗？”

小黑恶狠狠地答，“没钱哪来的礼金！”

“老师”二话不说，又一个巴掌过去，问下一个，“有钱能买到时间吗？”

学生小黄响亮地答道：“网管再来两个小时！”

这个回答招来一阵哐哐哐的耳光。末了，小学生一齐对着镜头比出数字6的手势，说“666”。

（六）冲突与矛盾

冲突是故事的核心要素。这种冲突，可以是人物与外界的冲突，也可以是来自人物内心的冲突。在报道中呈现冲突和矛盾，能够制造强烈的戏剧化效果，激发读者的阅读欲望，同时还有利于表现新闻事件和人物的丰富性和复杂性。在深度报道中，其表现的冲突往往是多重和多元的，我们在写作时要注意展示和处理好主要冲突与次要冲突的清晰层次与逻辑。

2017年毕设作品《罗湖棚改：违建之困，转型之惑》清晰地呈现了罗湖棚改中多个层面的冲突与矛盾。其中，最为显性的冲突存在于业主与政府之间：出于公共安全的考量，政府投资300亿改造棚户区，花钱费时费力；业主却对政府的拆迁补偿标准不尽满意。这是报道中最为主要的冲突，也是棚改遭遇的最大困难。然而，棚改的复杂性远不止于此。平日里看似“团结”的业主也绝非铁板一块：大业主、小业主各有各的盘算；签约（《拆迁补偿合约》）的、未签的暗自相互嘀咕；业主、租户也各有各的诉求……报道先抓住主要的冲突，继而剥离和呈现出次要冲突，并将它们组合成清晰的框架。各种冲突相互交错延伸，再现了一幅“棚改众生相”。

第四章

新闻毕设的编辑制作

新闻编辑学的教材，目前已有很多版本，涵盖了新闻编辑的几乎所有技术环节，无须重复叙述。本章所要阐述的，是与新闻毕设密切相关的编辑实操技术，特别是新闻标题的制作和专题报道的编辑技术。

其中，专题（组合）报道是当前报纸、杂志、电视、网络关于深度报道的常见样式，也已发展成为新闻实践中对较丰富新闻题材的常规处理方式。深圳大学的新闻毕设也大量采用这种样式。可惜这一样式一直被不少新闻实务教科书所轻视甚至忽略。不少教材对此报道样式一笔带过甚至不置一词，或将其错误地列入“新闻信息的组合配置”部分，与新闻集纳、新闻专栏等混为一谈。因此，专题报道的编辑策划将成为本章的重点。

第一节

大规模报道的标题制作

标题的重要性无须多言。对新闻毕设而言，标题至少是作品引起关注的第一渠道，也是评判作品质量的重要指标。简单事实的新闻标题并不难做，但大规模新闻作品的标题制作就有较大的挑战了。几乎每届学生在毕设作品的最后完成阶段，都曾为标题的制作而发愁过。

所谓大规模报道，是指篇幅超过 1 万字并由多篇文章组合而成的新闻报道，也是深圳大学新闻毕设最常见的报道样式。这种报道的标题制作，既不能脱离新闻标题制作的共性规律，也不应忽略其自身所体现出的个性要求。这类标题的制作往往需要更多的创意。

一 标题的基本结构

标题结构是标题制作的基础，所以仍需稍做阐述。标题的结构分为单一结构和复合结构。

（一）单一结构标题

单一结构指只有主标题而没有其他任何辅助标题的标题结构。主标题也简称为“主题”或“正题”。

需要注意的是，单一结构并不一定等同于单行题，而可以是双行甚至多行题。单一结构的双行题，也称“双主题”，形式是两行主题的字体、字号甚至字数、长短都一样。近年来，报刊和网络上双主题的字数和长短呈现更加自由的趋势，长短常有错落。此外，双主题的两题之间要体现一定的逻辑关系。单一结构的多行题较为少见，因为其具有分散主题思想、逻辑关系复杂、影响注意力、形式上过于臃肿等缺点。

举例：

单一结构单行题

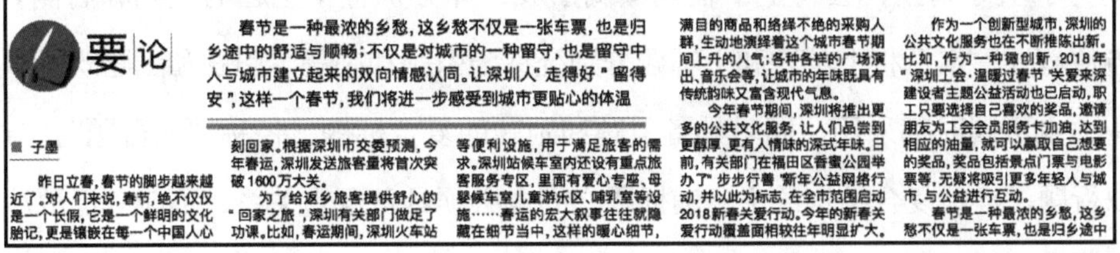

在春节这个最浓的“乡愁”里感受城市温度

要论

春节是一种最浓的乡愁，这乡愁不仅是一张车票，也是归乡途中的舒适与顺畅；不仅是对城市的一种留守，也是留守中人与城市建立起来的双向情感认同。让深圳人“走得好”“留得安”，这样一个春节，我们将进一步感受到城市更贴心的体温

■ 子墨

昨日立春，春节的脚步越来越近了。对人们来说，春节，绝不仅仅是一个长假，它是一个鲜明的文化胎记，更是镶嵌在每一个中国人心刻回家。根据深圳市交委预测，今年春运，深圳发送旅客量将首次突破1600万大关。

为了给返乡旅客提供舒心的“回家之旅”，深圳有关部门做足了功课。比如，春运期间，深圳火车站等便利设施，用于满足旅客的需求。深圳站候车室内还设有重点旅客服务专区，里面有爱心专座、母婴候车室儿童游乐区、哺乳室等设施……春运的宏大叙事往往就隐藏在细节当中，这样的暖心细节，满目的商品和络绎不绝的采购人群，生动地演绎着这个城市春节期间上升的人气；各种各样的广场演出、音乐会等，让城市的年味既具有传统韵味又富含现代气息。

今年春节期间，深圳将推出更多的公共文化服务，让人们品尝到更醇厚、更有人情味的深式年味。日前，有关部门在福田区香蜜公园举办了“步步行善”新年公益网络行动，并以此为标志，在全市范围启动2018新春关爱行动。今年的新春关爱行动覆盖面相较往年明显扩大。

作为一个创新型城市，深圳的公共文化服务也在不断推陈出新。比如，作为一种微创新，2018年“深圳工会·温暖过春节”关爱来深建设者主题公益活动也已启动，职工只要选择自己喜欢的奖品，邀请朋友为工会会员服务卡加油，达到相应的油量，就可以赢取自己想要的奖品，奖品包括景点门票与电影票等，无疑将吸引更多年轻人与城市、与公益进行互动。

春节是一种最浓的乡愁，这乡愁不仅是一张车票，也是归乡途中

单一结构双行题（双主题）

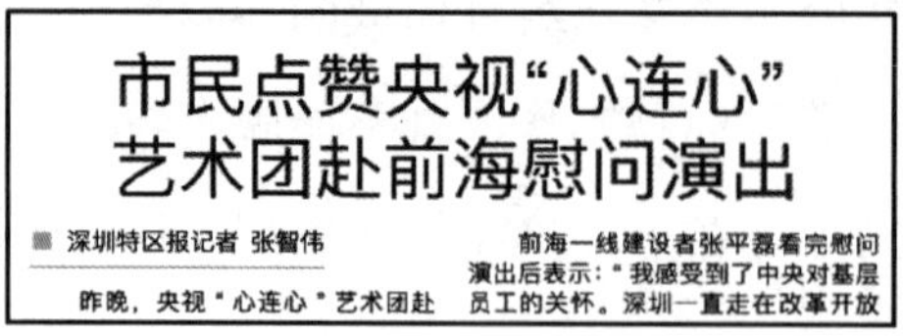

市民点赞央视“心连心”
艺术团赴前海慰问演出

■ 深圳特区报记者 张智伟

昨晚，央视“心连心”艺术团赴

前海一线建设者张平磊看完慰问演出后表示：“我感受到了中央对基层员工的关怀。深圳一直走在改革开放

上述双主题的两行题之间的逻辑关系表现为因果关系，即“市民点赞央视‘心连心’”，是因为“（央视‘心连心’）艺术团赴前海慰问演出”并令他们感到满意。

多行主题（多主题）

始终牢牢把握精髓求发展
始终牢牢把握主题求发展
始终牢牢把握宗旨求发展
始终牢牢把握务实求发展

本报讯 （记者 [illegible]）2月16日至21日，省委书记、省人大常委会主任卢

发展实际，创造性地开展工作。省第九次党代会确立的一个战略一条路子一

重要思想为指导，深入贯彻落实科学发展观，坚持走中国特色社会主义道路，深

三要始终牢牢把握宗旨求发展。只有牢记党的宗旨，真正把人民群众放在

这样的多主题较为罕见，其无论是传递信息的效果、读者的阅读体验还是版面的美观程度，都是不理想的。

（二）复合结构标题

复合结构标题，是指由主题与辅题组成的标题。辅题又因其位置的不同而分为上辅题和下辅题。上辅题是指在主题上方的标题，也称引题、肩题、眉题。下辅题是指在主题下方的标题，也称副题、子题。对竖标题而言，一般情况下上辅题在主题的右侧，下辅题在主题的左侧。但也不能一概而论，竖标题如果出现在报刊版面的左边界附近，则为了引导阅读，会将上下辅题颠倒摆放，即分别置于主题的左侧和右侧。

为方便叙述，本章将上辅题和下辅题分别统称为引题和副题。引题和副题既可以只用其中之一，也可同时都采用。同时具备引题和副题的复合标题，俗称“三行题”。与单一结构的双行题一样，复合结构的主、辅标题之间也必须具备逻辑关系，不能一盘散沙。近年来，为节省版面，三行题显著减少，“引题＋主题”和“主题＋副题”的结构则随处可见。

要　领

副题何时使用破折号？

破折号后面跟的副题是对主题起到说明或解释作用的标题，它们通常是对主题的补充。这类副题主要出现在通讯作品中。例如人物专访通讯就比较常用，这时凡以“记”“访”“专访”等开头的副题，均需加破折号。其他通讯作品中，凡有“纪实”“侧记”“追记”“问答”“实录”“观察”“关于”等说明性字样的副题，也要加破折号。此外则无须破折号。

遇到可加可不加的情况，则尽量不加，这也符合标题中尽量少用标点的约定。

这里要特别提出一个小问题，即副题有时会带破折号。但究竟何时该用破折号而何时不用，以往的教科书很少提及，学生也常常纠结。在实践中，甚至到了毕设阶段，学生误用或滥用破折号的概率都非常高。笔者在指导学生办校园报纸《新新报》时最常发现的标题错误之一，就是滥用破折号。但主流报纸副标题的破折号使用却总是正确的，这说明业界遵循着的一种规则，被新闻教育界忽略了。实践中，破折号后面跟的副题都是对主题起到说明或解释作用的标题，它们通常是对主题的补充。这类副题主要出现在通讯作品中。例如人物专访通讯就比较常用，这时凡以“记”“访”“专访”等开头的副题，均需加破折号。其他通讯作品中，凡有“纪实”“侧记”“追记”“问答”“实录”“观察”“关于”等说明性字样的副题，也要加破折号。此外则无须使用破折号。遇到可加可不加的情况，则尽量不加，这也符合标题中尽量少用标点的约定。

举例：

人物专访

探索建立公益诉讼的“深圳样本” ——访深圳市人民检察院副检察长林雄

记者问答

梯次推动乡村山水林田路房整体改善 ——国家发改委负责人就《农村人居环境整治三年行动方案》答记者问

通讯

新气象，开创民主法治新局面

——从2018年两会看全面依法治国新实践

雄汉 罗沙 丁小溪　需要和人民意愿。司法体制改革动真碰硬，着力破解一切阻碍公平正义的顽瘴　展，到夯实市场监管制度，健全法治化营商环境；从各级人大代表积极履职尽责，　“民主党派……了政府回应、企……

下面这个标题中的破折号属于可用可不用，建议不用：

井盖问题突出该谁来管？

——市政协委员反映我市道路井盖高低不平引共鸣，记者上路巡查直击问题

复合结构的标题具有一定优势，例如：能够传递更丰富的信息，更利于突出主题，因有更多的标题层次而令版面更加疏朗等。复合标题的多信息传递，符合当前快节奏下的速读需求。因此，复合标题的使用频率多年来呈持续上升趋势，在很多报刊中已超越单一结构标题而占据主导地位。

例如左侧这个版面，头版的复合标题竟达到了百分之百。

在复合标题中，主题最为重要。从内容看，主题直指新闻中最重要或最引人注意的事实或现象。从结构看，主题是整个标题的中枢。从形式看，主题所用的

字号最大、最粗、最突出，是读者一眼就能认出的核心标题。

举例：

引题与主题

2018年中央一号文件公布

全面部署实施乡村振兴战略

新华社北京2月4日电 (记者 高敬 董峻) 改革开放以来第20个、新世纪以来第15个指导“三农”工作的

文件从提升农业发展质量、推进乡村绿色发展、繁荣兴盛农村文化、构建乡村治理新体系、提高农村民生

务：到2020年，乡村振兴取得重要进展，制度框架和政策体系基本形成；到2035年，乡村振兴取得决定性进

“今年的中央一号文件，全面贯彻党的十九大精神，以习近平新时代中国特色社会主义思想为指导，围绕实

主题与副题

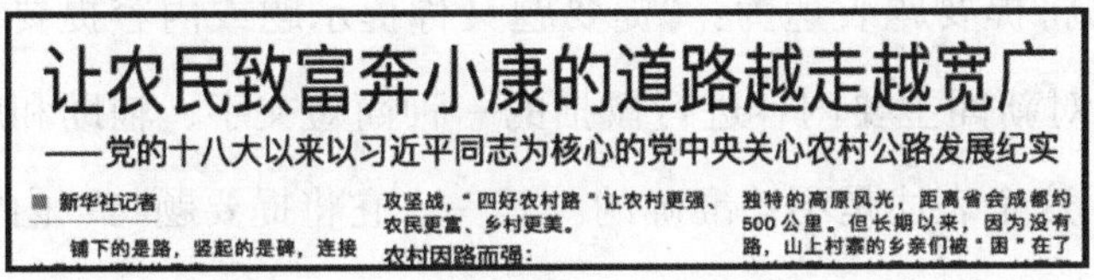
让农民致富奔小康的道路越走越宽广

——党的十八大以来以习近平同志为核心的党中央关心农村公路发展纪实

■ 新华社记者

铺下的是路，竖起的是碑，连接

攻坚战，“四好农村路”让农村更强、农民更富、乡村更美。

农村因路而强：

独特的高原风光，距离省会成都约500公里。但长期以来，因为没有路，山上村寨的乡亲们被“困”在了

引题、主题、副题（三行题）

习近平主持召开中央全面深化改革领导小组第二次会议强调

思想再解放改革再深入工作再抓实

推动全面深化改革在新起点上实现新突破

李克强张高丽汪洋王沪宁出席

新华社北京1月23日电 中共中央总书记、国家主席、中央军委主席、中央全面深化改革领导小组组长习近平1

实施党的十九大《报告》重要改革举措分工方案》、《中央全面深化改革领导小组2018年工作要点》、《中央全面深化改革

普仿制药供应保障及使用政策的若干意见》、《科学数据管理办法》、《知识产权对外转让有关工作办法（试

会议强调，提高技术工人待遇，要坚持全心全意依靠工人阶级的方针，发挥政府、企业、社会协同作用，完善技

养老保险待遇水平随经济发展逐步提高，确保参保居民共享经济社会发展成果。

强国，服务中国特色大国外交，深化改革创新，完善体制机制，优化分布结构，加强力量建设，提高办学质量，使

二

标题的种类与布局

（一）标题的种类

标题的种类，一些教科书列出很多种，诸如消息标题、通讯标题、评论标题、图

片标题、通栏标题等。在这里，我们打算将其简化并与新闻体裁和版面布局分离。这样做的目的是避免繁琐，也便于凸显标题自身的特点。标题按形式分，主要有大标题、小标题、提要题三种。按内容分，则有实题和虚题两种。

先讲形式上的标题种类。大标题（也称“总标题”）指统领多篇文章或一个专栏甚至一个版面的标题，是比单篇文章标题更大的标题形式。以专题报道为主要样式的新闻毕设，大标题的使用率几乎达到百分之百。

小标题也称插题、分题，是文章内用来划分段落、概括段落大意的标题，其字号明显小于文章标题，以示区别。

提要题（也称提示题），则是主标题上方或下方的提示性、介绍性或解释性文字。关于提要题，有必要多讲几句，因为在一些教材和部分教学实践中，对提要题的认识存在模糊区域。例如有教科书将提要题表达为：“提要题又称提示题或内容提要，是介于标题与新闻正文之间的、对新闻主要内容进行概括的一种简短文字，辅助和解说标题中传达的最重要内容。”[①] 这个表述是不够准确的。其一，它将提要题与“内容提要”相混淆。内容提要不属于标题范畴，而是正文前的一段概述性文字，相当于论文的摘要。其二，它将提要题局限于“标题与新闻正文之间”，事实上提要题也会以引题形式出现在主题的上方（见下面的举例）。提要题与辅题的区别在于：辅题讲究凝练概括，通常较为简洁；提要题则往往是一个句子甚至一段话，字数较多，其中常有标点，

要 领

提要题一定要放在标题与新闻正文之间吗?

作为对新闻主题的提示、介绍或解释，提要题可以放在主标题的上方或下方。实践中，提要题也会镶嵌于正文中，出现在小标题附近。

提要题与辅题的区别在于：辅题讲究凝练概括，字数通常较为简洁；提要题则往往是一个句子甚至一段话，字数较多，其中常有标点，本身看上去不像标题。

① 谭云明，郑坚 . 新闻编辑学 . 武汉：华中科技大学出版社，2016：154.

本身看上去不像标题。提要题也会出现在小标题附近。英文报章常会在文章中间挖出一块空间（靠近或远离文章标题），放置远大于正文字号的一段文字，美国报人称其为“deck”或“call-out”，也属提要题。近年中国的一些新闻期刊也借鉴此类做法，渐渐常采用镶嵌于正文中的提要题。

举例：

大标题

2018年3月8日 星期四 见解 纪念“三八”妇女节特刊 中国妇女报 7

新时代，我们怎样过“三八”？

百余年前，一个以妇女命名的节日诞生，标志着女性争取性别平等、捍卫自身权益、追求文明进步的妇女解放浪潮在世界范围内形成。百年风云激荡，女性的奋斗与努力，展现的智慧与才华，赋予这个节日非同寻常的意义与价值。

百余年后，中华民族迎来了从站起来、富起来到强起来的伟大飞跃，中国开启了新时代。新时代，意味着新目标新发展、新梦想新追求，也意味着新使命新担当。新时代的女性，如何与时代同行，如何携手行动，创造美好生活，助力国家强盛，推动社会文明，是一个值得思考与探讨的话题。

今天，是女性的节日，怎样度过属于我们自己的节日？怎样赋予这个节日更大的价值与意义？怎样让这个节日散发新时代的光辉？这些话题蕴含的不仅是对如何过节的思考，更是对中国妇女如何投身新时代、如何进一步推进性别平等事业的深度探讨。

在这里，我们分享与共勉。

奋斗·绽放

赋权妇女：“就是现在”

● 我们可以回顾一年来我们在权利方面的进展，庆祝成就同时指出问题，并采取行动去促成改变，使“三八”节重新具有权利的意义，并促进妇女赋权。

● 行动者不仅是妇女工作者或女名人女要人，而是千千万万劳动妇女，让我们每一个人，都可通过赋权改变自己的生活。

“三八”节，希望这样过
——来自中国妇女报微博的声音

新的一年，希望媒体更多地关注“三八”节作为纪念日的意义，去倡导和呼吁那些属于最大多数女性群体的权益。

『三八』节：媒体传播观察与反思

我们应该把“三八”妇女节当作反性别歧视的节日来过，在这一天你能为消除性别歧视做许多事情……

这一天，女性应活得更有意义

上页版面中《新时代，我们怎样过“三八”？》涵盖了4篇相关文章，所以成为统领它们的大标题。

小标题

昨天是人大代表报到日，代表们聚焦教育、医疗、交通等热点话题

带着“民声民意民需”上会

深圳商报记者 何鑫

1月16日下午2点，出席市六届人大六次会议的代表开始报到。代表们显然是有备而来，教育、医疗、交通、食品安全……从媒体的追访中，记者感知到的是民声、民意、民需。

教育和校园被“盯牢”

“目前，我市91%的民办幼儿园教师月工资在4000元以下，其中29%在3000元以下，收入低是教师对职业不满意的最主要原因，这种收入水平怎么让老师带着情怀去工作?怎么能吸引到更多优秀人才？”杨瑞代表的“开场白”道出了其对教育的极大关注。“我去年提出落实教育用地、规范校园午餐和午休等建议，但推进情况还不够理想，今年我将继续关注教育领域的工作。”杨瑞代表在其将向本次大会提交的《关于加大对深圳市学前教育投入的建议》中，建议加大教育投入特别是学前教育的投入，提高公办幼儿园的比重，全面提升薄弱幼儿园的教学水平，同时大力提高教师待遇。

杨瑞向记者提供的一组数据显示，目前深圳市每年新生儿26万左右，每年至少幼儿园小班学位要有20万个以上才能够基本满足，而目前的小班10.6万个学位是远远不够的。

黄翔代表关注的焦点也与教育息息相关。他告诉记者，自己在调研中发现，校园安全问题虽然引起相关教育部门和学校的重视，但在实际操作中因缺乏专业知识和科学方法，导致有些学校安全风险管理出现失误，发生安全责任事故。黄翔代表建议，政府相关部门要科学构建学校安全风险防控体系，如通过“日常体检”开展安全风险评估，及时消除安全隐患，为学校规避危机、减少损失等。

人大代表跟“垃圾”较上劲

今年的市人代会，郑学定拟向大会提交的代表建议直指“垃圾”二字。

“全市共有餐厨垃圾处理厂4家，设计处理能力1130吨/日，但是深圳市每天餐厨垃圾1800吨，实际处理能力830吨，1000多吨餐厨垃圾可能被焚烧和转移。餐厨垃圾和厨余垃圾也存在混合情况。”郑学定代表的话引起了现场不少记者的关注。郑学定代表说，目前，除盐田区及其他区的垃圾分类试点小区外，深圳的厨余垃圾均列入其他垃圾直接焚烧。深圳未形成生活垃圾回收、再制造、再使用、再循环的全产业链。

关于完善深圳市生活垃圾减量分类和无害化处理问题，郑学定希望政府能够从构建生活垃圾分类处理全产业链、构建便于回收利用的垃圾分类处理系统、提高垃圾资源化处理能力、优化垃圾处理技术、减少填埋场制造的环境隐患等方面入手，勇于创新、先行先试。

代表团赴东江取水口把关

“我和李继朝等一些代表以饮用水安全为题目，专程从东江取水口开始调研，一直到深圳水库，发现了一些问题，并提了一些建议。”杨瑞代表接受采访的同时不忘给记者报料。

李继朝代表说，深圳每年有3.5亿立方米的水需要由雨水保证，但是水源保护区存在水质污染的问题，因此建议取消一级水源保护区内的果园和菜地，禁止在水源保护区内开设农家乐、养殖、旅游等活动，并尽快完成饮用水水库入库河流污染治理工作，以保障饮用水水质安全。

以上这篇报道中铺灰色底纹部分即为小标题，全文共有3个小标题，因其字号明显小于文章标题，很容易辨认。

提要题（位于主题上方）

今年以来四分之三个股跑输大盘，体现价值投资的部分白马股则不断刷新历史高点

二八分化延续 A股强者恒强

以上在主题上方的一段文字，是对主题的解释和说明，并非标题形式，因而属于提要题。

提要题（位于小标题下方）

要 闻 人民日报

上海启动营业税改增值税试点近两个月

有的企业税负为何不减反增

采访人：本报记者 李丽辉 解读人：财政部税政司副司长 郑建新 国家税务总局货物和劳务税司副司长 龙岳辉

R 政策解读

自今年1月1日起，营业税改增值税改革试点，率先在上海市交通运输业和部分现代服务业启动。财政部税政司副司长郑建新、国家税务总局货物和劳务税司副司长龙岳辉近日做客中国政府网，就"营改增"试点的相关政策和一些企业关心的问题进行了解读。

个别试点企业税负增加怎么办

上海设专项资金，对税收负担增加企业给予过渡性财政扶持

上海的一家运输企业反映，从企业纳税申报的情况看，试点后税负增加了。

对此，郑建新分析认为，交通运输行业适

针对个别企业税收负担增加的问题，上海市专门设立了"营业税改征增值税改革试点财政专项资金"，对税收负担增加的企业给予过渡性财政扶持，相关企业可以在进行纳税申报时，如实向税务机关反映税收负担变化情况。上海市财政、税务部门将根据企业提出申请的不同情况，采取区别对待、分类扶持的措施。

不同地区税制如何衔接

试点纳税人在非试点地区缴纳营业税的，可在计算增值税时予以抵减

在上海试点导致其他地区与上海的政策不一致。郑建新说，由于增值税和营业税的制度差异，加之本次改革试点仅在个别地区的部分行业实施，必然带来试点地区与非试点地区、试点行业与非试点行业、试点纳税人与从事混业经营的，分别在适用税种、适用税率、起征点标准、计税方法、进项税额抵扣等方面，做出了细化处理规定。

谈到下一步改革试点的计划安排，郑建新表示，目前北京等地区也上报了参加试点的申请，财政部和国家税务总局将密切跟踪上海市试点运行情况，认真总结试点经验，逐步扩大试点范围，力争在"十二五"期间将改革逐步推广到全国范围。

"营改增"税率为何提高了

营业税和增值税的计税依据和征税方式不同，不能简单比较数字

目前，交通运输业和服务业分别按照3%和5%交营业税，为什么改成增值税后，税率提高到了11%和6%？这样会不会加重企业的负担？

增加，改革试点选择了11%和6%两档低税率，分别适用于交通运输业和部分现代服务业。

目前，实行增值税的170多个国家和地区中，税率结构既有单一税率，也有多档税率。改革试点将我国增值税税率档次由目前的两档调整为四档，是一种必要的过渡性安排。今后将根据改革的需要，适时简并税率档次。

原来的优惠政策如何执行

现行营业税免税政策，部分继续予以免征，部分调整为即征即退

成都的一家企业询问，他们聘请了上海的会计师事务所做年终决算，对方能不能开专用发票给企业抵扣？

龙岳辉说，会计师事务所属于部分现代服务业中的鉴证咨询服务，纳入了这次改革的范围，由征收营业税改为征收增值税。对方如果属于一般纳税人，可以自行开具专用发票，税

以上是较为典型的为小标题做的提要题，位于4个小标题的下方，文字都较长，占了2至3行。它们都是对其上方小标题的回答或解释。

标题的种类按内容分，又可分为实题与虚题两种。实题以叙事为主，重在表述具体的新闻事实。虚题以表意为主而并不针对具体的新闻事实，通常用比喻、象征、隐喻等文学手法或抽象的表达方式，来达到升华主题、提炼意义、渲染意境、抒发感情等目的。实题可以独立存在，虚题则不能独立而必须依靠实题生存。但也有例外，有些虚题属于虚中有实，即标题或明或暗地点出某个新闻事实，或让读者对报道主题产生一定的联想。我们称这类标题为"半虚题"，它是可以独立存在的。关于半虚题的例子，详见后文。

举例：

实题

一线城市中 深圳最不堵

"微治堵攻坚战"取得实效，去年第三季度深圳交通拥堵排名已降至全国第28名

以上这个标题的主题和提要题都是实题。

虚题

东方风来满眼春

——邓小平同志在深圳纪实

● 本报记者　陈锡添

南国春早。
一月的鹏城，花木葱茏，春意荡漾。
目睹一番。
随行人员说，小平同志身体好，昨晚在车上休息得不错，
得严，我们应该借鉴他们的经验，而且比他们管得更好。

这篇著名通讯的主标题是虚题，引自唐代诗人李贺《三月》的第一句“东方风来满眼春，花城柳暗愁煞人”中的前半句。主标题本身与新闻事实无关，甚至可以用于很多地方，但它表达了一种意境和情绪，象征邓小平南方谈话在全国掀起改革开放新高潮的喜人景象。该标题中的副题“邓小平同志在深圳纪实”才是实题。顺便说一下，这里面的副题属于必须带破折号的种类。

（二）标题的布局

标题的布局，主要指文章中标题的排列与占位。在文稿阶段，标题的排列不用太讲究，也不存在占位问题，但到了版面上或网络页面上，则排列和占位的不规范会直接影响到阅读和审美。

其中，单一结构的单行题不存在排列问题，但双主题则视版面情形而至少有两种排列选择：一种是叠加式排列，即双行排列，较为普遍，适用于有一定厚度的题位；另一种是分列式排列，即单行排列，适用于较为宽阔的版面或题位。单行排列时，两个主题之间要有一个字左右的间隔，但不宜用标点。四开报纸做通栏标题时，常将这种双主题一字排开。

举例：

叠加式单一结构双主题（双行排列）

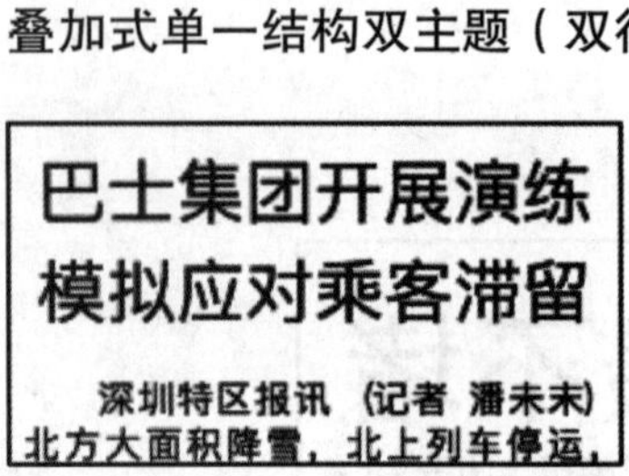
巴士集团开展演练
模拟应对乘客滞留

深圳特区报讯（记者 潘未末）
北方大面积降雪，北上列车停运，

分列式单一结构双主题（单行排列）

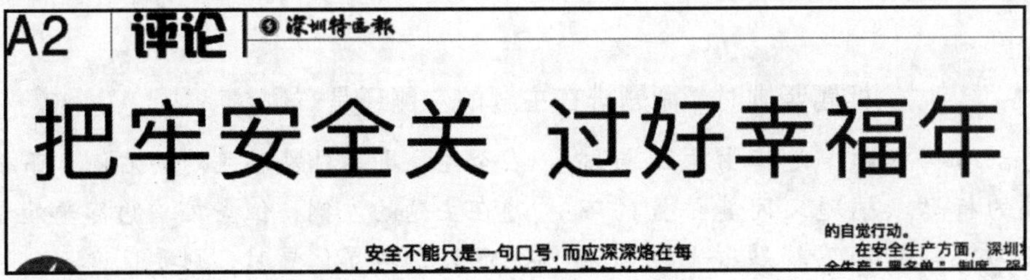
A2 评论 深圳特区报

把牢安全关 过好幸福年

安全不能只是一句口号，而应深深烙在每

的自觉行动。

在安全生产方面，深圳

分列式双主题如果忽略了两个主题之间的间隔，会给阅读与理解带来困扰。以下例子就来自某著名党委机关报：

美或停止援助日拟导弹拦截

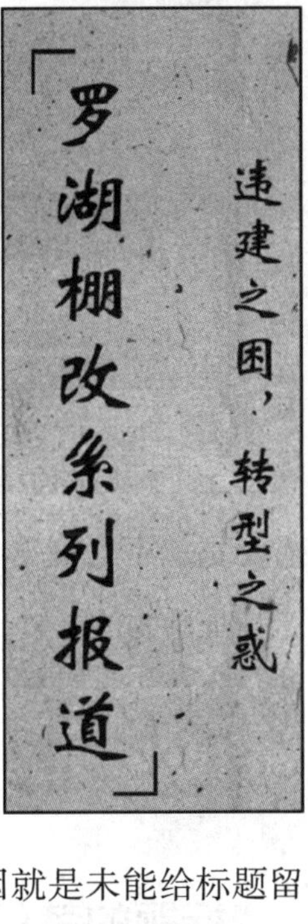
「罗湖棚改系列报道」

违建之困，转型之惑

复合结构的标题，在排列上就要讲究得多。主要是主题和辅题的位置不能颠倒。由于缺乏实操训练，学生在制作复合结构标题时有时分不清谁是主题谁是辅题，甚至在毕设阶段也会犯这类错误。这类错误正规媒体不太会犯，恕笔者只好举学生作品为例了。如有一个毕设的封面大标题起初为右图所示：

这个标题的左侧题应为引题，但在字体字号的大小上却做成了主题的形式，而右侧题应为主题，却用了小号字，这就用颠倒了。

而对于竖排复合标题，正如前面提到的那样，还要注意文章在版面的位置。正常情况下的顺序是从右至左，但当文章的标题处于版面左侧边界位置时，则要反过来：从左至右。这是出于引导阅读的考虑。它与左侧图片中人物的朝向尽量避免朝左，是一个道理。

标题的占位，一是指标题在版面所占的空间。学生们排版时最常犯的错误，就是标题密密麻麻，与正文之间也密不透风，原因就是未能给标题留下足够的空间。二是指主题与辅题之间的长短关系，两者应求得相应的平衡。通常情况下，主题因为字号大，所以字数要尽量少；而辅题字号明显小一些，则可以多排列些文字。学生们常犯的一个错误就是，主题很长，而辅题太短。这不仅影响了辅题的信息量，也破坏了标题的审美。有时就连主流报纸也会出现这类错误。

要 领

标题竖排时，副题排在主题的左侧还是右侧？

复合结构标题，是指由主题与辅题组成的标题。辅题又因其位置的不同而分为上辅题和下辅题。上辅题是指在主题上方的标题，也称引题、肩题、眉题。下辅题是指在主题下方的标题，也称副题、子题。

对竖标题而言，还要特别注意文章在版面的位置。正常情况下的顺序是从右至左，即上辅题在主题的右侧，下辅题在主题的左侧；但当文章的标题处于版面左侧边界位置时，则要反过来：从左至右，即上下辅题颠倒摆放，分别置于主题的左侧和右侧。这是出于引导阅读的考虑。它与左侧图片中人物的朝向尽量避免朝左，是一个道理。

举例：

辅题太短

高级中学将新增 600 个学位

该校初中部扩建工程 8 月竣工

【深圳商报讯】(记者 李秀瑜)深圳的教育项目建设又传喜讯。记者昨日从市建筑工务署获悉，深圳高级中学为缓解该学校初中学位不足和教学场所分散而启动。工程主要建设内容为1栋教学楼，总建筑面积约7800平方米左右，同时解决初中班级分散在高级中学本部、北校区等处的问题。"市建筑工务署的相关负责人介绍。都使用了"绿色通道"。

"为了确保学校新生能在今年9月顺利入学，大约24个部门协同作

记者在施工现场看到，教学楼和地下室共200多根桩基已全部施工完毕，教学楼正在进行土方开挖，地下室

这个标题的辅题（这里也是副题）字数比主题还少，而字号又比主题小了好几级，看上去就不太美观。这时应当为副题增加些信息，既可扩大副题的信息容量，也可适当增加副题的字数。就这个标题而言，副题的字号也应适当加大。

三

标题的禁忌

在形式之外，标题的内容也容易产生错误。抛开错别字、文字颠倒等无心之失，有的标题会出现文题不符、表意失准、过度夸张等问题。教科书对这类普遍存在的问题都有阐述，本章不再重复。这里要提到的，是教科书重视不够，或新媒体时代新涌

要　领

标题的禁忌

除去错别字、文字颠倒、文题不符、表意失准、过度夸张等常见问题，还应特别关注以下标题内容方面的禁忌：忌逻辑错误，忌同音（同字）歧义，忌版面标题随意搭配。

现的一些标题错误。标题是文章的使者，标题发生这类错误，会误伤原本质量较好的文章，甚至产生不良社会影响。

（一）忌逻辑错误

如前所述，两行或两行以上的标题，它们之间都需要形成一种逻辑关系。一旦逻辑关系出错，就会误导读者，或带来阅读障碍。而标题在制作过程中，为了精简字数，通常省略了关联词、主语、代词等，而将逻辑关系暗含在叙事或表意中。这就在一定程度上增加了逻辑错误发生的机会。

最突出的逻辑错误是主语的错位，即省略的主语与标题中默认的主语产生冲突，以至引发歧义。此类错误近年在主流报纸上时有发生。

举例：

标题逻辑错误 1

改名潜逃 9 年
法院设局抓捕

这个双主题的标题实际有两个主语：第一行的主语被省略了，第二行的主语是“法院”。在标题的制作过程中，省略的主语应当与另一主标题的主语相一致，否则就不能省略。因此，按照该标题的逻辑，“改名潜逃 9 年”的主语应该是“法院”，但却又与文中事实不符，所以属于逻辑错误。笔者曾经拿北京某报这个真实的案例，作为

“高级新闻编辑”课的课堂作业，让大三学生们去修改。要求是，只改第二行标题，将逻辑理顺，且要保持与上行题对仗，即不增减字数，不打乱双字词的格局。学生们顿时兴奋起来，动了很多脑筋，最佳答案是：将第二行改为“终被法院诱捕”。这一改，干脆把第二行的主语也省略了，这样默认的主语就统一了，当然是那个逃犯。而一个“诱”字，精准地替代了“设局”二字。

标题逻辑错误 2

> **横穿高速被撞飞**
> **女司机及时报警**

这是深圳某报的一个见报标题，犯了同样的错误。读者面对这个标题，脑海中可能会涌现出好莱坞惊险动作片中的某个画面：女司机在高速公路上突然被另一辆汽车撞飞，却还能在命悬一线之际掏出手机打出报警电话。该标题的问题也出在第一行题省略的主语与第二行题的主语相冲突。

以上逻辑错误较为隐蔽，往往一眼不易识破，所以举了两例加以说明。

标题逻辑错误 3

> **接俞正声回信次日　癌症患者去世**
> 网友感慨，“希望我们老了之后都能有尊严地活着”

这个标题（主题）的问题在于，将两件不同的事情表述为错误的因果关系。实际上，新闻说的是时任上海市委书记的俞正声百忙中及时回复了一位病危老者的儿子给他的公开信，信中一一回应其诉求，对方和家属都感到满意。接信两天后，写信者的父亲去世。

至于标题中出现的其他逻辑错误如倒因为果、语义重叠、前后矛盾等，较易辨识，无须赘述。

（二）忌同音（同字）歧义

现在是新媒体时代，人人都有麦克风，人人都是传播者。媒体上的标题被无数人盯着，一些办报人想不到的意思，也能被“明察秋毫”地发现甚至被炒作。特别是在滥用同音字的网络语境里，稍有不慎，就可能陷入被动。对新闻编辑而言，这是新媒体时代的新课题，不得不防。

最典型的莫过于深圳某报的以下标题：

雾霾再袭 沙逼北京

气象部门预测，两会期间北京将有轻度雾霾

看上去，这个标题没有任何问题，言简意赅，语言铿锵，若放在过去，说不定还会被内部评为好标题呢。不料见报当天，该报就“陆续接到读者电话和微博投诉”，称这个标题（指主标题）“严重不妥，（读者）极易遭误导”。该报不敢懈怠，当天就登报“向读者诚意致歉”，并保证“以此为鉴，完善签审流程，强化把关意识，严防此类事件再次发生”。这个标题的所谓问题，就是“沙逼”这两个字的同音歧义，而且还与“北京”直接关联，产生不好的联想。

笔者相信，上述这家报纸的编辑绝非有意为之。但有些报纸的标题就很难说是无心之失。例如广东某报的标题：

干了 112 天终于湿了

深圳取消干旱预警信号，周日雨量颇大

而且后面还接二连三有人效仿，如四川某报的标题：

干了 110 天　终于湿了

如果说第一个这样做的报纸是偶然为之，但后面的接二连三，就很可能是有意为之，是新媒体时代为吸引眼球做出的过分之举。这些标题都是一个思路，即在一“干”一“湿”两字上打擦边球，有诱使读者想入非非之嫌，以至新华网忍不住发表评论加以批评，称其为“很黄很暴力的新闻标题”[①]。

（三）忌随意搭配

标题集中到版面上，互相之间就可能产生关联。过去版面上各篇文章的标题之间

---

① “干了 112 天 终于湿了”新闻标题岂能如此制作？人民网，2008-04-11.

要保持一定距离，所谓不能“碰题”。这主要是版面审美的要求，但也可防止标题聚集在一起产生关联含义。如今对“碰题”较为宽容，但标题聚集可能产生的关联含义却要引起注意，谨慎处理。

请看某报头版导读的标题：

这个头版将两个并不相关的标题放在一起，而且在形式上做了同样的装饰处理：字体、字号、字数、左黑右绿的色彩搭配等完全一致，而各自的副题字号又极小，看上去就像一对制作规范的双主题，而两行“主题”之间分明有一种因果关系。这就在无意间误导了读者。

有些网络媒体会故弄玄虚，刻意营造这样的效果以引发话题和注意力。主流报刊必须竭力避免这类可能导致误读的编排。

四

大标题的提炼

新闻毕设都是较大规模的新闻报道，且以专题报道为主要报道样式，大标题就较为常用，但教科书对大标题的制作一般涉猎不多。纵观深圳大学多年来的所有新闻毕设，几乎每个毕设都有大标题，而平时的实务作业却几乎没有做大标题的练习机会。所以有必要将这部分内容抽出来单独阐述。

如前所述，大标题作为标题的一个种类，是指统领多篇文章或一个专栏甚至一个乃至多个版面的标题，是比单篇文章标题更大的标题形式。当围绕一个主题的多篇文章已经就绪时，大标题的制作就成为亟待完成的重要任务。好的大标题，会升华报道主题，起到画龙点睛的作用，为整个报道增光添彩，使之引发关注、令人难忘。平庸的大标题，则难以引发阅读兴趣，甚至会对传播效果产生负面影响。

（一）大标题的表现形式

大标题可以是单一结构题，也可以是复合结构题。但无论是单一结构题还是复合题中的主题，都要凝练简洁，因为它们往往要用很大的字号来表现，甚至常常成为封面标题。因此，单一结构中的双主题不宜多用，而应尽量用单行题。如果是复合题，其主题的字数也应尽量精简。

复合大标题中的主题可以适当虚化，以扩大涵盖范围、提升主题意义、强化感染力、增强冲击力。如 2013 年的毕设作品：

这是一组完成得很好的报道，主题是深圳同性恋群体的生存状态，包含男同、女同、同直婚、“出柜”与隐匿等方方面面，因此需要一个能涵盖这些内容的主标题。毕设小组在指导老师的带领下，最后选择了复合题形式，并将主题做成了虚题《他们的世界》。应该说这个标题涵盖了这组报道的全部内容。

再如 2015 年的毕设作品：

这组报道的主题是关于弃婴现象的观察、分析与思考。毕设小组巧妙地借用米兰·昆德拉的小说《生命中不能承受之轻》（原中译本）的标题，将“轻”改为“弃”，不仅点出弃婴的主题，也暗示了文中关于弃婴父母的纠结痛苦等报道内容（该小组原来的标题是《生命中不能承受之“弃”》，组长在征求笔者意见时，笔者建议将原标题里的“中”字舍去，因为这个中译本标题的“中”本来就属多余，且有病句之嫌）。由于这个标题属于半虚题，即标题虽虚，但对报道内容有一定指向，毕设小组于是用了单一结构大标题，干净利落，不拖泥带水。

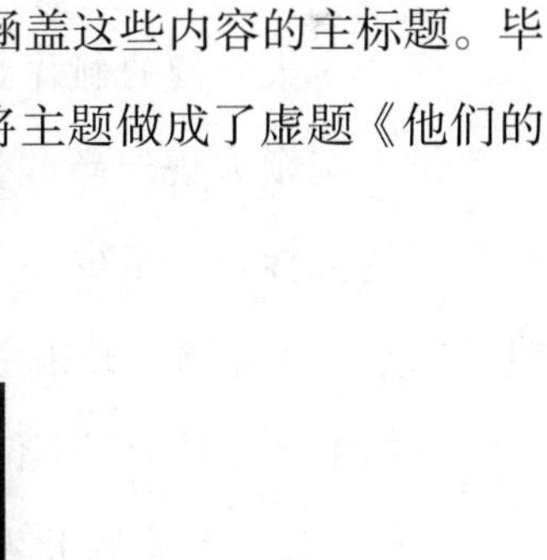

还有 2017 年的毕设作品《守艺人》（专题纪录片），如右图所示。

《守艺人》也是单一结构单行题。该专题片讲述的是广州一对夫妻传承祖辈“龙凤褂”制作手艺，并适应新时代要求创意发展该手艺的故事。大标题巧用谐音，将“手艺人”中的“手”改为“守”，强调了作品中传承、守护的主题思想，并让观众同时联想到作品主人公的“手艺人”身份，同时与这部人物专题片的风格也较为贴切。因此，这也属于可以独立存在、制作水平较高的“半虚题”。

当然也有用实题做大标题的，如 2017 年毕设作品：

该标题就属于单一结构单行大标题，而且是实题，读者对报道主题一目了然，且标题简明扼要，有历史纵深感，给人以较大的想象空间。

（二）大标题的制作要求

作为统领大规模新闻作品的大标题或总标题，在制作方面也有自己独特的要求。一个好的大标题，至少要包括以下三方面的要求：一是既紧扣主题，又有较大的包容量；二是画龙点睛，升华主题意义；三是生动别致，激发阅读欲望。

紧扣主题，是为了不偏离报道主线；较大的包容量，则指能涵盖全部稿件，因为就事论事的标题往往会顾此失彼。一组较大规模的专题报道，通常由一篇主稿和多篇辅稿（关于主稿与辅稿的解释详见下一节）组成。这时，主稿未必体现了完整的主题，辅稿则相当于分主题，彼此之间也有一定的主题间隔（不能重叠）。这时的大标题，既不能只针对主稿，也不能仅仅是对某篇或若干篇辅稿主题的概括，而是要有一定的超脱性。

例如有一组毕设作品是讲近年主要在农村和部分城市人群中流行的一种视频软件以及农村出现的网红现象。该作品以 1 个“开篇”、1 篇评论和 3 组章回体报道，描述了这一现象的社会背景和民众基础，并生动地再现了几位典型的农村网红的生存之道，还配以视频，有较强的现场感和故事性。该作品最后的标题是：《快手江湖 / 农村网红风云录》。其中“快手江湖”是主标题，“快手”即那个已经拥有 4 亿用户的短视频直播社交应用软件，而“江湖”二字则涵盖了这组作品的全部内容。副题“农村网红风云录”则将半虚的主标题坐实，其中的“风云录”也较为笼统和超脱。

画龙点睛的目的，是找到简洁有力的关键词语，令标题意味深长，让主题的意义得到升华。这关键词语并不好找，往往意味着一个艰苦的提炼过程。有一组毕设作品的主题是深圳民间宗教的兴起与衰落。作品讲述了“文化大革命”对深圳民间宗教的破坏与摧毁、改革开放中庙宇得到重建、一些民众恢复宗教信仰的历史过程，以及城市化建设导致村庙变迁、民间宗教出现管理困局等种种与深圳民间宗教有关的现象。这组作品的大标题颇费一番周折，最后定格于《归来之神》四字。在这里，“神”暗指庙宇和宗教祭拜活动，“归来”则指庙宇重建和恢复宗教信仰。然而“神”“归来”之后也在城市发展过程中面临种种困扰，今后的前景也并不明朗。因此，《归来之神》可谓画龙点睛、意味深长的标题。

《现代汉语词典》对“生动”和“别致”的解释分别是：“具有活力能感动人的”和“新奇，跟寻常不同”。正因为这些特点，生动别致的标题（而非标题党），往往会激发阅读的欲望。前面提到的《生命不能承受之“弃”》《守艺人》《快手江湖》《归来之神》等，都可算作生动别致的标题。这样的标题还有《当“饭碗”遇见二孩》《指尖下的人间冷暖》《馨别/深圳临终关怀》。有一组毕设作品是对深圳脑瘫家庭的深度报道，学生们最终借用脑瘫诗人余秀华的首部个人诗集的封面标题“摇摇晃晃的人间”作为大标题，可谓神来之笔。

（三）大标题的制作过程

如前所述，大标题的制作要比单篇文章的标题更加复杂，要求也更高。其制作过程，往往经历较长时间的酝酿和几上几下的反复，甚至要群策群力、大开脑洞，才可能找到一个相对理想的标题。下面以笔者指导的《深圳渔村：远去的故乡 /——关于深圳渔村兴衰存亡的新闻调查》为例，介绍一下这组毕设大标题的制作过程。

这组毕设的主题如副标题所示，是关于深圳渔村的兴衰存亡。最初的动机，是了解一下深圳这个曾经以渔业为主的偏远村镇，在改革开放的发展大潮中，渔业是怎样式微、渔村又是如何消失的。这是个静态的题材，却又很令人兴奋，因为主流媒体根本没有触碰过，而其中很多现象令人感到好奇。

大标题的制作需求从一开始就摆在了大家面前，原因是学生们要开设微博账号和微信公号，这些都需要打出一个较为简洁而响亮的标题或品牌。但这时毕竟正式的采访和调查还没开始，手中掌握的新闻事实非常有限，所以只能就事论事，暂定为《正在消失的渔村》，并设计了一个“特区渔村”① 的LOGO：

“特区渔村”微博封面

“特区渔村”微信封面和二维码

在随后的采访过程中，笔者要求大家时刻考虑大标题的制作。大家也确实想了一些，可惜直到稿件全部采写完成，理想的大标题仍未出现。于是，干脆先各个击破，即先把各篇稿件的标题确定下来，再想大标题。

这组毕设由1篇主稿和5篇辅稿构成，25 000多字。6篇稿件的标题制作基调是，一律用单一结构单行题，弃用复合结构，并且为与主题相适应，各篇标题尽量做得平

① 竖排标题文字的排序，取决于在版面上的位置。如果位于版面、封面、界面的左侧，则应当从左至右排序。

实些。其中，主稿是原先主题的直接体现者，讲述深圳渔村的变化过程，定稿标题为《漫漫三十载 渔村大变迁》。5 篇辅稿，分别为：对当年渔业鼎盛时期的回忆，渔村消失的原因调查，原来的本地渔民以何为生，现在出海打鱼的究竟是什么人，渔村文化的传承情况。最后确定这 5 篇辅稿的标题是：《“渔舟唱晚”成旧日时光》《渔村缘何消失？》《本地渔民：打鱼不再是首选》《究竟谁还在打鱼？》《渐行渐远渔文化》。

讨论中，大家把大标题的副题先做好了，即《关于深圳渔村兴衰存亡的新闻调查》，但主标题仍呼之难出。这时已经是 4 月中旬，快到提交文本和送印刷厂付印的最后截止期，答辩再过一星期就要举行，是好是坏都必须赶紧完成标题的制作了。而笔者在和学生们商量各辅稿标题时，已经有了一个思路。这些辅稿给人构成一种印象，一是渔村渐渐消失，且是必然趋势：曾经的渔民也渐渐远离打鱼生活，如今已是高楼大厦里的城市居民；依赖渔村社会而存在的渔民文化也渐行渐远；现在打鱼的主力都是背井离乡的外来人员。于是，“远去”二字便跳跃出来：无论是深圳的渔村、打鱼职业、渔民文化之相对于原来的承载环境，还是那些外来渔民之相对于他们的家乡，都是一种“远去”。而原有的环境也可以比喻为一种抽象的故乡。

所以，当“远去的故乡”被提出来后，大家都拍手称好，因为其不仅涵盖面较为宽广，也与这组报道的主要内容相合拍，而且较为别致，学生说“很文艺”。但仍有不足：太虚。于是又在前面加了一个“深圳渔村”，使之与主题进一步勾连。最后的标题就成为左图这样（因在封面左侧，主标题置于左边）。

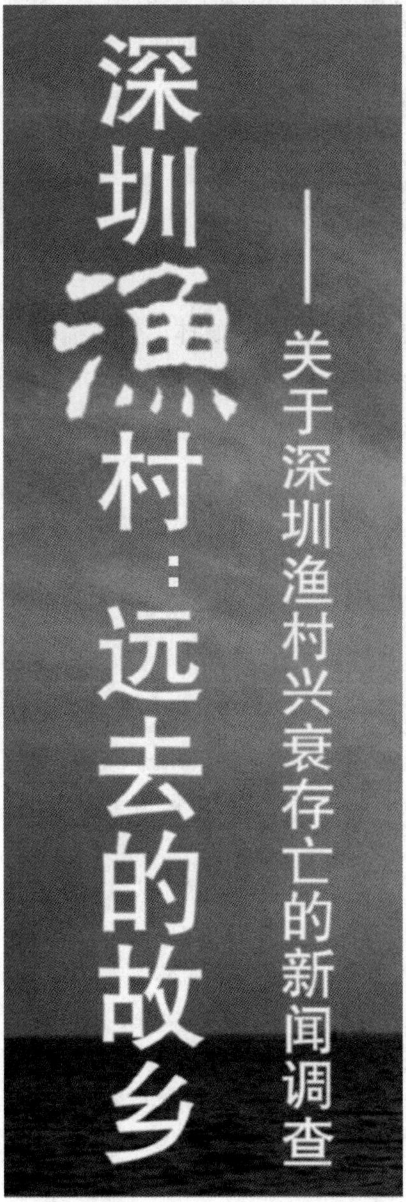

第二节

专题报道的策划与编辑

专题报道又称组合报道、聚合报道。其中，“聚合报道”在业界基本不提，属于纯教材概念。“组合报道”在一些教科书里又与系列报道相混合，概念不够清晰。“专题报道”作为最早被港澳台报纸以及东南亚一些华文报纸确定的样式和称呼，笔者觉得较为贴切。所以，本教材取用“专题报道”或“专题新闻”的概念。需要注意的是，近年一些报纸将政府或企业的大篇幅软广告标注以“专题”标签（而非“广告”标签）置于新闻版面，可能会给新闻专业学生带来一定困扰。这是经济不景气情况下一些报纸放弃专业规则的做法，相信只是暂时的。

专题（组合）报道现在流行于包括报刊、网络、电视在内的各种媒体，但在编辑学教科书上未能获得足够的重视，有些权威教科书的相关解释也不够完善。例如：“组合

要 领

专题报道的几个要点

专题报道是从多角度或多侧面，围绕同一主题或同一事件进行报道，并同时发布的一组新闻的总称。事件类专题报道反映的大都是发生在“同一地点”的事实，而非事件专题报道却未必是反映发生在“同一时间”的事实。

专题报道与系列报道的主要区别在于发布时间，即专题报道是横向的（同时发布），系列报道是纵向的（按时间顺序先后发布）。

就事件报道而言，专题报道是一次性端出，而系列报道是依事件的发展陆续刊发。

专题报道与单篇深度报道的区别是，专题报道由多篇稿件组成，而单篇深度报道只能是一篇稿件（可以有小标题）。

专题报道灵活多样，可以包含消息、通讯、言论、图片、视频等各种新闻体裁，也可由单一新闻体裁构成。

专题报道有很大的收缩性，可以是较小规模而只占局部版面，也可以是较大规模乃至特大规模，占据全版甚至多个版面。

报道就是用一组稿件反映同一时间不同地点所发生的具有共同性的事实。”[①]“组合式。指组织一批记者在同一时间、不同地点围绕同一主题进行大规模的采访，从而采集一组稿件反映同一主题、不同门类的情况，并同时采用集中式的稿件编排方式，形成较大的报道规模。”[②]这两个定义共同强调的“同一时间、不同地点”，与业界的实际操作有较大距离。例如2014年韩国客轮沉没造成300多人遇难的重大海难事件，很多报纸都用了专题报道的样式，就是对发生在同一地点新闻的报道。可以说，事件类专题报道反映的大都是发生在“同一地点”的事实，而非事件专题报道却未必是反映发生在“同一时间”的事实。例如前面提到的毕设作品《深圳渔村：远去的故乡》所报道的新闻事实，很多都不在“同一时间”发生：“渔舟唱晚”是过去的时光；外来人员到深圳被雇佣打鱼，是近年的情况；至今仍被传承下来的春节“舞草龙”场景，是学生采访到的最新景象……它们都不在一个时间段。因此，“同一时间、不同地点”的界定，过于狭窄了。

有的教科书将此类报道样式归入“新闻信息组配的方式”中的“同题集中式”：“同题集中，即在同一条新闻标题之下，将几篇稿件或报道组织在一起刊发、播出。采用这种方式可以将几篇稿件原有的标题删去，采用统一的大标题。这种方式大大加强了稿件或报道之间的黏合度，统一的标题清楚地解释了稿件之间的联系，受众看上去一目了然。”[③]这里面也有两点与实际操作不符：第一，根据该段落及上下文的叙述，这是稿件到了编辑部后，才由编辑“组配”在一起的。换句话说，这是大厨的烹制环节，与采购环节无关。事实上，任何一个专题报道，都需要从源头开始策划，即在采访之前就要有专题新闻的报道计划。等稿件到了编辑部，必定已是成形的一组专题报道，而不是编辑临时“组配”的。第二，“将几篇稿件的原有标题删去，采用统一的大标题”的做法是罕见的。业界的实际做法是，要么在各篇文章标题保留的基础上，另制一个大标题；要么将主稿的标题做大，让其代替大标题涵盖其他文章，而其他文章的标题仍旧保留（这也是港台报纸经常的做法，详见后文）。

所以，本章有必要从专题报道的基本概念讲起。

---

① 郑兴东，沈史明，陈仁风，包慧．报纸编辑学．修订本．北京：中国人民大学出版社，1981：305.

② 蔡雯．新闻编辑学．第2版．北京：中国人民大学出版社，2013：127-128.

③ 谭云明，郑坚．新闻编辑学．武汉：华中科技大学出版社，2016：175.

一 专题报道的概念与作用

（一）何为专题报道

专题报道也称专题新闻，或组合报道、聚合报道。专题报道是从多角度或多侧面，围绕同一主题或同一事件进行报道，并同时发布的一组新闻的总称。专题报道与系列报道的主要区别在于发布时间，即专题报道是横向的（同时发布），系列报道是纵向的（按时间顺序先后发布）。就事件报道而言，专题报道是一次性端出，而系列报道是依事件的发展陆续刊发。专题报道与单篇深度报道的区别是，专题报道由多篇稿件组成，而单篇深度报道只能是一篇稿件（可以有小标题）。

举例：

系列报道

高度集约化的现代畜禽生产基地

——“我们身边的农业”系列报道之一

● 本报记者 韦晓进 潘未末

编者按：去年10月，江泽民总书记要求沿海发达地区率先基本实现农业现代化。不久前召开的中央经济工作会议，把稳定和加强农业放在今年三项重点工作之首。最近闭幕的中央农村工作会议更提出在新的起点上把农业提高到一个新水平。可见，农业仍是当前中国经济发展的重要环节。

在城市化改造的过程中，深圳传统的农村正在消失，但深圳不可没有农业。这是市委、市政府一贯坚持的方针。事实上，深圳的农业生产已取得了长足的进步，形成畜牧、水产、蔬菜、水果、花卉五大产业。这五大产业规模大、技术含量高，不仅造福广大市民，还大量出口创汇和为内地提供优良品种。

为帮助读者了解深圳的农业发展近况，加快我市农业现代化的步伐，本报记者从生产第一线发回一组系列报道，今起以“我们身边的农业”为副题刊出，敬请垂注。

在紧靠深圳的惠州东部一个山丘中，几万头猪在蠕动。当车轮经过药水消毒、外来人员被要求穿上隔离服、隔离靴后，我们近观这群被密集饲养的动物便发现，它们的生长状态与我们印象中的传统养猪大为不同。

例如，这些猪按生长阶段被养在不同的猪舍，并在短短5个月的生命周期中要“搬家”4次：在母猪身边吃奶21天后，就搬入“保育栏”；42天后又搬入“生长栏”；30天后再搬入“育肥栏”；60天后达到90公斤即出栏上市——一切均严格控制，仿佛现代工厂里的流水线。

再如，在屋顶玻璃纤维上加盖杉木皮而产生冬暖夏凉效果的100米长猪舍内，千余头猪有的正埋头干净的食槽里咀嚼营养丰富的标准饲料，有的则从锃亮的金属自动水龙头里饮水解渴，有如身处一个公共大“食堂”；猪的外形也与一般大腹便便的肥猪不同：它们臀部硕大而收腹吸肚，个个显得沉重壮实——据称这就是典型的瘦肉型猪，其瘦肉率高达64%左右，达到国际先进水平。

更重要的是，这里平均每7个人养10000头猪，劳动生产率居全国领先地位。

我们见到的正是去年1月13日建成投产的深圳农牧公司的10万头生猪生产基地，当年产量就达90000多头。至此，加上光明华侨畜牧场、广三保合营公司、康达尔公司，深圳已有4条5万头以上生猪生产线。去年全市饲养量达83.9万头，出产55.2万头优质生猪，较1997年增长6%。这样大的产量出现在我们这座不生产粮食的新兴都市，大概会出乎许多读者的意外。

（下转第二版）

专题报道（这也是主稿标题涵盖其他文章的做法）

A13 要闻·聚焦　http://www.sznews.com

深圳商报　2012年3月8日 星期四　责编 朱 峰　责校 李耿光　组版 胡 红

希腊出现债务违约几率增大

是否有90%债权人自愿参加希腊债券置换计划，今天将见分晓

根据希腊政府的计划，私人债权人必须在3月8日前作出决定，是否自愿参加希腊债务置换计划，这也是希腊救助计划能否成功的关键步骤。眼见截止日期即将到来，但债权人自愿参加换债计划的比例还远远低于预期。如果债务置换计划失败，希腊将无法获得外部援助，也很可能出现欧元区历史上首次主权债务违约。

债权人参与度远低于预期

目前持有希腊国债的私人投资者共有219家，但截至6日只有德、法、意等国15家大型金融机构宣布将参加债务置换计划。根据国际金融协会公布的信息，仅有20%的私人债权人自愿申请债务置换。希腊财长韦尼泽洛斯也承认，目前自愿参与救助的私人债权人的比例很低。

多家希腊养老金机构和一些外国投资者就仍然拒绝签字，因为按照协议，他们将不得不承受几乎四分之三的实际投资损失。一些工会组织向几家养老机构施压，担心债务减记损害养老金的生存能力。另外，一些持有受瑞士法律管辖的希腊公债的投资者集体反对债务置换条款。

代表私人投资者谈判的国际金融研究所前高级管理人员查尔斯，布利策说，"倒没说一定不还钱，但确实发出了威胁。如果达不到最高比例的参与度，相当于要求对债务置换施加更大压力，或向官方索取更多救援金"。

如果自愿参与债务置换的私人债权人少于75%，希腊恐将被迫放弃换债计划。而如果换债计划无法顺利实施，欧盟、欧洲中央银行和国际货币基金组织将拒绝提供新一轮1300亿欧元（约合1709亿美元）救助资金，这意味着希腊政府将无法偿还3月20日到期的一笔145亿欧元（约合190亿美元）债务，希腊将出现主权债务违约。

根据希腊政府公布的方案，私人投资者申请债务置换的最后期限是格林尼治时间3月7日晚20时（北京时间3月8日4时）。

2月21日，欧元区17国财长批准第二轮希腊救助计划。根据该计划，希腊政府将发行期限更长、利率更低的新债券来置换私人债权人手中持有的约2000亿欧元（约合2628亿美元）希腊国债。换债计划意味着债权人将损失70%的希腊债券投资。

2月24日，希腊政府公布了债务减记方案，希望75%至90%的私人债权人在自愿基础上参加债务置换计划。为保证顺利实施债务减记，希腊议会通过法案，在换债计划中增加"集体行动条款"，这意味着不愿参与的私人债权人将被强制接受损失。分析人士指出，一旦希腊政府启动"集体行动条款"，将触发作为债券保险的信用违约互换（CDS）赔付，这可能在全球金融市场产生连锁反应。

违约几率增大

分析人士指出，随着损失额度不断提高，私人投资者的参与热情不断减退。英国《金融时报》援引知情人士报道说，私人债权人参与换债计划的比例最高可能为75%至80%，希腊政府启动"集体行动条款"后，参与比例可能提高至90%至95%。

国际信用评级机构此前发出警告，一旦希腊政府启动"集体行动条款"，将宣布希腊发生债务违约。2月下旬，惠誉和穆迪先后将希腊评级下调至最低的C级，而标准普尔则将希腊评级下调至"选择性违约"。

上周，国际互换与衍生品协会（ISDA）曾裁定，希腊没有发生"信用事件"，因此信用违约互换无需赔偿。而如果希腊启动"集体行动条款"，该协会还需再次裁定这一事件是否会触发信用违约互换赔偿。2008年美国雷曼兄弟破产曾触发了信用违约互换赔偿，导致了一系列金融机构重挫连破产。

据欧洲媒体披露，国际金融协会在一份内部报告中预测，希腊无序违约将给全球经济造成约1万亿欧元（约合1.3万亿美元）损失，并且债务危机将迅速向葡萄牙、意大利和西班牙蔓延。

意大利证券交易所7日宣布，将无限期暂停希腊国债交易。

意大利证交所在一份声明中说，暂停希腊国债交易与当前正在进行的希腊债务置换有着"很高的技术关联"。　（新华社巴黎3月6日电）

3月7日，希腊警察在雅典街头抗议，反对将他们的养老保险基金参与希腊债券置换计划。　新华

自愿参与率达到90%？难！

【新华社北京3月7日电】据美国《华尔街日报》中文网络版3月7日报道，为避免触发集体行动条款，希腊债务置换的参与率必须达到90%，预计这一目标很难实现。希腊方面认为本周债务置换的参与率将达到75%至80%。

据介绍，通过债务置换，依照希腊法律发行的1770亿欧元希腊债务将减记一半以上，现有的希腊债券将被面值缩小53.5%，期限更长而票面利率更低的新债券所替代。

知情人士指出，债务置换涉及的各个方面，包括希腊政府、私营部门投资者、欧元区及国际货币基金组织都对该计划取得成功抱有信心，但很可能要触发集体行动条款。触发集体行动条款意味着不情愿的投资者也将被迫参与债务重组。

根据希腊的集体行动条款，表决有效的前提是参与者所持的债券规模要达到债券总额的50%。这意味着至少要持有希腊所有债券的一半（即885亿欧元）的债权人参与表决，债务置换才能推进。如果表决支持率达到三分之二，则结果对所有债权人（无论是否参与表决）都有约束力。

希腊财长韦尼泽洛斯曾表示，如果债务置换的参与率远低于90%，希腊将毫不犹豫地通过启用集体行动条款强制非自愿债权人参与置换。

启用集体行动条款将对市场不利，并会触发信用违约掉期（CDS）合约的赔付，因为这是在国际掉期与衍生协会（ISDA）规定下，债务人强迫债权人的一个典型案例。

截至3月5日，国际金融协会希腊债务置换指导委员会的13个成员中已有12个对债务置换表示支持。据各自披露的信息显示，已表示愿意参与债务置换计划的希腊和塞浦路斯银行以及国际金融协会的12家金融机构共持有逾600亿欧元希腊债务。

希腊债务置换是总额1300亿欧元的第二轮希腊救助方案的一部分，该救助方案将帮助希腊避免成为欧元区第一个出现违约的国家。

新闻分析

希腊威逼债权人 危机或再度失控

私有债权人对希腊债券置换计划表态的最后期限追近。希腊政府6日说，谁不参加这一规模达2060亿欧元的（约合2707亿美元）债券置换计划，就对谁违约。这是希腊政府对私有债权人发出迄今最直白威胁。

希腊债务管理局说，政府"不考虑预置资金，以偿还拒绝参加债券置换计划的私人投资者"。私有债权人必须在8日晚前表态，是否参加上述债券置换计划。

这项计划的顺利实施，是希腊获得第二轮国际救援资金的必要前提。目前多家希腊养老金机构和一些外国投资者拒绝签字，因为按照协议，他们将不得不承受几乎四分之三的实际投资损失。

代表私人投资者谈判的国际金融研究所前高级管理人员查尔斯·布利策说，"倒没说一定不还钱，但确实发出了威胁。如果达不到最高比例的参与度，相当于要求对债券置换施加更大压力，或向官方索取更多救援金"。

如果希腊在20日偿债期限前未能达成债券置换协议，而采取硬性违约措施，将被视为欧元区债务危机再度失控，促使投资者瞄准欧元区其他实力较弱的成员国。

国际金融研究所说，西班牙和意大利可能需要3500亿欧元（4600亿美元）外界援助，以应对希腊债务危机失控产生的连带反应；救援爱尔兰和葡萄牙的资金可能在今后5年间达到3800亿欧元（4995亿美元）。

这家机构说，如果债券置换协议未能达成，银行业重组成本将轻松突破1600亿欧元（2103亿美元）。

国际金融研究所在一份标识为"机密"的内部文件中写道："无序违约使希腊退出欧元区的可能性非常大，将对欧洲中央银行形成金融冲击，可能引发关乎这一货币联盟稳定的重大事宜。"

绿盈研究公司分析师加里·詹金斯说："这份文件基于最坏假设而写，试图鼓励投资者参与债券置换。"

路透社报道，希腊银行业共持总额400亿欧元（526亿美元）至450亿欧元（591亿美元）的希腊国债，将全体参加债券置换项目。意大利资产规模第一的联合信贷银行也将参加。此外，9家主要债权人同样将参加债券置换。

大多数希腊养老金同意在债券置换协议上签字，但4家持债大约20亿欧元（26亿美元）的希腊养老金拒绝签字。

希腊希望超过90%的投资者接受债券置换协议。如果接受的比例超过75%，希腊就可能对适用于希腊法律的债券动用集体行动条款，迫使全体投资者接受置换。不过，动用集体行动条款可能触发信用违约掉期（CDS）类债券保险合约，造成承保金融机构巨额损失，同样可能增加对冲基金等投资者采取法律行动的几率。（据新华社）

专题报道灵活多样，可以包含消息、通讯、言论、图片、视频等各种新闻体裁，也可由单一新闻体裁构成。专题报道有很大的收缩性，可以是较小规模而只占局部版面，也可以是较大规模乃至特大规模，占据全版甚至多个版面。专题报道的发展过程，肇始于新闻期刊。新闻期刊以深度报道见长，一个专题往往占据多个版面，进而为阅读方便而切割为多篇文章。后来发展成"封面故事"，如英国《经济学人》每期的封面故事早已成为该刊的重要特色。报纸则很快借鉴了新闻期刊的做法，特别是厚报时代。从流行区域看，专题报道是先国外后国内，先欧美后港澳台。中国内地的报纸在新中国成立后的前三四十年里都是以4个版为主的薄报，谈不上专题报道，改革开放后逐渐流行，特别是近10多年来更加多见。当然，关于专题报道的发展沿革，尚期待专门的学术研究。

举例：

《经济学人》封面故事《埃博拉之战》

（二）专题报道的作用

专题报道之所以流行开来并成为跨媒体的报道样式，是因为它有着不同于其他报道样式的明显优势：

（1）聚合优势。专题报道由多篇新闻组成，而且通常以模块化的版式整体推出，有利于产生组合优势，形成“1+1 ＞ 2”的聚合效应。

（2）突出主题。专题报道由多篇新闻围绕一个主题构成，多篇文章从各个角度阐释主题，形成众星捧月之势，令主题更加突出。

（3）帮助解读。多篇文章的多维阐释，有利于为读者释疑解惑。

（4）避免冗长。相对于单一长篇深度报道，专题报道将同一题材化整为零，可增添阅读的愉悦，避免冗长和沉闷。

（5）体裁多样。专题报道可以在一个主题下，同时采用消息、通讯、言论、图片、视频等各种报道体裁，丰富报道的呈现形式。

举例：

技术员参与造假 锒铛入狱被罚款

被告犯假冒注册商标罪，判处有期徒刑17个月，并处罚金1万

生产销售冒牌网卡 科技公司员工涉案

构成假冒注册商标罪 判刑 17 个月罚金 1 万

单位犯罪实行“双罚制”

包含多种体裁的专题报道

二

专题报道的形式与类型

（一）专题报道的形式

一组规范的专题报道，必须满足以下形式上的要求：

（1）有一个共同的主题。也就是说，专题报道只能有一个中心，不能多中心，多主题。

（2）由 2 篇以上新闻稿件组成，稿件分为主稿和辅稿。主稿只能有 1 篇，是最能体现主题，或报道的新闻与主题最为接近的稿件。辅稿是除主稿以外的其他稿件，其任务是从多角度、多侧面揭示、阐释、深化、丰富主题。

（3）有一个能涵盖全部或大部分新闻内容的大标题，或以“主稿”标题替代大标题。当主稿标题代替大标题时，要求将标题做大，使之能涵盖其他辅稿。

（4）辅稿围绕主稿呈扇形分布。这个“扇形”指内容，而非形式：扇心象征着主题及与主题最接近的主稿，扇骨象征各辅稿。辅稿的分主题，既要指向扇心，辅稿互相间也要保持大致均衡的距离——既不能太近而产生重叠，也不能太远而失去相互间的逻辑关联。

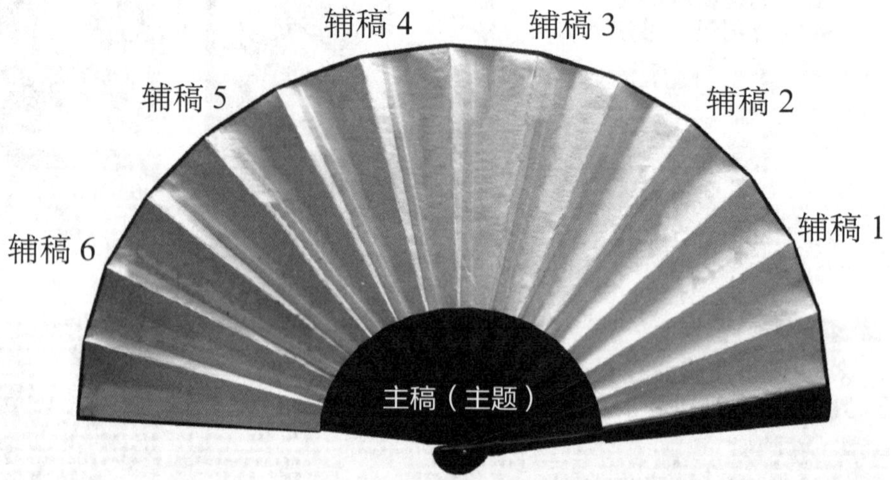

专题报道的扇形分布

（5）在版面上常以模块版式加以突出，以区别于其他新闻。模块版式是在垂直版式、水平版式、混合版式之后兴起的新型版式风格，指新闻（特别是多篇新闻）在版面上以矩形呈现，往往有突出的标题，并图文并茂，仿佛商场展示商品的橱窗。

对一些非事件专题报道，按港台报纸的惯例，还会要求写一个“缘起”或“编者按”，即用二三百字对制作本专题报道的原因及其价值、意义等加以说明。对大型题材，这类说明文字还要尽量详细些。在毕设实践中，我们也要求学生采用这种方式。最后他们会以“前言”“卷首语”等形式呈现出来。

（二）专题报道的类型

专题报道根据其报道的题材和发表的媒介，可划分为多种类型。类型的划分，为专题报道的操作带来了便利。

专题报道按题材分，有事件专题报道、非事件专题报道和突发新闻专题报道三种类型。其实，突发新闻专题报道也属于事件专题报道，但由于突发事件与普通事件在策划和呈现方面有不同的操作要求，所以予以单列。

举例（这里专门举香港报纸为例，以管窥其专题报道特色）：

A1

一九〇二年創刊於天津 獲特許在內地發行

大公報

Ta Kung Pao

2017年5月31日 星期三

丁酉年五月初六日 第40857號

天氣炎熱 26℃-32℃　Web　PDF電子報

報料熱線

電話/WhatsApp:97298297

電郵:newstakung@gmail.com

▶健兒互潑戲水，為龍舟競渡增添多一重歡樂

大公報記者麥潤田攝

「船爭先後渡，岸激去來波」，全城龍舟競渡慶端陽。昨日天公造美，全港各區龍舟賽事火熱上演，其中塔門、大埔等七個地區更以賽龍舟慶祝香港回歸20周年。龍舟健兒落力划槳爭勝，觀賽市民吶喊歡呼不絕，充分展現獅子山下同舟共濟的精神。眾多賽事中，以赤柱國際龍舟錦標賽場面最壯觀，有逾280隊海外及本地隊伍約6000名健兒參加，參賽人數再創新高，共吸引逾20萬觀眾一起歡度端陽。

大公報記者

龍舟競渡 樂滿香江 20萬人迫爆赤柱

香港仔

龍舟競渡藉團體合作展現速度與力量，刺激的比賽氣氛令中外人士着迷

大公報記者麥潤田攝

赤柱

共6000名健兒參加赤柱國際龍舟錦標賽，與20萬市民一起歡度端陽

大公報記者蔡文豪攝

◀小熊造型啦啦隊為健兒落力打氣

大公報記者蔡文豪攝

歡度端陽

溫先生及女兒（港人家庭）

●囡囡五歲，第一次同佢嚟，帶佢欣賞傳統文化。囡囡覺得好好玩，以後都會再帶佢來嚟。

Birgitte（丹麥來港工作）

●去年來香港教英文，第一次到赤柱睇龍舟賽。我覺得天氣有點熱，但為了感受端午節氣氛都無所謂！

●去赤柱遊玩時無意中發現這個大型龍舟賽事，沒想到會有這麼多外國人參加龍舟賽，感覺好有驚喜！

中環海濱周五起辦嘉年華

相關新聞刊 A2

黑衣女放「詐」彈 海運大疏散 A3

四「薩德」秘入韓 文在寅震驚令徹查 A23

二手交投插三成 新盤首五月吸1100億 A4

事件专题报道（香港《大公报》）

利潤持續下滑 搵食艱難
港製造業轉型難
逃離珠三角
玩具業難逃倒閉厄運
服裝紡織慘淡經營
轉型難跨四道坎
樓市調控拖累家具業

非事件专题报道（《香港商报》）

都市日報
metro
揭大埔大車禍背後
出動百人判

突发新闻专题报道（香港《都市日报》）

专题报道按媒介形态分，有平面媒体专题报道、电子媒体专题报道和网络媒体专题报道三种类型。平面媒体主要指报纸和期刊，电子媒体指广播和电视（广播因媒体特性而较少采用），网络媒体因专题报道的呈现要求，需要较大的显示屏，因此主要指 PC 端和平板电脑上的内容。

网络专题报道不仅时效性强，而且不像平面媒体受到空间（版面）的限制或电子媒体受到时间的限制，其具有较大的容量，可以通过下拉或指向内页的链接而发布大量的文图，还可嵌入视频和音频，用多媒体方式加以呈现。网络专题的另一优势是可以通过不断的更新而令专题更加丰富。如 2012 年 2 月 13 日腾讯网的《惠特尼 · 休斯顿去世》专题，就体现了网络专题报道的明显优势。

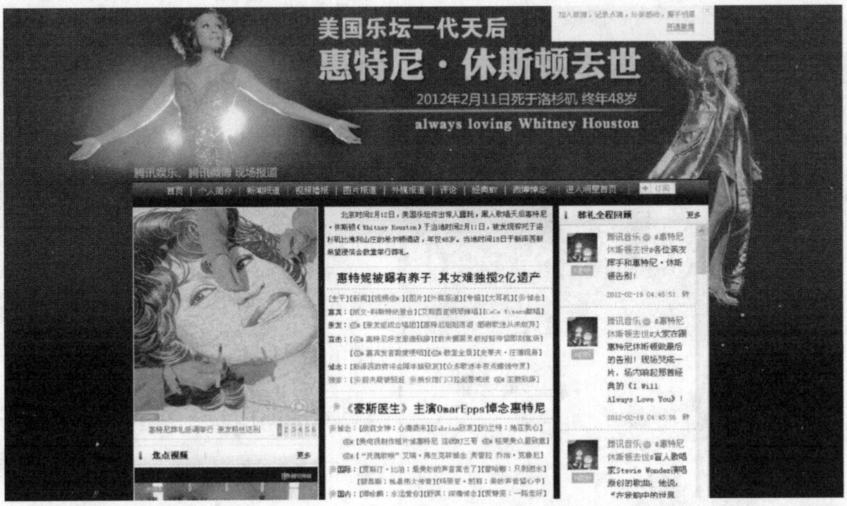

腾讯网《惠特尼·休斯顿去世》专题主页（局部）

三

专题报道的策划

专题报道的总体要求是：主题突出，内容丰富，图文并茂。当今的媒体传播处于读图时代，所以专题报道在策划阶段就要提出图片的要求，并考虑与文字的结合和对主题的展示。针对事件专题报道、非事件专题报道、突发专题报道三种类型而言，它们的策划和实施也有所不同。

（一）事件专题报道的策划

并非所有新闻事件都可以做成专题。只有那些事件较为重大，或事实较为复杂，或背景较为丰富，或对社会产生较大影响以及有较大新闻价值的事件，才值得做成专题。因此事件专题报道首先要对事件进行选择。

事件专题对背景材料或相关数据也有刚性要求，因为事件往往需要通过背景材料阐释其重要意义。越是相对简单的事件，对背景材料的需求就越甚。例如某市政府某日突然宣布将上调最低工资标准，这也是一个事件，不过其事实本身是较为简单的，几百字就说清楚了。但因为关系到大量低收入人群的日常生活，影响还是比较大的，只要版面允许，就可以做成专题。这时就要在背景上下点功夫。背景包括横向背景和纵向背景。纵向是历史背景，即这个城市此前已经上调过几次最低工资标准，与以往

04 焦点

女学生身绑 25 部 iPhone 闯关

水客趋向低龄化学生化

3月13日，一名高三女生被查获捆绑走私名牌手机。（图片来源 广州日报）

水客问题由来已久，近年来水客有年轻化趋势。图为2003年珠海拱北口岸外，几名长者正将货物绑在腰间，准备过关。（图片来源 南方都市报）

水客中活跃着学生身影

链接

水客各出“奇招” 海关“见招拆招”

海关条例明确处罚水客行为

本报地址：深圳大学传播学院　本报微博：weibo.com/sznewtimes　欢迎投稿

深圳大学校园报纸《新新报》2012 年 3 月 28 日的一个事件专题

历次相比，此次上调的幅度是大还是小。这就可以形成一篇辅稿。还有横向背景，是指周边城市甚至国外同类城市的最低工资标准上调情况，并比较本市在此次上调后处于什么水平。对深圳这样的一线城市来说，就首先要与同是一线城市的北上广比，最好还要与旁边的香港比。这又是一篇辅稿。当然还要采访专家及受惠于这次调整的民众。但这样的事件毕竟容量有限，也只能做成一个小专题，在报纸上最多占据半个版（指对开报纸）。

事件专题还要求写好主稿，因为主稿是对事件的直接报道，应当尽量详尽并突出事件的影响和意义。事件专题中，辅稿的地位比非事件专题的辅稿地

要领

并非所有新闻事件都可以做成专题报道

事件专题报道首先要对事件进行选择。只有那些事件较为重大，或事实较为复杂，或背景较为丰富，或对社会产生较大影响以及有较大新闻价值的事件，才值得做成专题。

事件专题对背景材料或相关数据有刚性要求，因为事件往往需要通过背景材料阐释其重要意义。越是相对简单的事件，对背景材料的需求就越甚。背景包括横向背景和纵向背景，纵向指的是历史背景。

事件专题要求写好主稿，因为主稿是对事件的直接报道，应当尽量详尽并突出事件的影响和意义。事件专题的主稿通常都用消息体裁。事件专题中，辅稿的地位比非事件专题的辅稿地位要低，原因是受众主要关心的是发生了什么。

位要低，原因是受众主要关心的是发生了什么。事件专题的主稿通常都用消息体裁。

上一页左上图是深圳大学校园报纸《新新报》2012 年 3 月 28 日的一个事件专题。该报每期都有一个“焦点”版，全部采用专题形式。

（二）非事件专题报道的策划

相对事件专题而言，非事件专题有很大的策划空间，主要原因是选题范围宽，选择余地大，且不太受限于时效性（当然也要尽快完成）。

非事件专题报道的策划首先就是选题策划，这在第一章已有详述，不再重复。需要特别注意的还是题材容量。此外，就具体媒体而言，还要考虑本媒体的读者兴趣、本媒体的自身需求以及当前的政治与社会要求，以期报道的主题与外界环境合拍共振。

其次是报道策划，主要包括内容分解、角度选择、体裁确定、篇幅规划四方面的工作。

内容分解，是在报道主题确定之后，对主题涵盖内容的分析、分解和归类，即要确定主稿和各辅稿的选题，也即二级选题，或分主题。例如，当学生们打算报道深圳盲人按摩师时，就要考虑从哪几个方面来深化这一主题，并回应读者的关切。学生们在指导老师的帮助下，策划了 6 篇深度稿件。第一篇是主稿，从面上报道深圳盲人的数量、盲人为何多以按摩为职业、深圳盲人按摩业的现状与发展历程等内容，是一个全景式的报道。5 篇辅稿分别是：（1）深圳的盲人按摩师主要来自哪里，他们为何选择深圳？（2）盲人按摩师创业的艰辛。（3）盲人按摩师的业余生活，即他们除按摩为生外，其余时间有何乐趣（学生们的采访令人大开眼界，他们中很多人的生活简直五彩缤纷，有盲人乐队、盲人作家，还有很多人借助特殊软件通过电脑或手机上网）。（4）盲人的婚恋生活。（5）哪类顾客是盲人按摩店的常客？

角度选择，这是比内容分解更加具体的工作，要针对主稿或辅稿，确定从哪个角度切入，可以更好、更生动地反映这个分主题。例如上面这个例子中有篇辅稿是关于盲人按摩师的创业情况，这就要选择一个典型人物切入，这个人物应能代表大多数盲人创业的境况，通过他再去展现其他或成功或失败创业者的境遇。

体裁确定，就是用什么报道体裁来承载报道内容，这比较简单。有的专题在新闻报道之外意犹未尽，需要安排一篇评论来直抒记者的观点和对所报道事物的态度。例如毕设作品《快手江湖》在对一些在“快手”视频以献丑赚得点击量进而获取商业利益的农村网红现象进行报道之后，配发了一篇评论《媚俗与超越并存的快手文化》，既表明了记者对上述现象的态度，也提出一些观点，加强引导，引发思考。

篇幅规划，首先是总量，即根据刊载媒体的需要和任务完成的期限，确定毕设作品总的篇幅。在总量确定之后，对每篇稿件所需篇幅进行评估，看大约需要多少字数和多少图片。各篇文章之间，特别是辅稿之间，在篇幅上要保持一定的平衡，不能有的特长，有的特短。

最后是采访策划，主要包括记者确定、任务确定、对象确定、时间确定、团队配合。对于较大规模的非事件专题报道而言，往往需要多人共同完成。因此，选题确定之后就要考虑由谁来实施，即要选择有兴趣并能够胜任该选题的记者来完成。这一过程越短越好，因为他们也要介入内容分解等工作。新闻毕设的小组都是在选题确定前就自行组合的，因此不存在选人的问题。然后就是任务确定，即根据各人的特长和兴趣，将报道任务分解给每一位学生。再接下来是对象确定，即根据选题和具体任务，初步确定拟采访的单位、部门、个人。第四步是时间确定，即在总任务期限内，确定各主、辅稿件的截稿期以及最后成品的完成期。这一点很重要，且要打一定的提前量，为临时出现的困难和挫折留下缓冲时间。最后是团队配合，即在明确分工的基础上，确定团队沟通、互相帮助、遇到意外情况（如组员生病）如何补位等内部合作机制。

（三）突发专题报道的策划

很多事件新闻是可以预测的，例如深圳全城禁摩，早有预告。到了真正禁摩的这一天，尽管发生了很多情况，但大都事先预估到了，因而有一定的策划空间。再如当年尼克松访华，这是重大的国际事件，但记者也都早有准备。1997 年 10 月 29 日，江泽民主席赴美访问。笔者带领几位编辑记者于第二天推出跨版的大型专题《中国 3 代领导人与美国总统的 10 次握手》，也是因为事先已知出访行程，有机会进行精心策划（该专题获得了中国国际新闻奖）。

然而，突发事件情况就不一样了。突发专题报道的最大特点，是事发突然，记者和编辑都毫无思想准备，因而策划的空间很小。它要求编辑部在较短时间内做出报道规划，以不误截稿期。如果是网络媒体，则更要比拼速度，时间就更为紧迫。美国“9 · 11”事件发生在上午约 8：50 至 10 点多时间，给报纸留下的策划和报道时间只有大半天。但次日《纽约时报》却刊发了 27 个整版的特大专题，全面覆盖了这一震惊世

编者按

『娘家人来了！』

旅美华侨华人欢欣鼓舞

大世界

中美关系特刊

中国3代领导人与美国总统的10次握手

巨手相握一分多钟

“邓旋风”刮到美国

邓小平被美《时代》周刊列为“当年伟人”

“中国制造”在美国

里根的“长征”

国家主席李先念访美

乒乓小球“转动”地球

“山姆大叔”落户中国

“刺客”尾随布什到京

违章通知网 96800377

环国公路长途货运

《深圳特区报》1997 年 10 月 30 日跨版事件专题

界的重大事件，第二年获得了普利策奖中含金量最高的“公共利益服务奖”。

突发专题报道的策划，首先要做到信息及时，反应迅速。这时每争取一分钟，都会给策划带来主动。其次是注意积累背景资料。突发事件的背景资料靠临时查找是不够的，因此平时的积累很重要。1990 年 10 月 2 日，广州白云机场发生飞机因遭劫持而在迫降时与地面两架客机相撞的特大空难。次日香港多家报纸做成两个版以上的专题报道。细查其中内容，多为背景资料，诸如近 10 年全球劫机事件、同类飞机空难情况、亚洲飞机失事情况等，而当时个人电脑尚未普及，更无网络。事后与香港同行交流，主要资料都来自突发新闻记者平时的

"All the News That's Fit to Print"

The New York Times

NEW YORK, WEDNESDAY, SEPTEMBER 12, 2001

U.S. ATTACKED

HIJACKED JETS DESTROY TWIN TOWERS AND HIT PENTAGON IN DAY OF TERROR

A CREEPING HORROR

Buildings Burn and Fall as Onlookers Search for Elusive Safety

President Vows to Exact Punishment for 'Evil'

A Somber Bush Says Terrorism Cannot Prevail

Awaiting the Aftershocks

Washington and Nation Plunge Into Fight With Enemy Hard to Identify and Punish

MORE ON THE ATTACKS

《纽约时报》2001 年 9 月 12 日特大突发事件专题《美国遭袭》（头版）

积累。突发专题策划的第三个要求是紧扣核心，拓展外延。突发专题报道中，关于事件本身的新闻是最重要的，因此先要写好事件主稿。而在向外拓展时，也要紧扣事件核心，不应走得太远，特别是在版面和时间都很有限的条件下。最后一个要求是靠前指挥，尽快成稿。突发专题报道的策划者应尽量靠近现场，或与现场保持密切的沟通，以根据事件发展及时调整报道计划。

四

专题报道策划案例

下面以 2015 年的毕设作品《逃港之后 / 一代居港内地人的生存与归宿》为例，介绍专题报道的策划过程。

《逃港之后 / 一代居港内地人的生存与归宿》毕设作品封面

这个选题受到笔者的前同事陈秉安的纪实作品《大逃港》一书启发。该书翔实生动地再现了当年深圳、广东大量民众偷逃香港的一段难以磨灭的特殊历史场景。关于当年的逃港事件，后来有很多媒体追记过，纪实题材电视剧《历史转折中的邓小平》对此也有描述，场面惊心动魄。但数十万甚至上百万成功逃到香港的人，是如何生活下去以及后来的命运如何、目前的现状怎样，内地媒体却没有任何报道，香港媒体也很少触及这一话题。所以当这组毕设在答辩后获得好评并在网上流传后，很快便有香港某出版社负责人辗转与笔者取得联系，说这个题材过去被香港媒体忽略了，能否请学生们将这组报道扩充，由该社来出版。所以这个选题的价值是显而易见的。

选题既定，就进入策划阶段，其中最重要的就是内容分解。笔者要求学生先拿出一个报道计划，再来讨论。学生们毕竟对这类大型题材缺乏经验，想得不太周全，初步的报道计划只确定1篇主稿和2篇辅稿，这些并不能全面而深入地表现这个题材。讨论中（被邀请参加指导的《深圳晚报》深度报道记者施展萍也参与了讨论），首先要对主稿报道什么达成共识。当时这组报道的大标题初定为《逃港人》，所以主稿必须紧扣“逃港人”这一主题。但写他们的什么内容呢？有学生提出重点写他们到达香港后的艰苦岁月，也有学生认为应当侧重他们的现状，还有人提出用一个典型个案来刻画逃港人生存经历。最后大家决定围绕“现状”“归宿”等关键词，对逃港人群体做全景式的报道，并确定了以深圳为主的观察视角。为加强新闻性和故事性，还决定从现状入手，采用《华尔街日报》的报道手法，以典型个人故事为开端，推及整个逃港人群体。于是就有了主稿《遥望香港：他们的世界》，其中含有4个小标题：“步入老年的逃港人”，“打工讨生活 炒房赚小康”，“触碰政文 跻身上层”（这批逃港人不仅为70年代香港经济起飞成为“亚洲四小龙”之一做出了重大贡献，一些人还进入政界、文化界的上层，被采访的人中，就包括当上香港立法会首席议员的李鹏飞和获得“视帝”称号的夏雨），“忧思难忘，乡关何在”。

然后是对辅稿的策划，也就是寻找那些最能丰富和深化主题并能加强可读性的“扇子骨”，让它们能均衡地撑起这把“折扇”。在学生们的原有计划中增添了经济贡献、重走逃港路、铭记死亡者、两个“罗芳村”等版块内容，最终确定从6个方面来写，也就是6篇辅稿，并按受众的认知逻辑确定各篇顺序。第一篇是《初抵香港》，由“阅尽人间冷暖”“蜗居小木屋”“荧屏前的惬意时光”3个小标题构成，把逃港人刚到香港时的生活窘况和片刻的欢愉生动地表现出来。第二篇是《经济奇迹背后的逃港人》，标题包括“劳工：渣布码头与工厂”“挥汗：上天入地建楼宇”“投资：股票期货金融梦”等，通过一个个故事，讲述了逃港人生存发展的几种类型。第三篇是《逃港人中的政文精英》，小标题有“劳工眼中只有‘刘千石’”（刘千石是1960年先期偷渡到港的内地人，因持续被欠薪而辞去纱厂工作，投入劳工权利保障活动，成为“社区补助协会”成员，因积极帮助底层逃港人维权而备受尊重），“‘保钓号’上的领头人”，“香港情歌的内地韵味”。第四篇是《铭记，是为了不让历史被尘封》（讲述一批逃港人通过立碑等各种方式纪念逃港历史及逃港死难者的故事），小标题是“辛酸往事付诸笔端”“逃港夫妻成为书中故事”“立碑祭奠死难者”。第五篇是《重走逃港路》，按当年三条逃港路线列出3个小标题：“逃港中路——翻越梧桐山”“逃港西路——游过后海湾”“逃港东路——泅渡大鹏湾”。最后在成稿阶段，学生们还写了《卷首语：我们为何关注“逃港之后”》。

上述策划也有遗憾，即第六篇《两个“罗芳村”》最终没有完成。在策划中，笔者力主把两个罗芳村的故事写成独立辅稿，为整部作品添加传奇色彩。罗芳村是深圳罗湖区邻近香港的一个自然村。“逃港”期间，一些村民和附近的农民通过水陆两路或利用过境耕作机会逃到香港，在香港新界靠近深圳这一侧，又建起了一个罗芳村。可惜由于深圳和香港特区政府联合实施严格的跨境耕作管理，学生们采访香港罗芳村需获得香港特区政府的特别许可。这个许可历经周折仍申请不到，学生们虽三访深圳的罗芳村，却无法与另一个罗芳村对接。毕设计划不允许漫长的等待，最终只好放弃。

最后是采访策划，其中最重要的工作是人员分工和采访对象的选择。在分工方面，组长组织得很好，发挥了各自的优势，包括文献研究（含香港档案馆）分工，采访对象分工，文本写作、拍摄、新媒体传播推广等任务的分工（其中微信公号到毕设任务才完成一半时就达到 5 000 次以上的阅读量）等。而且有分有合，如对已经退休的《大逃港》作者陈秉安以及 20 世纪 70 年代当过边防部队军官、后曾任深圳市委副书记和广东省政法委书记的方苞，都是全组成员集体采访，旨在对那段历史有全面而准确的认识和把握。整个毕设过程，她们 18 人次赴港而有条不紊，也全拜合理的分工所赐。

第三节 成品的编辑与制作

深圳大学的新闻毕设作品，基本以三种媒体形式呈现：一是期刊形式，多以特刊或专刊承载，且因期刊的较大容量而成为平面媒体之首选；二是报纸形式，也以特刊等承载；三是视频，分为纪录片和专题片，两者差别不大，都有很强的纪实色彩。由于新闻系近年倡导多媒体传播，因此大多数毕设作品都体现了跨媒体特色，如平面媒体作品也会制作视频短片，纪录片或专题片作品也会制作期刊或报纸。大部分毕设小组还在毕设过程中开通微博和微信公号，以抵达更多受众。由于纪录片等视频作品和两微一端等新媒体作品的编导制作均有专章阐述，本节主要论及平面媒体作品的编辑与制作，并以期刊为主。

一 平面媒体的类型选择

平面媒体指报纸和期刊。在此次入选作品集的30组毕设作品中，平面媒体作品26组，纪录片作品4组。在26组平面媒体作品中，有22组选择了期刊，只有4组选择报纸。可见期刊是大多数毕设小组的首选媒体。两种媒体都可以刊载较大规模的专题报道，为何期刊更受欢迎呢？这是因为这两种媒体在容量大小和阅读方便程度上有所区别。

先说报纸。新闻类报纸属于时政媒体，出版频率高，时效性强，随看随扔，不成负担。前述是报纸的优点。其缺点之一是容量较小。虽然厚报时代报纸的容量也很大，但其中刊载专题报道的版面毕竟有限，而若将整份报纸的版面全部用来刊登一组专题报道，又不合常规，哪怕是打上“专刊”的标签。缺点之二是阅读相对不便。报纸分为对开和四开两种开本，对开因开本太大，长时间打开阅读长篇作品时会觉得吃力。某年有一个毕设小组采用了对开报纸的形式，答辩时送到评委手中颇觉突兀。报纸一般不装订，因此如果是四开报纸而版面较多，阅读和携带时也容易散落。缺点之三是排版复杂。报纸版面上的文章排列方式多种多样且有很多讲究，如基本栏至少4栏以上，对开报纸至少5栏以上，其版式设计比期刊复杂得多。而期刊因开本较小（多为16开），最多只能分三栏，版式也相对简单。对一次性出版的毕设作品而言，报纸的上述优点就几乎不存在了，反而缺点很明显。

再看期刊。期刊的优点恰恰可弥补报纸的不足，特别是刊载容量。从近5年新闻毕设的作品看，规模有扩大的趋势，2万字以上篇幅的作品渐成主流，最多的达4.3万字。这些毕设作品加上封面封底、目录、图片和大小标题，做成期刊一般在24~36页之间。这样的容量用报纸承担，难免版面过多。

所以，对较大规模的毕设作品而言，选择期刊更合适。如果规模不太大，例如在四开报纸的4个版甚至8个版之内，则选择报纸更合理，毕竟太薄的期刊也是不合常规的。

二

平面媒体的编辑

关于平面媒体（即报纸和期刊）的编辑，已有不少教科书专门论述，这里不予详述，而只针对毕设作品谈些编辑要领。

（一）报纸的编辑

新闻毕设都是以独立作品的形式呈现的。因此，如果选择报纸，就要做成一份完整报纸的模样，而不能只是报纸的某个内页，否则就会有作品不完整之嫌。既然是完整的报纸，其首页就要做成规范的报纸头版，包含报头（可以用现成的，也可以临时创建）、刊期（可以是特刊或专刊）、日期等要素，甚至按现代报纸要求，还应加上导读（正好将各辅稿的标题放进来）；内页则要有包含版面类型、页码和日期在内的报眉。

以下是两组采用报纸为媒体的毕设作品的头版，左边为规范的头版，右边作为头版则不规范（作为内页版式是规范的）。

新新报
THE NEW TIMES
学生立场 时代潮流
2015年4月14日
特刊 Tuesday 星期二
05 社工CEO刘萍
06 汪国波：我在香港做社工
07 殡仪馆里的社工
08 通往天堂的引路人
深圳社工组织社区亲子活动
香港社工汪国波与青少年互动
“职业雷锋”之惑
——深圳社工群体扫描
文见02 03 04版

深度报道 01
失控与失语
泥头车里的人
媒体的单向度报道

以《新新报》为载体的毕设作品头版对比

在版式方面，报纸也有较多的要求，例如基本栏和版心的设置，版心不仅规定了天头地脚和左右边界，还要对正文的基本字体、字号以及行距、字距、栏间距等进行设置，一旦确定，所有版面都须照此执行，而不能五花八门。同时，报纸的版式设计，还要遵循版式审美的种种规范。

（二）期刊编辑

在新闻系的编辑课里，期刊较少涉及（期刊通常列入出版专业课程），而期刊又是毕设的常规品种，所以这里要多讲一点。

1. 开本与页数

期刊的开本以 16 开为主，但也有例外，如《半月谈》是 32 开。16 开也有多个变种，主要有小 16 开、准 16 开、大 16 开三种类型。除了不建议用 32 开本期刊（不便于展开专题报道的文图）外，其他类型皆无不可。关于页数，期刊通常以一张纸（相当于 16 开本 16 页）为基数出版印刷，因此最好用 16 的倍数作为一本期刊的页数，例如 16 页、32 页、48 页（含四封），否则印刷成本会增加。对一般规模的毕设作品而言，32 页是合适的。但要超过这个规模，就只能选择 36~40 页，毕竟 48 页的规模太大了。

2. 四封

指封面、封底、封二、封三。封面与报纸一样，通常也应当有刊名、刊期、目录等封面要素。但由于也可以内刊、特刊或内部报告的形式出现，一些毕设小组就放弃了正规期刊的封面形式。但不管怎样，选择期刊形式，就必须有封面。

毕设作品《深圳涉外婚姻 30 年》的封面

而且，所有封面都要体现设计。作为新闻期刊，通常会选择一个有冲击力的新闻图片用于期刊封面。但也允许走典雅路线，不用图片，而在标题的设计上多下功夫。封底也应有所设计。封二和封三可用来刊登目录或花絮图片等。

上一页毕设作品《深圳涉外婚姻 30 年》的封面，其缺点是大标题的字号太小、太细，让辅稿标题喧宾夺主了，版式也有点杂乱，版心太大。

3. 内页

内页首先也有版心设置的问题，尽管其不像报纸那样复杂。一般情况下，期刊的天头地脚和左右边界占版面的比例要大于报纸。有毕设作品将版心设计过大，四周过于狭窄，就会影响美观，还显得不规范。正文字体要避免黑体等过于浓重的字体，字号也不宜太大，5 号或 6 号皆可，不能用 4 号或以上。期刊的基本栏分配，一般为两栏或三栏，极少数期刊也有不分栏的，但那样会影响阅读，所以不提倡。

毕设作品《深圳渔村：远去的故乡》占据一页的辅稿标题

其次是标题，要规划好二、三、四级标题的字体和字号，使之统一。二级标题指主稿和辅稿的主标题，三级标题是主稿或辅稿的辅题（当采用复合题时），三级标题是主稿或辅稿内的小标题。

最后，辅稿要留足空间，通常占据半页，并尽量与图片结合，以增强吸引力。对于辅稿规模较大的作品，其标题占据一整页也不为过，左图为标题单占页的设计。根据需要，内页也可以跨版处理。

毕设作品《逃港之后》的跨版内页：

毕设作品《逃港之后》的跨版内页

4. 文稿

毕设期刊的稿件都属于深度报道，且大都采用特稿体裁。另外，毕设是采编合一型，学生大都既当编辑又当记者。但我们仍主张在小组里选择编辑基础好的学生，对全部文稿进行统一加工。

特稿的编辑类似通讯，有其特殊要求。首先，不可像消息那样从后往前删。特稿的写作形式较为灵活，有的有精彩的开头，有的有扎实的主体，有的则可能是欧·亨利式的结尾，所谓 surprise end。所以，如果篇幅超出，切勿按消息来编辑处理。其次，要尊重作者的写作风格。特稿活泼的样式和感人的力量，是通过作者个性化的写作实现的。再次，不能无为而治。毕设专题的报道规模较大，各种事实间的错综关系、各类直接和间接引语的引用、大量背景材料的穿插等，对新闻专业的学生来说，都可能导致逻辑混乱、层次不清等问题，更不用说错别字和语病了。编辑对发现的问题必须坚决改过来。最后，要重视事实核查。特稿和深度报道中的事实通常较为复杂，不像消息那样简洁明了、脉络清晰，因而编辑必须保持警惕，提高判断力，对隐藏的事实性错误必须及时核实和纠正。

第五章

影视类新闻毕设作品的制作

与纸媒作品相比，影视类新闻作品有独到的优势。首先，影视作品在形式上补充了纸媒作品的单一性，通过事件现场、人物访谈、场景记录的画面和声音，将新闻报道立体地呈现出来，不再是文字和图片的静止叙事，“有图有真相”带来的客观性、真实性，视觉修辞带来的倾向性和指导性，高清影像带来的感官享受，都蕴含在学生拍摄的每一帧画面当中；其次，影视作品在内容上补充了纸媒作品的单调性，学生在影视类作品的选题上也更为丰富多彩，不仅仅是肤浅的陈述和客观的表达，还有美学意义上的视觉刺激，社会学意义上的伦理追求，政治学意义上的隐喻尺度，文化学意义上的历史收藏价值，等等。对于学生而言，这在操作上有一定难度，对指导教师也有了新的要求。

影视类新闻毕设作品是深圳大学毕业设计中的亮点，在每年的毕设展示中，影视类作品都能为现场增添仪式感，获得很好的观影效果。

本章从选题、拍摄、采访、写作、编辑等方面介绍影视类新闻毕设作品的制作。

第一节

影视类新闻毕设作品的选题

选题是影视类新闻毕设作品的重中之重，一个好的选题不仅决定了好的作品，而且意味着毕设团队接下来的几个月时间能顺利开展工作，能学习到新的知识和技巧，能收获团队成员之间的友谊。但一个不好的选题不仅难以生产出高质量的作品，并将带来更大的工作量，很多时候拍摄进行一半，需要推倒重来，打击了学生们学习的积极性，同时也不利于维护团队成员之间的关系。因此，此处将花大量笔墨来讲述影视类新闻毕设作品的选题把关和选题特征。这是值得所有指导老师引起注意的。

一

选题的把关和指导

选题是影视类作品拍摄起步的最关键环节。一般而言，一个毕设小组在确定选题之前，至少需要经过五轮师生见面会，各自提出自己的想法和思路，其他人对 idea 提供者进行框架内的批判，即所谓的头脑风暴。最开始提出的选题可能不太成熟，但随着探讨的深入，选题可以朝合理的方向慢慢延伸。指导老师不仅是选题研讨会的组织者，更是参与者。指导老师一般从政策框架（合法性）、道德框架（合理性）、社会资源（可操作性）、新闻价值（可看性）、危险程度（可控性）等几个方面来引导选题的走向，使其既符合专业规范，又符合政策规范。

2015 年的选题研讨会中，有学生提出一个选题：深圳的“菲佣”生存现状调查报道。这是一条很有想法的选题，该学生最初的想法是“自己认识好几位‘菲佣’”（社会资源），并且她们都“愿意接受采访”，因此意图通过报道来揭示她们悲惨的生活境地，获得大家的同情，甚至呼吁社会的帮助。但是在师生不断的探讨中发现一个问题：目前的大量资料显示，外国人在中国大陆地区就业，需要取得公安部门签发的居留许

要 领

选题的把关与指导

指导老师一般从政策框架（合法性）、道德框架（合理性）、社会资源（可操作性）、新闻价值（可看性）、危险程度（可控性）等几个方面来引导选题的走向，使其既符合专业规范，又符合政策规范。

随意地放弃选题是不可取的，这样将会造成选题浪费、思考疲倦，频次高地放弃选题将严重打击学生团队的积极性。

可证件和劳动部门颁发的就业证。我国大陆大多数省份都曾经专门下发通知，明确指出不得聘用外国人从事门童、服务员、迎宾等一般性劳动岗位的服务，而“菲佣”就属于一般性的家政劳动者。也就是说，大多数“菲佣”在中国大陆是一种非法的存在，这种选题显然不在政策框架之内。特别是这类选题的展开容易涉及国家间关系，在某些敏感的时间点会成为国际不稳定因素的导火线，这也是学生的采访和报道所难以控制的。因此这一选题立即在研讨会上遭遇否决。同理，有同学提出某某贫困家庭的公益报道，表示该家庭有五名大小不一的小孩，孩子的学习和生活都需要社会关注，但是忽视了一个细节，该家庭违反了计划生育政策，这家人的现状虽然值得同情，但不能在影视节目中弘扬这种违法政策的行为，这一选题也脱离了政策框架。

有一些选题在政策范围之内，同时具有很大的新闻价值，但危险程度较高，可控性低，在选题研讨会中也难以通过。例如，有学生在研讨会中提出“暗访地下拳击”的想法，表示“地下拳击”在某些地方已经形成了产业链，并有黑社会势力控制，涉及暴力与暴利，成为社会的不稳定因素，理应得到曝光和清除。学生的勇气值得肯定，他们对新闻专业主义的追求、对社会黑暗角落的探访，都是新闻理想的彰显。但是“地下拳击”的采访工作以隐形拍摄为主，并且需要对拳击场所进行全方位记录，需要与拳击手及其控制者周旋，危险系数极高，一旦在暗访时被发现，后果难以控制。因此，对于这一类选题，必须保持一种谨慎、保守的态度。作为指导老师，专业指导是一方面，如何保证学生的安全是更重要的一方面。毫无疑义，“地下拳击”的采访报道如果完整地进行下来，现场感是无与伦比的，社会意义也是巨大的，但是与学生的身心健康和生命安全相比，后者更为重要。与此类似，有学生提出暗访地下色情场所，同样在选题研讨会遭遇否决，在这一类拍摄活动中，即使隐性拍摄的学生全程都未被识破，但色情画面和场景对于心智发育尚未完全成熟的在校学生而言，是极为不健康的，这些社会黑暗面有可能侵蚀他们的世界观，甚至对他们的心理健康造成巨大破坏。出于保护学生的考虑，指导老师应该在这一类选题上严加把关，不能与机构媒体的采访工作完全类同，只考虑专业价值、社会意义和可看性，而应兼顾影视作品拍摄主体的特殊性。

有一些选题虽然并不具备危险性，但是缺乏一定的社会资源，也不具备可行性。比如，毕设团队的学生普遍具有好高骛远的心态，临近毕业，有“放飞”的欲望，都希望走出去，对远方跃跃欲试，因此提出的选题很多是外省的。有学生由于曾经去过内蒙古旅游，提出了“沙尘暴治理”的选题，有学生曾经看过《我在故宫修文物》的纪录片，提出了《我在布达拉宫修文物》的选题，有同学曾经在杂志上看到过绍兴船戏的图片，认为画面感很强，提出了《探访绍兴船戏》的选题。可以说，这些选题都遇到了“理想很丰满，现实很骨感”的问题。首先，外地的采访工作需要有一定的社会资源，需要当地人员的支持，机构媒体的异地采访一般都能获得当地政府的支持（暗访或负面报道除外），有了这些支持，记者才能够轻易地进入拍摄场地、接触到关键性人物、发现核心问题、获得权威数据，但是作为学生记者，根本无法在异地获得这些社会资源；其次，外地的采访工作增加了经济压力，特别是一些需要反复来回拍摄的选题，巨额差旅费将增加采访成本，这也超出了学生低成本制作的原则；最后，异地选题为后期编辑工作增加难度，在后期编辑工作中，记者经常需要“补镜头”，有时候仅仅需要补几秒钟的镜头，但对学生作品而言，花几千元的差旅费补几秒钟的镜头，明显是不可能的。因此指导老师不提倡异地（一般指外省）的影像作品选题。

但是，随意地放弃选题也是不可取的，这样将会造成选题浪费、思考疲倦，频次高地放弃选题将严重打击学生团队的积极性。一些选题，只要在上述政策框架（合法性）、道德框架（合理性）、社会资源（可操作性）、新闻价值（可看性）、危险程度（可控性）的范围之内，可以继续挖掘这些选题的价值，不同的探讨者往里面添加“材料”（这些“材料”包括曾经看过的电视新闻节目、阅读过的相关文章、接触过的相关知识点、掌握的相关采访对象信息等等），这些材料一方面为原有选题刺激更多的兴奋点，另一方面牵引着选题朝一个更有价值的方向发展。例如，2016年的选题研讨会上，有同学提出来希望进行“潜水救助队”的采访，新闻由头是当时全国的几起事故中都有潜水员的身影，特别是潜水员冬天救人的视觉刺激感很强。但是这个选题在最开始并没有得到较大的支持，理由是：第一，目前的团队成员中没有人接触过潜水员（社会资源），存在一定的操作难度；第二，潜水员的工作拍摄涉及水下作业，具有一定技术难度。但是师生在讨论时并没有立即放弃这一选题，而是在这一基础上不断地添加“材料”。其中的关键性“材料”，便是“社会资源”的渗入，由于指导老师的社会阅历更广泛，对社会上各行各业更了解，认识的不同行业的社会人士也更多，因此，指导老师在“社会资源”方面可以给出更多的协助和支持。在这一次探讨中，指导老师表示：自己虽然不认识以救助为目的的潜水员，但是却认识某海洋公园的负责人，那里有许多以饲养海洋动物和水上表演为目的的潜水员。指导老师当即打电话给该负责人询问情况，对方也欢迎学生进驻采访这些潜水员，记录他们的生活。负责人最后在电话中介绍，这些潜水员除了饲养海洋动物和水上表演，平时还有一些公益行为，即定期在深圳海域潜水清除海底垃圾。最后这句话给了全体师生一个灵感，让他们突然眼前一亮：对，海洋环保！这个选题既有一定的地方特色，在全国而言也是比较稀缺的选题资源。《“深”海》这个纪录片选题的灵感由此而来，如果一开始就放弃了可行度不高的“潜水救助队”选题，也不可能出现《“深”海》这部优秀纪录片（该片当年入围北京大学生电影节第十七届大学生原创影片大赛）。从这一点的经验来看，指导老师在面对学生提出的某些不成形或操作性不强的选题时，不应该急于放弃，更不应该批评学生的不成熟，而应该积极参与思考，主动添加“材料”，使“不可行”变为“可行”，使“非主流”变为“主流”，引导选题朝着成熟的方向发展，这样才能形成师生的良性互动。

此外，还有一个选题问题是需要指导老师特别注意的，即与企业合作的“度”。在一些合作选题中（如上文提到的与某海洋公园的合作），这种选题拍摄起来没什么难度，社会人士也积极配合学生的采访，但是，缺乏社会经验的学生往往无意识地成了商业品牌宣传者的“枪手”。我们必须承认，电视新闻采访无法回避企业公关的“借光”问题，这是一个现实，即媒体与企业的互惠互利，企业提供采访场地、采访人物、采访资料等，媒体负责节目的设计和制作，主观上是在传递新闻价值，客观上却又传播了企业品牌。特别是时长为30分钟的纪录片或新闻专题片，完全不借助社会力量的协助，仅靠几个学生是很难支撑下来的。布尔迪厄在《关于电视》中也表达了这一观点，他通过电视媒介批判新闻专业主义的虚伪和虚弱，认为新闻事实的呈现不过是各种社会力量通过媒体的集体建构。在中国的电视现状中，企业和其他社会机构巧妙利用媒介接近权，通过议程设置来参与电视节目生产也是常事，企业公关人员的媒介素养在长期的媒介参与中也不断提升，他们对新闻价值的制造、对新闻叙事的设计、对新闻导向的把握，皆娴熟于心，并实现了从技术向艺术的升华。然而，对新闻专业主义的秉持，始终是新闻系学生的宗旨，作为专业性的最后一道门槛，他们必须把持好与企业合作的“度”。这个“度”如果把持不好，很容易使新闻片偏向宣传片。在这一点上，指导老师必须有清醒的认识：第一，不必吹毛求疵地容不得任何形式的社会合作，而应指导学生巧妙地借用社会资源来进行采访，在合作中，允许一定程度地“回馈”社会，比如在视频中出现这些合作单位的LOGO，这是一种现实上的诚意合作，也是最低底线；第二，绝不允许以“宣传品牌”为新闻节目整体设计的目的，对于倾向性过于明显的选题，或被采访单位过于强调“宣传”的选题，应该及时放弃。

二

选题的特征

选题把关是基础，需构建一个合法性与合理性的框架，有了这个基础和框架，指导老师才可以进一步探讨其他的问题。比如节目好不好看的问题，有没有社会价值的问题，有没有个人意义的问题。将这些问题归纳起来，就形成了选题特征，包括可看性、纪实性和纪念性。

（一）“可看性”特征

“可看性”是影视类新闻毕设作品的一个特别重要的属性，包括两方面内容：第一，画面具有艺术性，有美学价值；第二，情节具有故事性，有冲突、悬疑、波折等因素。在确定时，需要同时将艺术性和故事性作为参考标准，权衡二者之间的关系，尽可能地二者兼顾。

艺术性可以带来视觉享受，解决观影疲劳的问题。一些选题具备了先天的视觉艺术性，比如 2015 年新闻专题片《佛山武馆之商业江湖》，当时确立这个选题之时也是考虑到“武馆”比武之时的暴力美学，给人一种期待和想象，并且将佛山武术与少林寺武术的画面承接起来，形成一种视觉对冲，细腻的咏春拳与豪壮的少林棍法（少林武术来自资料画面）相互比较。这一选题无疑具有很大的艺术价值。

故事性是“可看性”的核心价值，作为新闻毕设作品，艺术性可以退居其次，但故事性则可以保证电视节目在整体上跌宕起伏。《佛山武馆之商业江湖》的故事性体现在作为一门传统文化的“武术”与现代商业社会之间的冲突，讲述了好几位武师的生存困境（个人故事），以及武术培训学校的发展困境（企业故事），这些故事中的人物有血有肉，通过这些人物，传统文化的灵魂更加活泛。

2017 年的毕设作品《守艺人》同样也结合了艺术性与故事性，从而增加了节目的“可看性”。龙凤褂是具有粤港文化特征的传统服饰，拍摄画面非常纯美，特别是其中的中国传统褂裙图案，如学生在作品介绍中所描述，“裙褂上的图案多以龙凤为主体，其他图案尚包括‘福’字、‘喜’字、荷花、荷叶、蝴蝶、鸳鸯、蝙鼠等。这些图案都是寓意尊贵吉祥、百年好合”。

这些图案之所以如此纯美，原因在于制作者的工匠精神，这也是该毕设作品的精髓：缝制一套裙褂并不是容易的事，普普通通的货色也要花一两个月的时间，花绣得最密的金银裙褂更要半年以上。然而，《守艺人》也并非一部以视觉欣赏为主要价值的

要　领

艺术性不可僭越于故事性之上

“可看性”是影视类新闻毕设作品的重要属性，包括两方面内容：第一，画面具有艺术性，有美学价值；第二，情节具有故事性，有冲突、悬疑、波折等因素。确定选题时，需要同时将艺术性和故事性作为参考标准，权衡二者之间的关系，尽可能做到二者兼顾。

但艺术性不可僭越于故事性之上，可以为了故事性而舍弃艺术性，但不可为了艺术性而舍弃故事性。

产品宣传片，而是在人物生活中寻找故事，在故事中提炼精髓，比如龙凤褂制作者为一对夫妻，夫妻二人为了图案设计吵架，这些故事为纯粹的视觉美感带来了烟火的味道。因此，这一选题在立项之时得到了肯定，当时的选项还包括众多的电视调查性报道：《深圳市独立书店经营状况初探》《丁克家族调查》《深圳残疾人自立创业调查》等选题，经过对这些选题的“可看性”分析，《守艺人》脱颖而出，打败了其他选项。

在“可看性”特征的分析中，指导教师需要确保一点，即艺术性与故事性虽然需要做到二者兼顾，但艺术性不可僭越于故事性之上，可以为了故事性而舍弃艺术性，但不可为了艺术性而舍弃故事性。某一年的选题研讨会中，指导老师受到《航拍中国》的启发，计划让学生尝试开展《航拍深圳》的选题，并设计了一套艺术价值极高的方案：东海岸到西海岸的沿途风光，包括南澳半岛、大小梅沙、红树林、深圳湾大桥的高空鸟瞰；莲花山邓小平雕塑的旋转拍摄；从莲花山顶向市民中心的俯冲拍摄、深南大道沿途夜景航行拍摄、亚洲第一高楼平安大厦的垂直拍摄、深圳大学的全景鸟瞰、梧桐山的山顶航行拍摄，并且对这些航拍场所的不同时间点拍摄都做了详细的策划。但是，这一选题最后遇到了缺乏故事性的难题，虽然航拍深圳的各个地标场景具有很高的艺术价值，但是缺乏人物故事和情节，缺乏新闻由头。因此，《航拍深圳》在选题研讨会上也落选了，其原因在于艺术性无法取代故事性。

（二）“纪实性”特征

影视类新闻毕设作品的“纪实性”旨在指导学生在确定选题时需要考虑两点：纪录时间和纪录空间。纪录时间即纪录当下，纪录空间即纪录“地方性知识”，从某种意义上说，影视类新闻作品是一种历史叙事，是历史长河中的一个节点，同时也是“地方性知识”的一种保存方式。在这种宏大叙事的图景中找选题，可以提升选题的文化价值。

“地方性知识”是影视类新闻毕设作品选题的一个重要内容。新闻本来是时间的产物，新闻的“新”就是一个时间概念，作为线性传播的电视节目，内容本身是以时间计算的，电视文本也算得上是一种时间叙事。但时间又是稍纵即逝的，因此，对于影视类新闻来说，只有时间而没有具体空间即等于无力的自我言说，这也是多年来的影视类新闻毕设选题必然要结合一种地方文化的原因。“地方感是一种强烈的、通常是积极地将我们与世界联系起来的能力”[①]，是受众对于媒介的空间定位的一个过程。比如前面所讲到的几个选题，绝大部分结合了一定的地方特点，《佛山武馆之商业江湖》与岭南文化、《“深”海》与海洋文化、《我在布达拉宫修文物》与西藏文化、《探访绍兴船戏》与江浙文化、《守艺人》与粤港文化等等，这些选题都是依托于一定的文化空间而展开的，而这些文化正好为故事的叙事提供了养分。学生在设计这些选题之时，也会同时着手去研究新闻故事与这些地方文化之间的关系，对学生而言，毕设不仅仅是一种新闻采访技术的培训，更是一种文化修炼与素质养成。从这个角度来看，学生在确定选题时会考虑文化、价值和品牌三个方面。文化定位本身的含义就是通过集体记忆中的文化符号来唤醒传统文化和历史文化中的现代性价值，新闻故事的背后都隐藏着文化的影子和人性的光环，此时“地方”是故事叙说的文化语境；在价值方面，影视类新闻帮助一定区域内的受众开展了及时的政策解读、监视周边环境，学生的自身价值也会提升。比如《“深”海》反映了深圳海域的污染情况，不仅记者获得了全国性奖项，这些调查数据还引起了某著名海洋环保组织的关注，该组织的负责人在毕业答辩当天亲自来到现场，一方面从精神上支持这几位学生，另一方面希望与学生记者加强更紧密的交流与合作。

需要注意的是，互联网话题的泛滥在很大程度上覆盖了“地方性知识”的延展，很多话题在时间上一闪即逝，在空间上泛滥成灾，影视类新闻的记录功能似乎变得更加微弱。因此，这就对指导老师的“定力”提出了更高的要求，需要站在一定的格局上带领学生寻找选题、分析选题和确定选题。

（三）“纪念性”特征

毕业设计作为大学生毕业前的一次团队合作，不仅记录了社会的现状，同时也记录了个人的青春，记录了毕业前艰辛又美好的时光。在寻找选题时，不妨考虑到这些个人因素。很多选题确实具备这方面的特征，比如，《“深”海》作品中，有这样一些画面：毕设团队在海边与海洋环保组织的航拍合影，团队划船在海面上清理漂浮的垃圾，与海洋动物亲密接触；在《守艺人》中有团队成员身着龙凤褂参加表演的画面，在《佛山武馆之商业江湖》中有团队成员深入小巷寻找武师的画面。这些画面都具有

① 苏珊·汉森主编．改变世界的十大地理思想．肖平等，译．北京：商务印书馆，2009：244.

一定的“纪念性”，在很多年以后，这些画面将会打动这批学生，他们将为逝去的青春而感慨，将为曾经通力合作付出的努力而感动，将为年轻时执着于新闻理想而有所感触。这是新闻的力量，但归根结底是这些选题的力量。

“纪念性”特征是学生毕设作品与一般性机构媒体作品的最大不同，它保留了一定程度的特殊性，也显现了人们对学生这种准职业记者的宽容，对毕业季情怀的理解。“纪念性”特征是文字类毕设作品所不具备的，因为他们无法通过文字文本来纪录可视的青春。

第二节 影视类新闻毕设作品的拍摄

一 拍摄的总体要求

（一）稳定性

具有稳定的镜头是影视类作品的基本要求，在拍摄过程中，首先要指导学生保证镜头的稳定。保持镜头稳定的正确拍摄方法是：正对被拍摄物体，两脚自然分开与肩同宽，身体挺直站立，重心落在两脚中间。右肩扛住摄像机身，右手把在扶手上，并操作变焦以及录像机的启停，右肘放在胸前，作为摄像机的一个支撑点。左手放在聚焦环上，进行焦点调节。右眼贴在寻像器遮光罩上，通过放大镜观看寻像器中的被摄图像，这时眼睛也是使摄像机稳定的一个重要支撑点。左眼睁开观看周围的景物情况。在录制前，先吸足一口气憋住再启动录像机，录制期间尽量屏住气不要呼吸，直到这个镜头录完为止。拍横摇运动镜头时，两脚不动，身体扭向侧面，运动镜头在起点和落点都要各预留三秒钟。

手持摄像机拍摄时，需要指导学生遵循以下三个方法：第一，要确保身体姿势一直处在放松的状态，这样可使拍摄能维持较长的时间；第二，拍摄时，如果现场的条件允许，并符合作品情节的要求，要尽量找一些物体作为辅助支撑；第三，尽量避免那些似站非站，或似蹲非蹲的姿势，否则时间稍长会导致画面的抖动，影响视觉效果。肩扛摄像机进行运动拍摄时，双膝应略弯曲，尽可能地以身体运动代替步伐的移动。

拍摄静态镜头时（非冲突性新闻），要尽可能地使用三脚架，在使用时，身体不能贴在三脚架或摄像机上，更不能将身体的某一部位压在摄像机上，因此，需要谨记这一条原则，即身体和三脚架一定要分离。

（二）中心性

中心性即保证每一个画面都有一个中心主体，主体与陪衬之间的相互关系不能混淆。指导老师在带领学生拍摄或勾画图像时，应突出画面的中心性问题，否则画面难以着力表达问题。中心主体是电视画面中所要表现的主要对象，是摄像者用语言表现主题思想，构成电视画面的主要部分。主体在电视画面中既是内容表达的重点，又是画面结构组成的中心。指导老师在指导构图时首先要确立主体，并通过构图处理好主体与陪体、主体与背景等其他画面结构内容之间的相互关系，达到既能很好地反映主题思想，又便于观众分清主次的目的。

如何做到中心性突出？这需要从直接和间接两个方面来进行指导：（1）直接表现。使主体在画面中占较大的面积或处于突出位置，以利于鲜明、细致地表现主体的特征和质感，达到开门见山、一目了然的效果。（2）间接表现。主体在画面中占的面积常常不大，但却是画面结构中心，吸引着人们的视线。这种表现方法比较含蓄，侧重于环境的陪衬和气氛的烘托来描写主体，不着重于阐述主体特征和质感，而着重于神韵和内涵的传达，使人们有更多的回味。中心主体的突出，在电视画面中往往是从间接表现入手，然后转为直接表现。如主体人物从远处的群体中走出来，并且越走越近，在画面中也越来越大。

（三）现场性

现场不是一个静止的地点，而是一个动态的场景。影视类新闻拍摄必须拥有一定的冲突性现场，否则节目如同一潭死水，没有涟漪。现场感是节目的激活器，现场中的冲突性、戏剧性、喜剧性、在场感能使节目更加活泛。因此，指导老师在指导拍摄活动时，需要在采访出发前要求学生特别注意那些有可能出现的现场。例如，在拍摄

要 领

注意抓拍现场

影视类新闻拍摄必须拥有一定的冲突性现场，否则节目如同一潭死水，没有涟漪。现场感是节目的激活器，现场中的冲突性、戏剧性、喜剧性、在场感能使节目更加活泛。采访出发前，指导老师要特别叮嘱学生注意那些有可能出现的现场，并在拍摄前与学生一起进行预案设计，比如指导学生在某些场景不能关机，某些场景要特别警醒，某些场景需要长镜头运动拍摄，人为制造出动态的现场感。

人群活动时要注意抓拍人与人之间的互动现场，特别是吵架的、嬉笑的现场，在拍摄突发现场时，要注意抓拍突然出现的事故，特别是爆炸的、撞击的现场，这些偶然性的突发元素能增强新闻的真实性和冲击感，无论从新闻内容上而言，还是从视觉修辞上而言，都是极其重要的。

如何抓现场，这需要指导老师在拍摄前与学生一起进行预案设计，比如指导学生在某些场景不能关机，某些场景要特别警醒，某些场景需要长镜头运动拍摄，人为制造出动态的现场感。这些预案设计的目的在于，即使指导老师不在拍摄现场，学生也能准确捕捉到一些现场感极强的画面。

二

构图的指导与规范

（一）景别的类别与拍摄要求

拍摄的重要性在于，这种前期拍摄的画面在后面的制作中不可还原，指导老师需要提醒学生在拍摄时注意拍摄问题。景别是其中的一个重要环节。景别是指被摄制主体和画面形象在电视屏幕框架结构中所呈现的大小和范围，摄像者运用电视镜头表现手段，根据内容的需要，确定画面中主体的远近和大小，可分为远景、全景、中景、近景和特写等。学生在拍摄过程中，需要加强景别的意识，景别的变化带来了视点的变化，它能通过摄像造型达到满足观众从不同视距、不同视角全面观看被摄体的心理要求。景别的变化是实现造型意图、形成节奏变化的因素之一。景别的变化使画面被摄主体的范围变化具有更加明确的指向性，从而形成画面内容表达、主体诉求和信息传输的不同侧重和各自意蕴。指导老师需要向学生指出，摄像者通过调整景别，可以对景物删留取舍、组织并结构画面，制约观众视线、引导注意力，规范画面内部空间、暗示画面外部空间。

一般而言，不同的景别有不同的指向，比如远景偏重于气势、全景偏重于气氛、中景偏重于形态、近景偏重于表情、特写偏重于神情。指导老师可以从以下几个方面展开操作技巧的引导：

1. 远景

远景的画幅大面积为景物，主要被摄人或物处于画面远处或深处，人在画面中所占的位置较小，机位较远，环境占主要地位。在新闻中，远景一般用来交代背景，让观众从心理上适应整个新闻事件的环境，渲染氛围。拍摄远景时，应从大处着眼，看整体结构，选择有伸向画面深处的景物线条来表现空间；可适当安排前景，用明显的大小对比来显示距离。

2. 全景

全景用来表现人物全身或某一场景全貌的画面。如果用人体来做参照的话，大体应该包括人物的头部和脚，也就是整个身体。全景可以完整地表现人物的活动。全景可以使观众对某一场景的全貌产生总体印象，可以容纳较多的视觉形象，增加画面的信息量，表达形象之间的关系。结构全景画面，应注意以下几点：注意主体结构上的完整和内容上的丰富，突出主体整体的富有特征的轮廓线条；选择前景，加强空间感；选择与主体色调不同的背景。

3. 中景

中景画面中环境空间降至次要位置，观众的注意力集中在人物上半身的动作和与其他物体的交流上。中景画面的空间更加紧凑，有利于表现人物的视线、动作线、人物与人物之间的关系线等，具有较强的画面结构和人物交流的特征。中景画面加强和突出了人物的形象，使画面具有更多的细节，观众可以看清楚被拍摄主体的身体形态，了解被拍摄主体的具体特征。中景画面通常被作为叙事性的画面，在电视新闻中运用最多。中景镜头常用来表现人物的情绪、身份、相互关系以及动作目的等等。中景镜头也是室外新闻事件采访中常用的镜头。中景镜头能让观众将注意力集中于人物上半身的行为，较好地刻画人物动作。

指导老师应向学生特别强调：中景画面用得过于频繁，容易使故事的节奏性减弱，造成死板单调的感觉。中景的拍摄要求：拍摄中景画面首先应注意构图要准确，掌握好画面尺寸的大小，将被摄主体始终安排在画面的结构中心位置。在画面人物较多的情况下，必须准确地在画面中表现人物的透视关系、空间关系，在拍摄场景时必须结合镜头调度、拍摄角度、后期剪辑等因素通盘考虑，特别应注意全景镜头的呼应，防止出现轴线混乱。在拍摄中景画面时，必须注意抓取具有本质特征的表情和动作，使人物形象饱满，画面富有变化。

4. 近景

由于受景深和拍摄范围的限制，近景拍摄时人物的头部成为观众注意的焦点，视觉效果比较鲜明、强烈，脸部表情是近景镜头的主要表现内容。近景画面通常景深范围比较小，环境的视觉感弱，画面内容趋于单一。近景中的环境空间被淡化，居于绝对的陪体地位。画面中的环境，通常不能表现出具体的形状和内容。近景画面通常由较长焦距的镜头进行拍摄，空间透视不明显。

近景是表现人物面部神态和情绪，刻画人物性格的主要景别之一。近景拉近了主体人物与观众之间的距离，增加了与观众的交流感。近景画面最重要的是具有传情达意的功能，在拍摄人物时，应注意通过表现人物表情、动作、神态、手势等，抓住人物的内心活动和情绪变化。拍摄近景画面应当力求简洁，色调统一，但特别需要注意镜头对焦。

5. 特写

特写也是拍摄过程中需要掌握的重要技巧，这种景别深刻揭示人物内心世界，深刻体现事物的深层含义，在场景转换中，可用于巧妙转场。特写画面通常描绘事物最有价值的细部或者人物最有表现力的细节部分，排除一切多余的形象，画面内容单一。特写画面中环境已经被完全排斥，一方面环境在画面中所占的面积很小，被摄主体几乎占据了整个画面；另一方面，特写镜头的景深范围很小，环境通常在景深范围之外，呈现虚化的形式。特写画面突出强调人或物的某一局部，放大细小物体，形成强烈清晰的视觉形象。特写镜头可以准确地表现被拍摄物体的质感、形体、颜色等。在特写画面内的形象呈现出图片画框向外扩张的趋势，创造了视觉张力。特写画面可以调整画面节奏，并且由于特写画面分割了被摄主体与周围环境的空间联系，因而常被用作转场镜头。

（二）角度的类别与拍摄要求

与景别一样，镜头的角度也隐含着意义，在新闻拍摄中举足轻重。镜头角度包括平拍、仰拍、俯拍、顶拍四类。指导老师在毕设拍摄中，不仅仅指导他们四类镜头角度的拍摄技巧，更重要的是要对学生讲授不同镜头角度的意义。

1. 平拍

即摄像机与被摄对象在同一水平线上进行拍摄。平拍画面符合人们日常观察的视觉感受，被摄主体不容易产生变形。平拍的画面结构稳定，观众与被摄主体处于相同的心理位置，在心理上是平等的，可以反映出亲切的和冷静的情绪，表现出一定的交流感。平拍的画面感觉客观、公正，是新闻拍摄常用的角度。当平拍与运动拍摄结合时，会使观众产生身临其境的感觉，常常代表人物的主观视点。

2. 仰拍

即摄像机低于被摄对象，从低处向高处拍摄，相当于观众从低处向高处仰视的效果。仰拍具有净化背景，突出主体的作用。仰拍使观众的视线沿着被摄主体向上延伸，有利于强调其高度和气势。在仰拍画面中被摄主体显得比平常高大、挺拔，可以表现敬仰、自豪、骄傲等感情色彩。

3. 俯拍

即摄像机高于被摄对象从高处向下拍摄。相当于观众从高处向低处俯视的效果。俯拍有利于展示场景内的景物层次、规模，常被用来表现场景的整体气氛和宏大的场面，给人以宽广辽阔的视觉感受。俯拍使原本在平摄时重叠的物体在地面平铺开来，可以表现被摄主体的运动轨迹和被摄主体之间的空间位置关系，在某种情况下表现出强烈的冲突和力量对比。观众有低头俯视的感觉，产生心理优势，被摄物显得渺小。

4. 顶拍

即摄像机拍摄方向与地面垂直的拍摄，用顶拍表现某些杂技和歌舞表演，有独到之处。但是，在新闻拍摄中，顶拍使用的机会并不多。

三

无人机航拍：特殊拍摄的指导

自从2016年开始，深圳大学传播学院毕设作品就开始使用无人机航拍，《“深”海》是当年全国所有获奖作品中第一个使用航拍技术的，海面航拍的镜头不仅富有美感，而且从宏观上交代了环境。随着深圳大学无人机技术的开展，航拍技术在学生作品中使用越来越频繁，近两年来成为影视类毕设作品的亮点。但是，航拍工作并非是简单的模仿，而涉及技术、安全和伦理等方面的问题，指导老师需要对无人机航拍进行规范和引导。

无人机一般有垂直运动、俯仰运动、滚转运动、偏航运动、前后运动、侧向运动六个动作，但在航拍过程中，这六个动作需要进行“度”的控制，包括速度的控制、高度的控制、旋转的力度和平行移动幅度的控制。这几种“度”的控制，需要一定的基本功。指导老师可以从飞行基础来进行引导。对于一些未曾选修过无人机航拍课程，或没有经过校外专业训练的学生，航拍需要谨慎使用。但如果某些场景或采访地点特别需要用到航拍，有航拍资格证的指导老师可以进行临时训练，并且学生在航拍过程中指导老师也必须亲自在场。

针对学生的临时训练包括飞行和航拍两个方面，形成了飞行基础和航拍基础两个层次。飞行基础主要包括悬停训练和平飞训练两种类型，悬停训练是航拍最重要的基础技能，同时关注了停、行、转、升、降的几个运动轨迹的“度”，平飞训练则是让飞行与拍摄相结合的基础技能；航拍基础常用技能离不开推、拉、摇、移、跟、穿、绕、旋、升、降十个动作，每一个动作都与一类镜头契合，同时两个动作还可以组合，拍摄一个有特色的镜头，比如升与旋可以形成扣旋镜头，降与推可以形成俯冲镜头。为了表述清楚和学习方便，本小节介绍五种常用的航拍飞行技能，这五种飞行技能对应着五种经典镜头模式。

（一）飞行基础

1. 悬停训练

选择一个空旷场地（比如足球场），设置A、B、C、D四个点，每个点间距5米，形成一个正方形，将无人机机身放置正方形中间，飞控手手持遥控器置身正方形外5米距离，面对A→B的方向。飞机起飞后，将飞机始终控制在离地面2米的高度，尽量避免机身的上下起伏。这里的高度控制非常关键，是基本功练习的重点之一。然后逐个完成以下动作：

第一步，飞机寻找A点，置身A点正上方2米，机头朝B点，机尾朝飞控手，悬停稳定之后朝B点缓行。之所以缓行，是为避免飞机到达B点后惯性过大而冲出B点，这里的速度控制非常关键，也是基本功训练的重点之一。

第二步，飞机到达B点后，保持悬停姿势，然后按顺时针方向旋转一周，旋转过程中在每个正方向（以正方形的边为标准）停顿5秒，旋转力度需要进行控制，以免旋转扭力过大，惯性导致机身偏斜。旋转一周之后归位到B→C方向。此处的旋转力度控制非常关键，同样是基本功训练的重点。

第三步，飞机由B点缓行至C点，保持悬停姿势，然后按逆时针方向旋转一周，要求与第二步相同，在每个正方形停顿5秒，控制旋转力度。然后机身归位到C→D方向。

第四步，飞机由C点缓行至D点，保持悬停姿势，按照以上要求同时完成顺时针和逆时针旋转，机身归位至D→A姿态，并缓行至A点。以此循环往复数次，最后飞机降落到起始点。

2. 平飞训练

A→B→C→D

这是一种让飞行与拍摄初步结合的基本功训练方法，即飞控手在飞行过程中始终关注屏幕中的镜头变化，培养“一心二用”的能力。在飞行过程中，高度始终保持6米，速度控制在0.3m/s ~ 0.5m/s之内，云台初始角度为45度，随着机身的移动，机身与被拍摄主体的角度发生改变，相应地改变云台角度。

（二）航拍基础

1. 环绕“刷锅”

“刷锅”是无人机航拍的一个专业术语，是对无人机飞行轨迹的一种形象化表述，即无人机在天空环绕某一个中心点（画面主体）完成一次环绕运动，云台始终跟随主体，运动轨迹呈圆形。“刷锅”镜头表达出来的画面语言主要有三点：突出主体的重要性、增加场景的紧张情绪、增加画面的动感和能量。

无人机在“刷锅”过程中，速度都是沿切线方向前进的，飞行速度与侧转速度（逆时针为左转，顺时针为右转）需要高度一致的协调，否则将会产生过大的离心力或向心力。飞行速度过大，离心力随之增加，飞机将向外偏离圆形轨迹，不仅使“刷锅”圆形不规则，还会远离画面主体。侧转速度过大，向心力随之增加，飞机将向内偏离圆形轨迹，同样导致“刷锅”失败。

因此，飞控手在执行“刷锅”任务时，同样涉及“度”的控制，并且要实现各种“度”的协调。如何实现这种协调，需要巧用智能飞行中的兴趣点环绕和菜单中的网格选项。我们用以下步骤来完成：

第一步，判断“刷锅”地点的周围环境，根据 GPS 信号搜索周围建筑物的高度，预测建筑物的高度是否高于预设的飞行高度，以及建筑物是否在“刷锅”的圆形范围之外。只有当建筑物低于预设高度，且与圆形轨迹保持一定距离的情况下才能执行任务。

第二步，在菜单中选择九宫格线和对角线，判断环绕运动的中心点（画面主体）在不在镜头的中心位置，如果不在，则需要调整运动角度或机身位置，尽量使画面主体出现在九宫格线的中间小正方形框内，也就是对角线的交叉位置。这一步也可以通过智能设置来自动完成：将云台调到垂直朝下，然后飞到画面主体的正上方，将遥控器拨到功能档（F 档），进入兴趣点环绕功能，设置画面主体的当前点为兴趣点，估算好半径，再设置环绕半径和速度等选项。

第三步，在安全的前提下调整飞行高度，使画面既能突出中心点，又能交代周边环境。如果圆形轨迹附近的建筑物较多而且无法避免，可以将飞行高度设置高一点，然后开始执行兴趣点环绕。在执行兴趣点环绕的时候，尽量保持飞行的匀速，避免忽快忽慢，飞行高度也需要保持在一定的水平线上，除非是在特殊场景下的特色镜头。飞行速度和侧转速度的一致性决定了半径的一致性。如果由于气流等外力引起偏航，可以通过云台的俯仰角度来随时进行调节。在控制“刷锅”的过程中，飞控手将两个摇杆向外（左边摇杆向左，右摇杆向右，先打右摇杆，再慢慢调整左摇杆）就是逆时针“刷锅”，两个摇杆向内（左边摇杆向右，右摇杆向左，先打右摇杆，再慢慢调整左摇杆）就是顺时针“刷锅”。

2. 扣拍旋转

扣拍旋转是云台镜头正扣地面，机身旋转上升或下降的一种拍摄方式，旋转上升遵循“特写→全景”的画面语言规则，设置悬念，制造期待感，逐步交代周边环境，从个体到整体叙事，展现空间，扩大视野。旋转下降遵循“全景→特写”的画面语言规则，暗示环境与个体之间的特殊关系，突出画面的主体和中心性。

与“刷锅”运动不同的是，扣拍旋转在空间上是一种垂直运动，没有“刷锅”时的水平运动，因此扣拍旋转相对而言要简单。这种垂直运动必须在地面确定一个目的地，即画面主体，旋转上升之时，飞机悬停于画面主体之上，作为上升的起点，旋转下降之时，画面主体又成为飞行轨迹的重点。与“刷锅”运动同理，飞行速度与旋转速度必须保持一定的协调性，过快则容易给观众造成眩晕感，过慢则又会为画面制造沉闷感。

3. 追踪航拍

追踪航拍是指摄像机在开机状态下跟随某个物体（画面主体）而拍摄的运动镜头，这种镜头对飞机控制与云台控制的配合程度要求非常高。实际拍摄中，飞机的飞行速度必须与移动的被拍摄物体等速，保持相对静止状态，运动轨迹也必须与被拍摄物体相同，特别是在一些S形轨迹中，飞控手需要随时调整飞行角度，这同样涉及“度”的把握。飞行角度的变化将使画面主体在屏幕中的位置发生变化，为了将主体调整到中心点，云台控制需要随时进行配合，调整云台的角度来寻找画面主体，把物体放在画面内合适的地方。

4. 俯冲（对冲）航拍

俯冲航拍是指飞机远处飞过来，与被拍摄物体（画面主体）相对而过，形成刺激效果的视觉冲击，一般在电影里面运用较多，特别当画面主体是相向运动的时候，这种视觉冲击的效果更好，可以表达被拍摄物体的速度与冲力，常见的有与汽车、自行车、快艇相对而冲，飞机从高处往低处俯冲而下，将画面主体的运动瞬间记录下来。俯冲航拍的实际拍摄中，飞控手需要使飞机始终保持与画面主体的运动轨迹相对且平行的路线，不能重叠或交叉，在飞机控制的同时，云台控制则需要让镜头始终对准画面主体，飞机在俯冲过程中将导致镜头的偏斜而丢失画面主体，这就需要云台的调整来找回画面主体，保证画面主体的中心位置。

5. 穿越航拍

穿越镜头是无人机航拍的优势之一，它可以完成摇臂无法完成的任务，如同汽车穿过隧道，给人一种改变空间的感觉。从现有的经典镜头来看，无人机穿越较多的一般是大峡谷、山洞、桥底、钢架结构。与追踪航拍类似，穿越航拍需要飞机控制与云台控制的高度配合，飞行角度与即将穿越的洞口的横截面垂直，飞行速度保持在可控范围内。穿越航拍的风险有两个：第一，空间狭小，容易出现撞机事故，飞机控制需要随时调整飞行角度，同时使飞机与穿越洞口的内壁保持距离，因此，一般情况下，穿越洞口的宽度高于飞机的宽度三倍才能飞行。云台的控制相对简单，基本稍微调整就能达到很强的视觉冲击力。第二，信号减弱，GPS 定位系统容易失效，一般需要切换到手动模式，如果穿越的洞口是钢板等金属结构，磁场较大，即使在手动模型情况下，飞机还是会与遥控器失联。因此，在穿越前必须做好这两个风险评估，风险在可控范围内才能穿越。

除了技术问题，指导老师在带领学生航拍时，还要注意飞行安全问题和航拍伦理问题，避免在人员集中的区域上空飞行，避免在机场附近或军事机密区域飞行。这也是指导老师在毕设制作过程中需要强调的问题。

第三节

影视类新闻毕设作品的采访

影视类新闻毕设作品与文字类新闻毕设作品最大的不同，在于必须面对面地采访，电话采访、微信采访等非面对面的形式对影视类作品而言不太实用。从这个意义上讲，毕设中的采访指导也是重头戏。

一

确定采访方法

从多年的经验来看，大学生均有一种先天的采访冲动，有冲到一线采访的热情和欲望，他们希望尽快地走出去，第一时间亲临现场。但是，作为指导老师，应该适当地压制这种冲动情绪，因为这种冲动很容易带来工作中的疏忽和遗漏，甚至给整个采访工作制造混乱。在采访之前，指导老师可以带领学生冷静思考，做以下工作：

（一）根据采访难度确定录制设备

采访难度从自然环境和社会环境两个方面去衡量。比如，春天的室外采访应该考虑到雨季问题，为摄像机准备雨罩，调查性质的采访应该考虑到隐性拍摄设备的运用。《“深”海》在采访中涉及海底拍摄，学生从校外租借到了潜水摄像机，这一点也给这个节目增添了亮点。

（二）确定采访人物和采访顺序

在采访中，需要分析采访主题所涉及的所有人物，包括当事人、目击者、知情者、管理方、专家或律师，将这些人物进行路线图设计，进行排序，这是采访前需要做的工作。因为混乱的采访顺序并不能使整个采访程序形成信息量的叠加，而是造成了更大的信息混淆。在确定采访人物和采访顺序之后，还必须确定这些采访对象哪些是需要预约的，哪些不需要预约，需要预约的采访对象必须在学生出门前完成预约工作。

（三）初步规划新闻的结构

根据采访人物和采访顺序确定新闻的结构。新闻结构并不是在写稿时决定的，而是在采访时决定的。学生的采访工作基本遵循这样一条脉络：基础事实的了解→客观事实的印证→第二方的回应→第三方的分析→管理方的决策。这个结构正是采访顺序规划的，也是在采访前要进行的布局。

二 确定采访原则

对于学生而言，采访工作是一种难得的社会工作，他们第一次以“记者”的公众身份面对社会各方面的人群，从政府官员、国企高管、知识精英，到底层的小贩、保安、服务员。从这一点来看，指导学生的采访工作，必须引导他们拥有一种健康、积极的社会心态，必须训练他们的媒介素养和社会修养。无论是对人还是对事，采访时的心态非常重要。因此，指导老师需要为学生制定一定的采访原则，做到以下几点：

（一）对人的原则

尊重采访对象的人格。在采访苦难人群时，避免对新闻人物造成二次伤害，当被拍摄对象不愿意进入镜头时，要注意拍摄的角度处理。无论是何种题材的采访，均要做到不侵犯个人的隐私权、名誉权。理解记者并非特权阶层，公众有权不接受采访。在对弱者进行采访时，避免先入为主的道德审判，而应将冷静理性的法制裁判和温情柔性的人文关怀结合起来。也就是说，学生应该训练这样一种采访时的心理素质：见到名人、高官、富豪，不卑；见到弱势群体，不亢；不让人产生抗拒心理和逆反心理。

（二）对事的原则

尊重新闻事件的客观性，在采访过程中不评判，但可以质疑。尽量保证在事态发展中的客观性：新闻客体是实际存在的，并非主观想象的；新闻立场是公正不偏的，注重意见平衡；新闻语言是具体实在的，不做抒情表意。

三

社会资源的利用

在前文的选题方法部分已经强调过社会资源的重要性，但对学生而言，社会资源很难临时获得，这就需要在采访阶段借助亲戚、朋友、同学的关系，同时也要依靠采访过程中的积累。

（1）政府官员：这一层关系对学生而言比较难得，很难在朋友、师兄师姐的关系中获得，但可以在平时的实习中积累，也可以通过官网查询和电话预约的方式获得。需要注意的是，这一层关系要谨慎使用隐性拍摄。

（2）职能部门办事员：这一层关系可以通过朋友或师兄师姐关系获得。

（3）人大代表：这一层关系可通过电话预约和上门咨询的形式获得。

（4）学者：这一层关系对学生而言非常便利，近水楼台先得月，任何一个学校都聚集着各个领域的大量学者。

（5）公众人物：在这几年的毕设实践中，公众人物一般是通过微博、微信等社交媒体而建立联系的。网络上的公众人物需要曝光率，操作起来也相对比较简单。

（6）律师：这一层关系可以通过上门咨询的方式获得，部分律师希望增加自己的知名度，愿意免费配合学生，接受采访，对新闻事实进行法律上的点评。

（7）职业报料人（或自媒体人）：职业报料人对学生的采访非常重要，他们能帮助学生获得大量的信息，包括一些遗漏的视频素材。职业报料人是当今媒介实践中一类重要的新闻活动主体，他们具备时效性、便捷性、灵活性等优势，他们拥有采编生产的能力，并自发地参与事件调查。很多自媒体人也从事这样的行业，比如梨视频的临时记者，也会主动地参与采编工作。这些人的采访经常与学生的毕设采访存在相关性，甚至可以产生互动。这就需要学生与职业报料人或自媒体人在互动合作中形成互惠互利。一般而言，学生可以为自媒体人提供校内的视频资源，而自媒体人可以为学生提供校外的各方面资源。

总而言之，学生在毕设作品制作中与社会之间的互动，其本身就是一种极好的训练过程，就是一次真正进入社会之前的彩排与演练，学生在这里面所学到的社会知识的意义甚至要高于技术学习。

第四节

影视类新闻毕设作品的写作

完成所有的采访工作之后，文稿的写作相对简单，老师在指导过程中也相对轻松，但也有一些需要注意的事项，要引导学生避免将影视类文稿写成报纸或杂志类文稿。影视类作品的文稿包括标题、导语、正文（解说词）、同期声和评论。这几个部分缺一不可，但并不是机械组合，而是通过对整个事件的梳理与整理之后，逐步形成的一种流畅的理念表达。因此，采访完成之后，不必急于动笔撰稿。

在撰稿之前，指导老师可以带领所有毕设团队成员一起观摩原始素材，从素材中寻找写稿灵感，比如对某一个画面的文字描写、对某一段同期声的取舍、对某一段现场音的利用。团队成员需要对文稿风格、文稿结构、同期声布局、文稿价值取向和落脚点等宏观和微观问题进行分析，并初步达成共识。在此之后，仍然无须急于求成地动笔撰稿，而是要将所有的有利用价值的同期声、现场音和典型意义的画面从编辑软件中剪辑出来，便于写稿时有视觉参照物。完成了这些初步剪辑之后，才可以正式进入撰稿阶段。需要注意的是，整个撰稿过程一般从头到尾由同一个人完成，切忌由不同的人分工写稿再进行组合，其原因在于不同的人对事物的情感因素和认知程度不一样，文笔和文风也不一样，造成文稿不同部分的风格和意见不统一。这就需要老师在整个指导过程中观察，选定整个团队中文笔功底较好的那一位，指派其为整个节目的撰稿人，这对老师识人用人的眼光是一种考验。当然，撰稿人完成最终稿件之后，可以在老师的带领下，全体团队成员一起改稿，利用集体的智慧完善稿件。

下面简单介绍标题、导语、正文（解说词）、评论写作的基本要点，这也是指导老师在带领写作过程中需要随时提醒学生的几个问题。

要　领

影视类作品的文稿写作

影视类作品的文稿包括标题、导语、正文（解说词）、同期声和评论。这几个部分缺一不可，但并不是机械组合，而是通过对整个事件的梳理与整理之后，逐步形成的一种流畅的理念表达。

要引导学生避免将影视类文稿写成报纸或杂志类文稿。在撰稿前，师生可以一起观摩原始素材，从素材中寻找写稿灵感，比如对某一个画面的文字描写、对某一段同期声的取舍、对某一段现场音的利用。团队成员需要对文稿风格、文稿结构、同期声布局、文稿价值取向和落脚点等宏观和微观问题进行分析，并初步达成共识。在此之后，可以将所有的有利用价值的同期声、现场音和典型意义的画面从编辑软件中剪辑出来，便于写稿时有视觉参照物。初步剪辑完成之后，可以正式进入撰稿阶段。

一

标题

新闻的标题一般在画面开始后两三秒钟出现，在画面上停留的时间也不长，一般几秒钟，因此标题不宜过长，必须简洁明了。人们读报时可以在标题处停留，反复琢磨。影视作品的受众显然无法做到这点，因此，这类作品的标题写作需要做到：第一，简明扼要，通俗明了，要让观众一下看得明白；第二,一“语”传神，尽量包含核心信息；第三，要有文采，切忌直白。

二

导语

导语是消息区别于其他新闻文体的重要特征，属消息特有的概念和标准，是由最新鲜、最主要的事实或议论组成新闻的开头段落。顾名思义，导即引导、指导、诱导，导语即起导读、导听作用的新闻开头段落。导语是新闻与受众之间的第一感应媒介，它往往集消息之精辟、写作之灵巧，诱导受众看下文。

在影视类毕设作品中，导语一般是主持人在演播厅所讲的那段话。如果缺乏演播厅等硬件设施，也可以在室外或采访地点出镜代替。

三

正文（解说词）

第一，尽量让画面说话，不要以解说代替画面，或解说与画面重复。

第二，解说“言画面之所难言”。解说不应是对画面的简单重复，图解式的“看图说话”。观众能从画面上看到、感受到、明白到的东西，再解说则成了累赘。

第三，解说应使观众更好地沉潜入画面，不宜转移观众对画面的注意力，即不宜“喧宾夺主”，新闻类节目中拍摄画面的同时录下的新闻事件现场声或采访声，声源为画面内物体或人物。可分为现场环境声、人物采访声等，其价值在于增强报道的真实性，增加报道的信息量，增强报道的感染力。

第四，评价解说词的优劣，并不是看它单独存在时的文学欣赏价值，而首先要看它是否很巧妙地与画面配合，充分表达了画面所没有表达而又确实需要表达的内容。

四 评论

评论一般出现在节目的结尾部分，由记者或主持人出镜来表达，是对报道正文的点评。评论宜画龙点睛，忌狗尾续貂。

第五节 影视类新闻毕设作品的编辑

影视类新闻毕设作品的编辑存在一个技术性与艺术性的问题，需要指导老师在整个毕设过程中加以引导。首先，工欲善其事，必先利其器，学生必须熟练至少一种编辑软件，掌握编辑软件的操作技能和特征。目前市面上的编辑软件大同小异，使用起来也非常方便。其次，学生在学习了软件操作之后，还需要掌握编辑背后的逻辑关系，将前期的拍摄、采访、写作等程序完整地、完美地展示出来。

一

编辑技术：几款常用的编辑软件

目前，比较常用的编辑软件有以下几款，老师可以指导学生选择性地购买或从网上免费下载，每个编辑软件有其自身的优点和缺点，在此进行简单的罗列，供广大师生参考：

1. SolveigMM Video Splitter

这个不是非线性编辑软件，功能单一，只有剪切视频的功能，与 Pr、Vegas，FCP 等软件不一样，但仍然有它的优势，比如：小巧（51MB）、简单好用、学习成本低、视频可以无损剪辑、项目周期短、导出速度快、精确度高。但这个软件对学生而言也有非常大的缺点：收费、不能加速播放、不能添加后期效果。

2. PotPlayer + SolveigMM Video Splitter

这两个软件可以搭配使用，用 PotPlayer 确定所需要剪辑的时间段，其实就是为了能用加速播放，因此只要是有加速播放功能的播放器就行，再在 SolveigMM Video Splitter 中剪辑。该软件的缺点包括：SVS 收费、不能添加后期效果。

3. Corel VideoStudio Pro（会声会影）、iMovie（MAC）、AVS Video Editor

这几个软件的优点在于学习成本不高、有后期效果功能，缺点在于 Corel VideoStudio Pro（会声会影）和 AVS Video Editor 均要收费。

4. Pr、Vegas、Edius、Final Cut Pro（MAC）

这几款软件比较专业，最适合学生团队使用，但是需要前期学习一段时间，因此学生在毕设的拍摄和采访时，也需要加强编辑软件的学习。特别是 Pr 软件，在学生团队中比较流行，使用起来非常方便。

二

编辑艺术：三个逻辑层次

编辑不仅仅是简单的画面叠加，其背后还隐藏着深层次的逻辑关系，有的编辑可以将新闻故事流畅且动情地展示出来，但有的只能干巴巴地陈述新闻事实，甚至造成事实混乱。这就需要从生活逻辑中理清楚新闻故事的前因后果，并在一定程度上掌握观众的观赏和思考逻辑，用观众最习惯、最易理解、最愿接受的方式来展示画面层次，最后，通过艺术逻辑来升华作品的主旨、主题，使整个新闻叙事有一定的艺术价值。

（一）生活逻辑

生活逻辑是新闻故事在编辑中的展示逻辑，包括三个方面。一是情节发展的逻辑。新闻事件的发生和发展有其严密的逻辑链接，而电视新闻的前期拍摄是分镜头进行的，某种程度上是对这种逻辑的破坏，后期的编辑就是要把被破坏的这种逻辑链接修复过来。二是要保持前后主体动作的连贯性。三是准确表现人物事件存在的逻辑关系，比如因果关系、对应关系、冲突关系。生活逻辑中的人物、事件，均需要利用一定的方法来展开，将不同的景别和镜头角度来罗列布局，使得前期拍摄的效果在后期编辑中最大化。

（二）心理逻辑

心理逻辑是指编辑在剪辑画面时需要观照的观众心理因素。观众欣赏的心理逻辑强调的是画面的组接要能让观众看清楚画面的内容、对于电视新闻的关键信息一定要交代清楚、通过延长和延续画面的长度来满足观众情感共鸣时的需求。这就需要编辑者设身处地来思考观众的接受心理，展示观众最愿意接受的片段和布局。

（三）艺术逻辑

艺术表现的逻辑是指除了叙述新闻的事实之外，画面的组接往往还有编者某种艺术表现的需要，或者要表达某种情绪和情感。如象征、隐喻等蒙太奇表意功能的体现，如视觉节奏的运用等等，都需要编者在画面组接时加以考虑。艺术逻辑是节目的升华部分，对编辑者自身的艺术素养要求较高，通过画面罗列来展示文字难以表达的思想和意义。

第六章

新闻毕设作品的多媒体传播

多媒体即文字、图片、声音、动画、影片等多种媒体形式的综合使用，在新闻专业毕业设计中具有重要的教学实践和展示传播作用。近年来由于网络媒体、数据新闻和可视化的兴起，学生们的作品不仅尝试了新闻图表、短视频、动画、微博、微信等多种媒体方式，更有创办基于微信的新媒体内容生产和管理运营的综合作品，可谓“花开六朵，各自芬芳”。

第一节

新闻图表生产

一

新闻图表的演变与功能

现代社会高速发展，科学技术不断进步，传播环境多样复杂，图片信息在传播中实现了量的提高和质的飞跃，与文字共同促进信息传播优化。新闻图表作为新闻图片的种类之一，以其强大的信息传播功能和审美价值成为读图时代吸引读者眼球、优化视觉效果的重要表现形式。

（一）新闻图表的演变

新闻图表在我国新闻领域的应用早已有之。抗日战争时期的《晋察冀日报》便已大量使用新闻统计图来介绍我军作战次数、杀伤俘虏敌人以及缴获各种武器的数据。[①]新中国成立后较早的一则新闻图表是《人民日报》1952 年 12 月 5 日第四版的《辽西省义县谈家沟村农民购买力调查》，该新闻用了四个平面表，对农民的农业生产资料、生活资料需求做了分析，那时的表是竖排，在报纸上偶尔出现。[②]

20 世纪 90 年代后，新闻图表开始快速发展。新华社从 1994 年起编发图表新闻，并于 1996 年有了专门的图表新闻编辑，各报也纷纷开出图表新闻的专栏，如《解放日报》的“解放图表”、《新快报》的“快报数据”、《上海证券报》的“数据专刊”。至 1998 年，《人民日报》刊登“喜看改革开放二十年图表新闻”、《文汇报》出版“大展宏图二十年图表新闻”，《新华每日电讯》逢周二刊出“图表新闻”专栏。2002 年《南方周末》引入信息制图的编辑方法，并运用到诸多报道配图中，《东方早报》《重庆时报》《外滩画报》等新锐报纸配备专门的制图人员。2005 年首家中文信息制图网开放，2010 年《华商晨报》“看懂奥运”系列 3D 电脑仿真图获得世界新闻视觉设计大赛优秀奖。

21 世纪以来，新闻的可视化和数据化已成为不可阻挡的趋势，以新闻性、统计性、工具性、生产流程标准化、新闻行业创新性[③]为特征的数据新闻风靡业界。国内涌现出不少数据新闻的网站，如网易新闻的“数读”、搜狐的“数字之道”、新浪的“图解新闻”等，新闻图表在报纸、电视、杂志、网络和自媒体上的应用也十分广泛。

（二）新闻图表的功能

新闻图表是一种强有力的报道手段，其主要功能有：

1. 增强新闻的客观性和科学性

客观公正是新闻工作的基本原则，但是在新闻记者的采访写作过程中，由于各种因素的影响，往往难以避免主观偏向性，从而影响到新闻的真实性和媒体声誉。使用新闻图表来报道新闻，在数据采集、整理、加工、呈现等各环节均有科学的方法做指导，无论使用一手数据还是二手资料，都需要考察数据的真实性，即使是对现有材料

---

① 刘丹．读图时代下国内报纸新闻图表的发展趋势研究——以《南方周末》为例．暨南大学，2011.

② 马飞孝．图表新闻初探．新闻大学，1999，(3)：48.

③ 吴小坤．数据新闻：理论承递、概念适用与界定维度．新闻与传播研究，2017，(10)：123.

的分析也需要遵循一定的思维逻辑，这从很大程度上保证了新闻的客观公正性。

2. 便于将繁琐的信息简明表达

信息社会，日常生活中人们需要接收信息来消除不确定性，从而形成认知、做出判断。对信息的巨大需求引起了各种信息产业的发展壮大，新闻图表顺应了这一潮流，不仅能提供高倍的信息量，而且可以搭载在各种形式的媒体上传递，特别是遇到信息量大、时间跨度长、人物关系复杂的新闻事件，新闻图表可以用简明扼要的符号组合，如线条、图形、色彩、明暗、面积等多种要素排列组合，再加以美化设计，使受众在最短的时间里轻松了解故事的来龙去脉。

3. 创新报道的叙事方法

数据分析和新闻图表可以呈现故事的轮廓、提供新的视角、拓展新闻报道的范围，收集、筛选并呈现那些表象背后的原因与真相，而对数据的使用使得记者的工作核心由追求抢先报道新闻向讲述某一事态发展背后的真正含义转变。万维网的创始人蒂姆·伯纳斯·李（Tim Berners-Lee）说："数据驱动的新闻代表着未来。新闻工作者需要精通数据。过去你可能通过在酒吧和人聊天获取新闻故事素材，尽管现在这种方式有时可能仍被采用，但目前你同样要钻研数据并借助数据工具进行分析和筛选出令人关注的信息，并对信息加以正确地处理，帮助人们真正看到它反映了什么，在这个国家正在发生什么。"①

二 新闻图表的种类

常见的新闻图表种类繁多，包括统计图、示意图、地图等，其中统计图又根据展现数据的维度不同分为柱状图、折线图、饼状图等，但不是所有数据或信息均适用于所有类型的图表，每种图表均有它的特质、局限和适用形态。下面我们来一一解读。

（一）统计图

统计图是基于科学严谨的数据信息进行编排制作生成的图表。

① 数据新闻手册［EB/OL］.（2012-03-01）［2018-03-08］.http://datajournalismhandbook.org/Chinese/.

1. 柱状图

柱状图是最常见的新闻图表（图 6-1），它适用于二维数据集，即每个数据点包括两个值，X 和 Y，但只有一个维度需要比较。一般情况下，柱状图的 X 轴是时间维度，柱状图利用柱子的高度反映数据的差异，辨识效果好。柱状图的局限在于只适用中小规模的数据集。

叠加柱状图可以显示 X 轴每一个维度上，Y 值的两个或以上数据值。图 6-2 可以清晰地看到每篇微信推送的阅读量总和，以深浅区分的不同种类的 Y 值。

图 6-1 深圳市查处的吸毒人数（2010—2015 年）

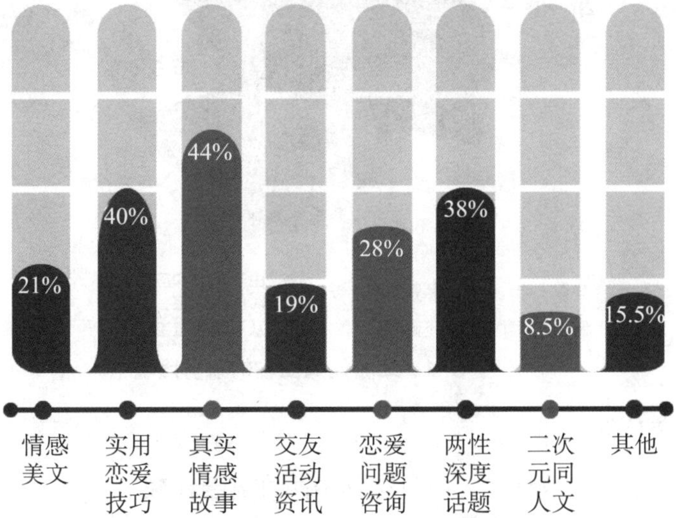

图 6-2 “恋爱系”用户需求调研

2. 折线图

折线图适合较大的数据集以及数据集之间的比较，尤其是总体趋势比单个数据点更重要的情况。

3. 饼状图

饼状图（图 6–3 和图 6–4）用于反映某个部分占整体的比重，如果各部分之间差距不大，用饼状图反而不容易凸显差异，因为人的肉眼对面积并不敏感。

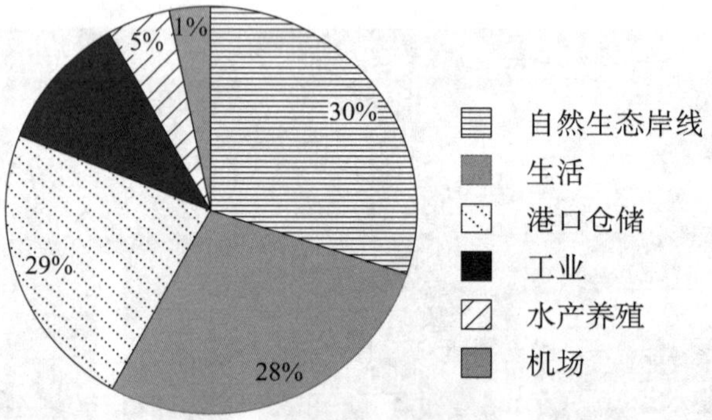

图 6–3　深圳海岸线用途

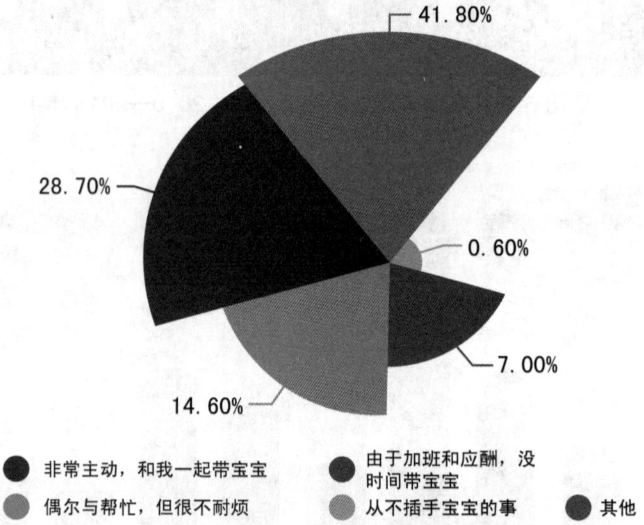

图 6–4　二胎妈妈面临的家务困境

4. 其他常见统计图

散点图，适用于三维数据集，但只有其中两维需要比较。

气泡图是散点图的一种变体，通过各点的面积大小，反映第三维度。

雷达图适用于四维以上的多维数据，且每个维度可以排序，但数据点最好不多于6个，否则无法识别。

表6-1列出了常见统计图的制作要点。

表6-1

统计图制作要点

图表类型	数据维度	适用情况
柱状图	二维	只需比较其中一维
折线图	二维	适用于较大的数据集
饼状图	二维	只适用反映部分与整体的关系
散点图	二维或三维	比较两个维度
气泡图	三维或四维	其中只有两维能精确辨识
雷达图	四维以上	数据点不超过6个

（二）示意图

示意图广泛应用于科学、教育、新闻传播等领域，在新闻图表中也十分常见，对语言文字起到补充说明的作用，并由于其打破了语言之间的障碍，在实际应用中能取得较好的传播效果。新闻毕设作品经常使用的示意图有以下几种图式结构：

1. 时间结构

时间结构按照事件发展的先后顺序，将重要的节点标注在时间轴上，可用文字表示，以颜色区分，或绘制示意图标提升图表的美感。如学生作品中《深圳医疗机构器官移植资格变化过程》一图（图6-5），呈现了深圳市的几家知名医疗机构从申请卫生部①审核心脏、肾脏和肝脏移植试点，到获批的历程，以及卫生部对试点医院的管理不断提高标准的过程，发展至2016年成立器官移植中心。

① 2013年3月，国务院将卫生部的职责、人口计划生育委员会的计划生育管理和服务职责整合，组建国家卫生和计划生育委员会。

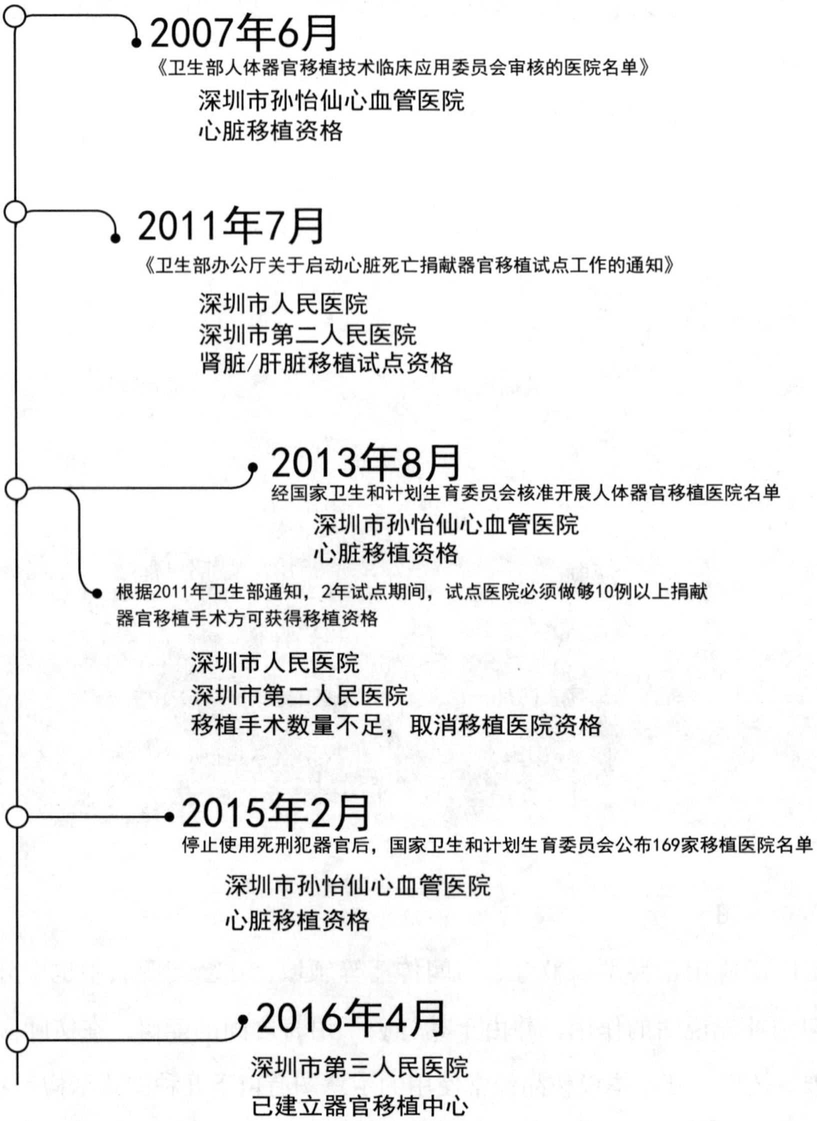

图 6–5 深圳医疗机构器官移植资格变化过程

同样是关注民生热点问题的棚户区改造，由于棚户产权性质复杂，涉及人员众多，违建认定困难，政府的改造工作有明确的时间表。学生按照时间脉络做了梳理，从政府决定吸取光明滑坡事件教训，启动棚户改造，至历时半年开展风险评估，再到当年 8 月界定改造范围，直至公示，用时仅一年。2017 年前启动签约至当年 3 月底已有超过 97% 的房屋当事人签约，而根据相关规定，5 月 7 日签约截止，政府将进行行政征收。用时间结构的示意图（图 6–6），清晰明了。

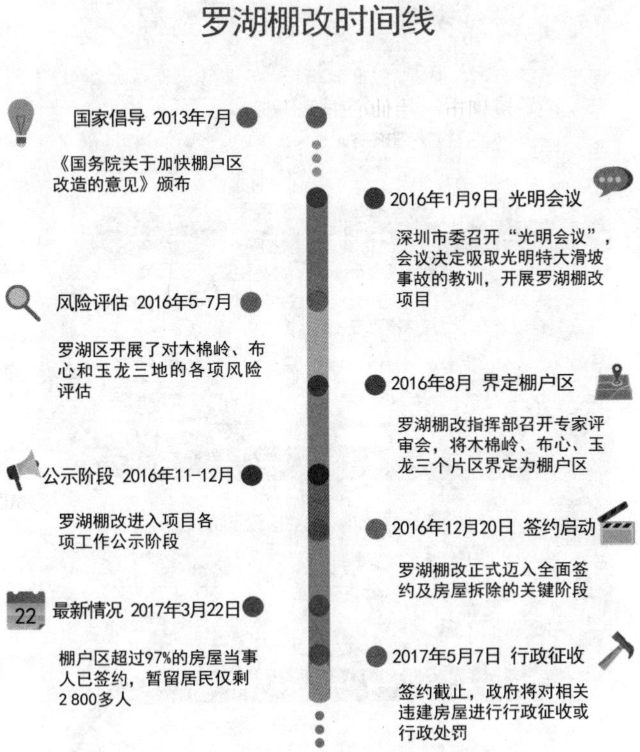

图 6–6　罗湖棚改时间线

2. 流程结构

使用图形表示思路或事件发展过程的图表类型称为流程图。在毕设作品中，流程图常用来归纳工作思路或展示事件脉络，如图 6–7 的稿件思路和图 6–8 罗湖棚改搬迁签约流程图。图 6–8 清晰地展示了罗湖棚改的 8 个环节及环节之间的前后关系。如遇到复杂的事物，可以用逻辑思维导图帮助进行流程梳理。

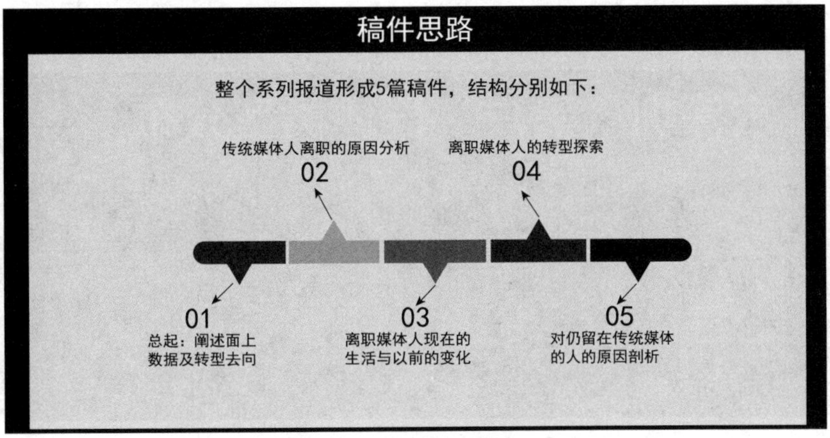

图 6–7　稿件思路演示

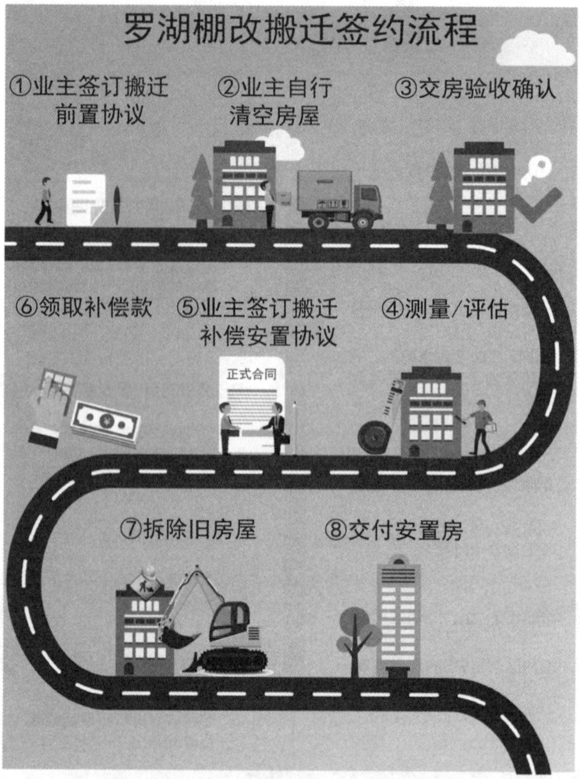

图 6–8　罗湖棚改搬迁签约流程

3. 类型结构

在进行对象描述时，归类的思维方式有利于表达和理解。类型结构图可以将对象分为不同的种类、数量、比例和结构，用直观的方法表达出来。如图 6–9，深圳“黑户”群体实际上由三种类型的人群组成：一是超生人口，二是流浪者，三是户口迁移时丢失。三类人群的比例，最多的是第一类，其次是流浪者，由于户口迁移丢失户口的大学生也是不容忽视的群体。

图 6–9　深圳“黑户”群体类型分布

4. 其他

还有一类图表，不拘泥于上述类型，根据作品呈现的需要绘制。如图 6-10 为《摘星星的人》毕设作品中的新闻图表，展示的是新型追星群体“前线”在过去一年为了追星所去过的地方。这张航线图不仅显示出粉丝高达五六十次的航程，而且频繁往来于北京、上海、广州、香港、重庆等城市，直观明了。

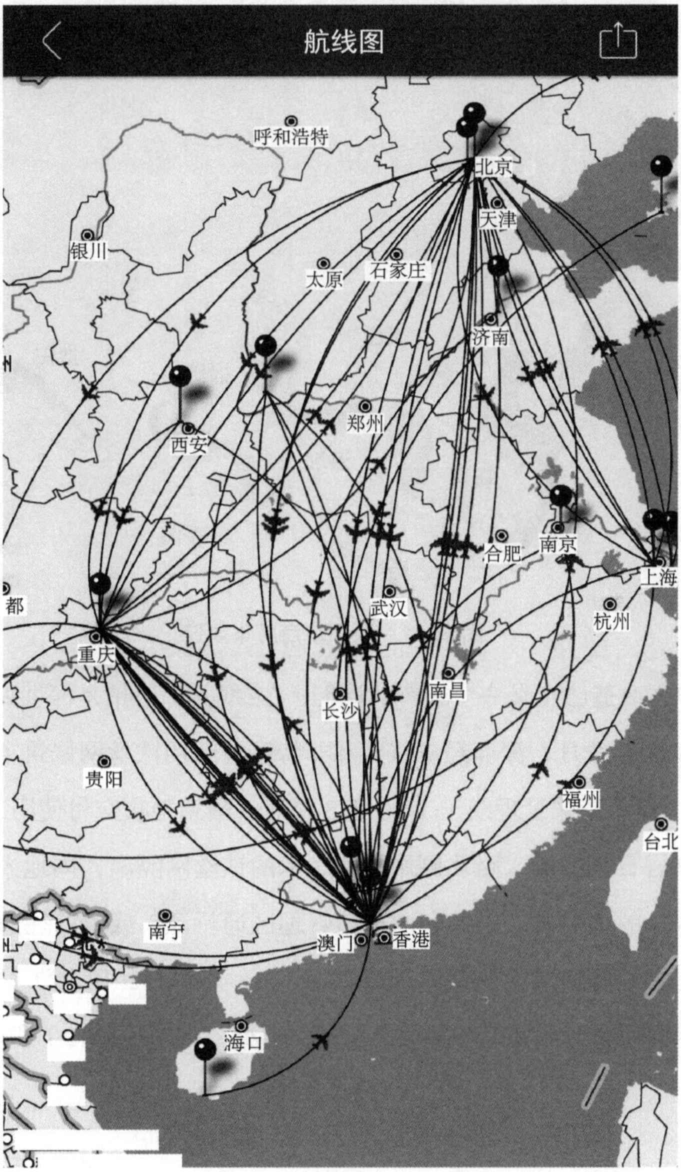

图 6-10 粉丝追星航线图

5. 地图

地图是用图与地对照的原理，以地形轮廓为背景，表示区块、景观、资源等要素的图示类型。

在图 6–11 中，深圳从 20 世纪 80 年代开始在蛇口地区少量填海造地，到 90 年代集中在福田、南山等中心城区，至 2000 年以后在全部沿海地区全面铺开填海的发展趋势一目了然。

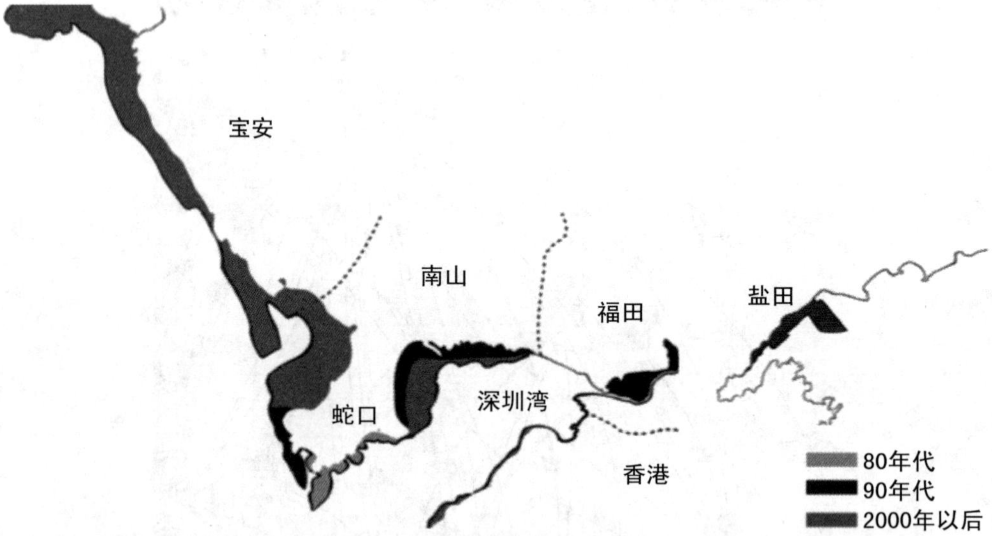

图 6–11　深圳填海历年变迁

如果说棚户区改造已不是一个新鲜的词汇，“二线关”恐怕是深圳人在城市发展中的特殊记忆了。1982 年 6 月，深圳经济特区和非特区之间用铁丝网修筑了一道管理线，俗称“二线”。深圳经济特区管理线于 1985 年 3 月通过国家验收交付使用，全长 84.6 公里，沿线路面用花岗岩石板铺成，路北侧用高达 3 米的铁丝网隔离，内地人员须持写明“前往深圳经济特区”的《中华人民共和国边境管理区通行证》或《前往边防禁区特许通行证》才能进入深圳经济特区，这条管理线存在了 36 年，于 2018 年 1 月正式下线。而棚户区便处于发达的深圳经济特区与“关外”的交界处。如图（6–12）所示。

图 6-12　棚改区域属二线关插花地

三

制作新闻图表的步骤

掌握图表的基本类型及其适用情况后，可以开始构建富于想象力的新闻图表。在制作毕设新闻作品时，我们往往就选定的新闻主题进行数据收集和图表制作。好的新闻图表需要有三方面的要素：一是丰富的内容，二是引人注意的视觉效果，三是精细的制作。在制作过程中，遵循形式服务内容、图片构建故事、抓住用户心理的原则，提供及时翔实的事实报道、可靠的数据分析或独特的评论。

（一）明确目标

首先要明确新闻图表的主题。一般一幅图表只表达一个主题，但这个主题可以用多个角度的数据进行阐释。新闻图表的功能在于使面上数据一目了然，使事件发展脉络清晰呈现，使变化趋势可以预测。

（二）收集数据

数据表达的是一组数据对象及其属性的集合，如变量、值、特征或特性等。与大数据不同，目前新闻报道中常用的是小数据。小数据通常存储于某一机构、某台电脑或单独文件中，以统一的格式记录的高度结构化的数据，被用来解释特定的问题或针对特定的目标。我们一般通过查询和获取公开发表数据，比如网络在线搜索政府网站的权威信息和数据、非政府机构网站和个人网站，或者利用图书馆的印刷馆藏、数字馆藏资源，也可以运用软件工具自动采集网页数据，甚至组织调查，使用众包的方式获取数据。

（三）选择类型

如果图表的主题是追踪一段时间的变化，选用折线图、条形图、面积图；如果是分析比较或排名，多用条形图、面积图；单纯展示数量，更适宜用条形图、柱状图和箱式图；展示数据之间的相关性，用散点图、条形图和折线图；涉及整体与部分，用饼状图、矩形图；地理分布用地图；发展进度用甘特图等。

（四）熟悉工具

在 Word 中插入图表，将数据输入 Excel 可以实现简单的图表制作。如需要加入背景或示意图标则需要用 Photoshop 软件来实现。

目前网络上有几款免费的制图软件，如图表秀可制作折线图、柱状图、饼状图、气泡图等，有不同的色彩和模板可以选择，还可以实现简单的交互。制作词频图可使用图悦，一款在线的词频分析软件，在网页中粘贴文档，右侧便可即时生成词频图。

除此之外，Tableau 等付费软件也可以帮助生成各式图表。

（五）美化提升

颜色也可以传递信息，Excel 图表的默认配色可采用主题颜色，或选择其他主题、自定义主题，整体配色方案应保持一致性。注意配色的惯例，比如红、橙、黄通常具有警告含义，可用于异常数据的突出显示，蓝色通常代表进展，绿色通常代表成长。尽量避免不协调的色彩搭配，比如红绿搭配通常会引起不舒服的感觉，低反差的配色不易分辨，各系列均采用浓重的颜色不但无法突出重点，而且容易产生头重脚轻的感觉。介绍七种美化提升图表的方法：

（1）建立视觉层次；

（2）允许数据点之间比较；

（3）使用色阶选项；

（4）描述背景信息；

（5）留白；

（6）高亮重点内容；

（7）从不同角度计算。

第二节

新闻动画制作

动画是利用单格画面拍摄法，由画家特殊的技巧表现而摄制完成的影片，其内容包括卡通动画、剪纸动画、木偶动画及特殊合成的影片。[①] 动画片制作是使图画、模型或无生命物产生栩栩如生的幻觉的一种方法。基本原理是逐格拍摄，传统的动画制作是在透明的底板上绘制物体的各个动作，然后依次重叠在固定的背景上，盖住重叠部分的背景，拍摄时用逐格拍摄的摄影机，俯拍已牢固地叠套在背景图上的若干层画面，此意为“动”。而“画”是指造型艺术，从古典到现代，从油画、版画、水彩、水墨、雕塑、民间艺术，都被运用到动画表现形式中去，并且吸收众家之长，动画再创了自己的风格。

动画的艺术特征体现在绘画性、运动性、拟人性、夸张性、综合性等方面，新闻动画不仅具备上述特征，还可以实现新闻内容、事件属性、发展脉络、人物关系等信息的直观化、趣味性、数字化、网络化的表达与传播。

动画根据表现结构可以分为剧情式动画、抒情式动画、纪实式动画、科教式动画等；根据制作工艺分为手绘动画、剪纸动画、玩偶动画、真人动画、数字二维动画、数字三维动画等。新闻动画片属于纪实式动画，目前常用的是数字二维动画技术制作。

① 乔治·萨杜尔．电影通史：第 1 卷．忠培，译．北京：中国电影出版社，1983：20.

一 整体构思

（一）主题鲜明

与其他多媒体作品一样，新闻动画片的首要目的是表达鲜明的主题。动画片制作的前期工作尤为重要，事件类新闻、政策类新闻、科技类新闻等由于其事件的复杂性、政策的宏大性、原理的深奥性，从提升传播效果的角度考虑，适合制作成新闻动画片。

（二）内容原创

新闻动画片的内容来源于记者的采访报道和收集到的二手资料，但又必须有创意作为构思基础，最大限度地发挥想象力和创造力，在剧本的制作上还需要考虑从读者的观看角度出发进行编排设计。同时动画制作本身又是一项艺术创作活动，成品将显示出创作者的艺术审美和创作个性。

（三）架构合理

作品的叙事脉络一定要清晰，好的故事框架包括开头、中间和结尾几个部分及其处理方式，设定情节高潮出现的位置等等。新闻传播辅以动画的形式，耗时费力，其脚本设计虽不同于新闻报道的写作，但同样强调关键要素清晰、叙事结构合理、故事情节真实。

（四）风格统一

成功的新闻动画片往往是内容与形式的完美结合：充分考虑观众的需求，从新闻事件的主题出发，注重创新，保持角色设计、形象设计、画面设计、配音设计等的协调一致，达到一气呵成的效果。

深圳大学传播学院新闻系 2015 届毕业生小组，尝试制作了一部有关深圳非物质文化遗产的动画片（图 6-13）。

图 6-13 《深圳非遗的旧梦新生》动画片的片头

二

分镜头设计

分镜头剧本的创作是动画片前期制作程序中十分重要的工作。分镜头剧本是整部作品的设计蓝图和工作脚本，是体现主创者意图和风格的形象化说明，也是参与团队的工作依据。分镜头剧本需要解决的问题有：

（一）人物形象

一般在新闻动画中会出现新闻人物或拟化人物，事件类新闻中的主人公、亲历者、相关人物，政策类新闻中的政策制定者、实施者、受益者等，科技类新闻中的发明者、发现者、使用者等，需要在设计之初考虑采用具象还是抽象的人物表现形式，如何用不同颜色、发型、衣着等符号进行分类。图 6-14 为《深圳非遗的旧梦新生》的人物形象设计，分别呈现父子、师徒、学堂的非遗继承人认定类型。

图 6–14　人物设计案例

（二）镜头设计

镜头是指电影摄像机或摄影机不停顿地拍摄一次所得到的一段连续画面，是影片中最小的叙事单位。若干镜头组成一个场次，若干场次组成一个段落，若干段落组成一部完整的影片。动画片镜头的处理要根据角色的主次远近关系、剧情表现的需要、观众的观赏心理来设计不同景别和视角的镜头，以及各个镜头之间的组接方式。根据镜头拍摄范围的不同，分为远景、全景、近景、特写。远景一般用在开端，起到展示和介绍角色与背景环境的作用，远景能充分展示人物活动的环境空间，可以用来交代背景、渲染气氛、创造意境等。全景（图 6–15）突出表现人物的身体语言和姿态，镜头视野相对较小，用来展示人物活动过程或人物与环境的关系。近景中人物占据大部分画面，环境零碎模糊，突出展现人物的肖像和表情，近景是大量运用的景别类型。特写是最近的一种景别，放大显示人物的细节特征。

图 6-15 全景示例

（三）衔接自然

新闻动画片中的场景设计往往较为固定，但其叙事结构紧凑，内容信息量大，更强调各个镜头之间的衔接。分镜头衔接得当会给人自然流畅之感，如运用不当会出现不流畅甚至是生硬的感觉。动画片常用的衔接方法有三种。最常见的是切换法，指两个镜头之间直接衔接没有过渡，前一个镜头结束的同时切换到下一个镜头，衔接效果简洁明了。第二种是柔和切换，也称为溶入溶出，即当前一个分镜头结尾部分消失的同时，下一个分镜头的开头部分逐渐清晰，前者溶出后者溶入，常用于过渡性内容。第三是渐隐渐显，也称为渐黑渐亮或渐白渐亮，是指前一个分镜头结尾部分逐渐消失成为黑色或白色后，下一个分镜头的开头部分逐渐从黑暗或白色中显现出来，画面一个淡出一个淡入，两个镜头没有重叠，属并列关系。

（四）标记明确

完成上述设计后，需要在分镜头稿纸中编排并标出每一帧画面的内容动作、对话和音效，对话内容根据剧本的内容进行切割，做到图文相符、表达清晰、主题连贯，便于后续工序的制作。

三

Flash 软件基础

Flash 软件是最常见的网络动画格式，由于其相比传统动画操作便捷、易于学习、更加灵巧且具有较好的视觉效果，已成为多媒体重要的艺术表现形式。

（一）操作界面

Flash 操作界面如图 6-16 所示。舞台是 Flash 主要的工作窗口，在其中可直观地安排影片的内容。主工具栏在窗口顶部，提供文件新建、打开、保存、打印、剪切、复制、粘贴、撤销、重做、贴紧至对象、平滑、伸直、旋转与倾斜、缩放、对齐等按钮。工具栏在默认状态下位于左侧，包含绘图工具区、查看工具区、颜色设置区和选项设置区四个区域。时间轴位于工具栏下方，用于编辑不同动画元素的操作区域，可以把设计好的图形、图片等放在同一镜头内不同图层的帧里，并设置动画元素相叠的次序和播放的顺序。元件库也叫符号库，可以任意放置要使用的各种工具，如按钮、图形、影片剪辑、位图、声音、视频等。此外还有动作面板、属性面板、滤镜面板等。

（二）造型工具

使用铅笔工具可以绘制任意的线条，可以绘制直线或曲线，选择伸直、平滑或墨水选项。直线工具是另一个基本工具，鼠标或手写板可以方便地绘制各种形状的线条，其属性可选择颜色、线宽或线形。此外还有钢笔工具，可以绘制直线、曲线及直线与曲线混合的线条。椭形工具可绘制圆形或椭圆形，矩形工具可以绘制正方形或长方形，笔刷工具可绘制各种形状，画出不同形状、大小和颜色的矢量色块。除此之外，还有墨水瓶工具、颜料桶工具、文本工具、任意变形工具、填充变形工具等。

（三）动画设置

Flash 8.0 以上版本配备了时间轴动画的功能，便于将创建的场景和角色根据脚本进行编排。时间轴的纵横两个维度，横向由帧组成，一帧代表多长时间，根据设定的帧速率进行计算，包含关键帧、空关键帧、普通帧、空帧等。纵向上由图层构成，图层列表位于时间轴左侧，用于放置动画场景及角色。图 6-16 展示了 Flash 的操作界面。

图 6-16　Flash 操作界面

（四）动画管理

图层是动画制作的基本单位，把单个场景的各种形象元素按前后层次排列起来，像是含有文字或图形等元素的胶片，一张张按顺序叠放在一起，组合起来形成页面的最终效果。在制作中，每个图层在时间轴上占据一行，新建图层自动排在当前图层的上面，图层的编辑主要涉及复制图层、删除图层、设置图层相应位置、更改图层亮度和高度等，在发布 Flash 影片前还要对其进行优化。制作完毕后选择“导出影片”，若在网络上发布，需要创建 Flash Swf 文件，将动画插入网页浏览器窗口中的 Html 文档，尺寸大小根据发布影片的网站结构和具体情况决定。

第三节

微博、微信与 H5

近年来随着社交媒体的兴起，人们对新媒体的认识不断加深，微博、微信已成为重要的社交平台和传播工具。

一

微博发布

网络时代，微博从单一的社交信息分享平台转化为重要的传播工具。微博传播的特点首先在于立体化，传播者可以借助先进的多媒体手段，如文字、图片、视频等形式展现；其次是便捷性，移动互联网使得信息发布方便快捷，一旦引起读者关注，很短的时间可以实现大量的转发；再次是公开性，微博是人人上网可见的媒体，又通过粉丝关注实现病毒式传播，影响力广泛。

毕设小组的成员在开展采访写作的半年时间里，非常注重以微博、微信等网络社交平台记录工作过程、引发关注讨论、提升传播效果。

（一）基本设置

首先是昵称设置，微博昵称的设置既要体现出报道主题和明确的内容定位，又不能过长，控制在 7 个字以内为宜。如纪录片《佛山武馆之商业江湖》小组名称为“拳糖去冰”,《逝去与重生 / 深圳器官捐献现状调查》小组名称为“未已”,《最后的“黑户”》小组名称为“都市隐形人”。

头像使用易于辨认、便于区分的图形，也有小组设计自己的 LOGO 作为头像。简介的内容不仅要对新闻报道的主题进行说明，还要考虑搜索的概率，词语之间空开，不要用标点符号。基本信息的部分也需要完善，增加读者的信任感，最好留下联系方式。

（二）内容编辑

微博的发布尽量做到每天更新，考虑到读者的接受程度，发布有信息量、有价值或是有趣的内容，能帮助提高粉丝的忠诚度。对于新闻毕业设计小组，更应强调原创内容的发布，可适当转发与自身主题相关的内容，增加发布次数。

在表现形式上做到图文并茂，图片加上水印，视频不宜过长，重视直播报道或现场直播，吸引粉丝的关注。

（三）发布技巧

虽然微博的写作逐渐打破了140个字的规定，但短小精悍仍是微博文体的一大特征。首先内容要有创意，构思先行，要从读者的角度出发，考虑哪些是对读者有益又有趣的内容，多用形象思维、逆向思维、系统思维和开放思维来写作；其次表达要清晰，微博帖子的语言不必太生硬，可运用多种修辞手法和语气；再次方式要新颖，根据内容主题的需要，辅以图片、漫画、动画、短视频等，不失为有效的传播方式。

二

微信推送

微博方兴未艾时，微信的传播扑面而来。通过微信群、微信公众号、朋友圈等功能，微信已成为中国使用最广泛的社交媒体，逐渐融入人们的生活方式，成为不可或缺的一部分。

（一）坚持原创

毕设本身是进行大量内容生产的过程，将采访中遇到的奇闻逸事、各地见闻、初步成果在微信公众号进行推送，成为新闻专业毕设作品多媒体传播的必经环节。从2015年以来，几乎每个毕设小组都创立了自己的微信公众号，定期推送优质的原创内容，吸引的粉丝数量少则几百人多则几千人，在增加与广大读者互动、扩大作品社会影响力方面收效显著。

（二）标题撰写

尽管“标题党”在短时间内能带来文章阅读量的快速增长，但在指导过程中，老师们并不鼓励这种形式。有调查显示，微信中的三类信息最受用户欢迎：一是利益类，与读者相关的能带来信息量的内容；二是娱乐类，轻松的主题和诙谐的内容，网络语言的表达更能吸引读者；三是情感类，满足读者好奇心、爱心、同情心的内容阅读量更高。

微信内容还有重要的一环是摘要的写作，也就是在公众号推送里显示在预览界面底部的文字内容，起到说明、概括或引导的作用，也十分关键，成为读者是否点开阅读正文的影响因素之一。

（三）编辑排版

微信的内容排版不同于传统的纸质媒体。在首行一般不空两个字，直接顶格，因为手机屏幕的信息承载量有限，一般不用首行缩进。段与段之间再空一行，如果不加空行，读者很快会产生视觉疲劳，不断地在行与行之间扫描，容易疏漏重要的信息，空一行的排版反而会减少阅读疲劳，便于捕捉信息。复制粘贴的内容注意清除自带样式，可以使用先粘贴到记事本再编入微信的方法，或者使用微信编辑框的清除格式按钮。另外，图片不要超过 2MB，幅宽不要太大。最重要的是保持内容定位与排版风格一致。

（四）发前预览

类似报纸的大样，微信正式推送前也要发送预览，专人负责审校，避免犯低级错误。除了敏感内容的审核，在形式上主要检查以下几点：有无错别字、图片显示是否正常、段间距是否一致。

三

H5 制作

H5 是一种超文本标记语言，是 HTML 第 5 代，故名 H5。2016 年，H5 风靡一时，之所以会引起广泛的传播效应，不仅在于它是一种标记语言，而是它强大的功能、绚丽的动态效果。常用的 H5 工具有易企秀、搜狐快海报、初页、MAKA、iH5 等。

（一）资料准备

H5 将图、文、动画、音频、视频等媒体形式进行合理组合，突破了传统专题的内容、形式界限，交互设计提升了读者的参与感，分享的意愿得到提高，能够促进新闻内容的二次传播。首先要形成表达的创意：新闻作品的内容哪些在 H5 界面中展示，用什么方式来展示，辅以什么样的音乐？深圳大学传播学院新闻系 2017 届的毕业生“满天星”小组尝试用 H5 制作了《散是满天星 / 深圳传统媒体人转型之后》作品的新媒体展示，图 6-17 为该作品 H5 的封面。

图 6-17 《散是满天星》H5 封面

（二）创建场景

场景中的元素有文本、背景、音乐、视频、图片、形状、图集、互动、表单和特效。首先确定创建多少个场景，每个场景展示什么内容。在制作过程中，小组成员决定将新闻报道的各个部分作为场景创建的框架，分为写在前面、留不住的媒体人、转身之后、走自己的路、留下并非落下五个主题，如图 6-18 所示。

这里介绍易企秀的简单操作。单击文本可创建，在文本框中输入内容；点击“背景”后可从背景库中选择，也可以上传图片到背景库，背景可以通过剪切、更换、缩放、删除进行编辑；音乐的选择可以通过音乐库或插入网络音乐链接或自主上传 MP3 格式的音乐，图片和形状组建也可以自主设置。选择场景模版，在页面管理中点击复制、删除、移动、添加或创建“我的模版”。

图 6–18 《散是满天星》场景

（三）发布宣传

制作完成后点击保存，点击发布后才能正式发出，并生成二维码，后期可在“我的场景”中进行管理，如设置、编辑、复制、转送和删除等，还可选择开放和关闭，在微信中分享。“满天星”小组的 H5 作品在毕设答辩前一天推送，深圳媒体人纷纷阅读、转发，取得了较大的反响和良好的传播效果。

第四节 多媒体新闻产品

新闻系的学生只能做采、写、编、评吗？能不能做多媒体新闻产品呢？ 2016 届的一组同学进行了大胆的尝试。而推出内容原创类的多媒体产品需要形成从主题开发、竞品分析、用户研究、选题制作、社群营销等全流程的策划方案，是对新闻专业学生了解环境、接触市场、形成产品意识、提升生产能力和制定营销策略的一次全面考验。

一 主题开发

什么类型的主题内容能吸引用户，在新闻市场上居于不败之地？一定是从“人无我有，人有我优”的定位出发，基于开发者较为熟悉的群体，进行新闻需求的深度挖掘，创新内容生产方式和运营模式而生产出的产品。

选题之初，小组同学了解到从 2008 年起，中国兴起一种专门教男生如何吸引女生的群体组织，尤其在北上广深等发达城市发展较为迅速。这种名为“PUA（pick-up Artist）”的组织原本在美国扎根，后来扩展到中国市场，逐渐从线上（“泡学网”“坏男孩学院”）的交流，发展到线下的一对一、一对多的教学。从简介上看，PUA 团体的导师似乎无所不能，他们宣称“7 天就能教男生泡到妹子”，而且课程从穿衣打扮到说话技巧，最后到约会事项，把“爱情”的每一个过程都嵌入到完美的程式。对于这种新生事物，媒体对这方面略有关注但并不深入。

但小组和指导老师深入讨论后认为，这一选题会带来多重挑战。

首先是 PUA 群体的认证困难，民政部门并不认可此类情感咨询组织的存在，后发展出售卖课程包、提供线上咨询和线下面授的商业运营模式动辄几万、几十万，价格不菲；其次是 PUA 群体的价值观念问题，教员倡导“以发生关系为终极目标”，若我们的报道以负面出现，视角难免流俗；再次，通过与该组织成员的初步接触，发现加入 PUA 学习的多数是刚毕业的大学生，迫于家庭和舆论压力，急于求成，大多不愿透露自己的个人情况，且与他们接触的年轻女性在得知对方学习过相关知识后大多表现出退却、反感甚至不愿联络，伦理尺度难以把握。

因此，若以 PUA 群体现状为主题进行深度报道的采访和写作无法达到小组成员们的预期，但深入分析发现，PUA 恋爱市场的火爆反映的是更深层次的国人婚恋观念的现状和情感教育的缺乏。大学生作为青春荷尔蒙萌发的群体，充满着对爱情的向往，但是一些大学生却没有办法正确处理自己的感情问题。既然社会需求巨大，新闻系的学习能做些什么呢。

经过多方求教，毕设小组决定创办一个情感类的微信公众号，帮助大学生解决情感困惑，并为她起了一个好听的名字“恋爱系”（图 6-19）。

图 6-19　新媒体毕设作品“恋爱系”

二 竞品分析

“恋爱系”是基于学生立场的情感服务公众号，主要为大学生提供情感方面的资讯和解答困惑。内容生产的方向是根据用户的需求设计生动活泼、有深度、有实用性的两性交往内容。通过团队分工实现每天的内容生产更新，并且通过联络与恋爱行为相关的“吃、住、行”商家为运营提供支持。预期的市场效果是通过 3 个月的运营实现用户数突破 2 000，并与 3 至 5 个商家达成推广合作；预期的社会效果是帮助以深圳大学为核心的深圳地区大学生解决情感问题，并形成良性口碑。

由于目标群体是以大学生为核心的青年群体，通过搜索关键词和查看阅读量，毕设小组确定了四个值得研究的公众号——“学生时代”“晚安少年”“杜蕾斯”和“宋小君”。

（一）内容生产分析

以情感公众号的内容看，“学生时代”的优点在于原创的校园故事，能吸引众多学生阅读转发，而缺点则是所推送的内容大多是比较浅显直白的，缺乏一定的深度。推送的内容虽然从最初的一两条变为七八条，但是原创内容在逐渐减少，软文广告和网络段子成为主要推送内容。总体上看“学生时代”的推送内容多数都与情感有关，说明学生群体对于情感信息的需求是存在的。由于“学生时代”的推送内容大多是比较浅显的，对于情感的分析深度不足，只是停留在表面现象的描述，或者纯粹的娱乐搞笑，“恋爱系”要想和它有所区别，在原创内容上要有创新、有深度。

“晚安少年”可借鉴之处在于通过转载和邀文保证了推送图文的质量；推送栏目固定，有系统性；用图新鲜又有创意。“杜蕾斯”作为产品公众号，巧妙利用它的产品特性形成特色的两性内容。为了核心用户群体而建立公众号，“杜蕾斯”有其专业的名人解答问题。“杜蕾斯”的热度持久也跟其产品有关。“恋爱系”的团队成员为大学生，商业力量比较薄弱。“恋爱系”的核心竞争力在于大学生的身份，只有身处校园的大学生，才能更懂大学生的需求，才能更好地利用大学生及其身边人的人脉关系。

（二）推广方式分析

从微信公众号的推广方式看，上述四个公众号在推广方式上都运用了微博途径和与恋爱相关的商业广告。例如“宋小君”采用在微博推个人微信号的方法，在微信公众号上推广自己的作品，因为推广的广告跟本身微信推送的文章关联性强，所推广的广告不会引起读者的太多反感。“宋小君”的成功在于作品《玩命爱一个姑娘》的成功，在精确定位青年受众群体后进行微信号的推送，省去了推广的一大部分工作，能够在“明目张胆”追女生的同时，使文章不让女生反感，而给女生一种“坏坏的单纯”的感觉。

“晚安少年”所发的广告大多结合了情感故事或有巧妙的标题，收到了良好的反馈效果。“拟人化品牌营销”是“杜蕾斯”被评为十大最具创新力微信公众账号的关键词，它的推广功能齐全，是现代男女急需却又找不到可靠渠道了解的小知识，利用用户对于性知识的渴求达到良好的传播效应。

（三）用户交互分析

从与用户的交互方式上看，“学生时代”的互动性强，让粉丝有参与感。它专门设立一个私人微信号进行粉丝互动，同时举办多项线上和线下活动，独特的板块设置如“树洞”和“一问”，让粉丝不再只是一个观众，而是作为内容的参与者和生产者，以此让公众号保持热度。“学生时代”对粉丝心理把握准确，每次粉丝爆发增长都得益于其策划的几次互动活动，如比丑大赛等。在新媒体运营方面时刻保持与粉丝的互动，及时了解他们的需求，并随之做出调整。

“晚安少年”开创后一个月，通过摸索和读者的互动交流，在 6 月 22 日进行改版：确定“每日一言”和“纸条”为固定栏目。“每日一言”一般出现在推送的第二条，是一张配了图片和文字的卡片，并且形式可以不固定，通常为图片、文字、语音、图文、电台的任意一种，字数也不限制；“纸条”一般出现在推送的第三条。每晚会在图文里面提出一个有趣的话题，并且在“阅读原文”里提供“纸条”的链接，通过填写告诉“晚安少年”对这个话题的答案。第二天将会在“纸条”公布精彩回答，并在文末提出第二天的互动话题。同时，“晚安少年”在 10 月 7 日开启付费征稿模式，鼓励读者投稿。

“宋小君”在跟粉丝的互动中，缺乏具体教男生如何具体行动的方法。其可借鉴的地方是将深圳地区的大学生爱情故事汇总，编成杂志，或者以朋友圈的方式在深圳地区推广。

“杜蕾斯”的互动方式中有一个十分独特的环节——粉丝、小编、名人，三者互相问答。具体流程为每天邀请一位个性鲜明独特的嘉宾回答粉丝向公众号提问的问题，读者在公众号页面直接回复问题，可以指定在被邀请的名人名单中的其中一名嘉宾，在这名嘉宾被邀请当日，可以回答粉丝的问题。回答问题的嘉宾来自各行各业的成功人士。可见名人效应是杜蕾斯涨粉的一个重要手段。

三 用户研究

用户研究是互联网时代对提供产品和服务的组织提出的一大挑战，只有深入地、清晰地、动态地掌握用户的真实需求，才能不断调整新闻产品的生产方向，优化内容生产和经营模式。

毕设小组用户研究的目标是通过问卷调查和深度访谈的方法，获取深圳市内主要目标用户对情感类公众号的认知度和满意度的基本情况，为情感订阅号的内容生产、市场宣传和商业运作提供较为客观、准确的数据基础。

深度访谈的对象取自深圳职业技术学院、深圳大学和广东省其他高校，按照年龄、文理分科、情感状况三个标准选择样本，共计 30 人，其中男 19 人，女 11 人，16 人正处于恋爱中，14 人处于单身状态（包括失恋）。

从受访对象的情感行为和情感需求分析得出以下结论：在情感行为方面，部分访谈对象有关注情感类公众号、微博、文章，对情感互动话题、真实情感故事、正能量“鸡汤文”感兴趣；有女生明确表示听说过或是想了解并反感 PUA，男生倾向于“尝试一下”，但并不觉得这样可以得到真实的爱情；访谈对象大多有沟通技巧方面的困惑，希望看到两性性格 / 心理解读，但很少主动查阅这方面的内容，倾向于问同学、自我消化或是与对象冷战；处于恋爱中的情侣约会方式大多是吃饭、看电影，缺少比较有创意的活动，异地恋情侣有维系情感温度的担忧；单身人士大多表示没有途径认识异性，但对线下交友活动并没有表现出很大的热情；部分采访对象对大尺度、辛辣话题颇有兴趣，喜欢新锐的两性观点、搞笑段子和活泼漫画；部分采访对象比较关注异地恋群体、如何分手等话题；较少人会在有情感困惑时选择通过网络途径解决，但会无意识点击这方面的文章。

在情感需求方面，沟通技巧、矛盾处理方式、两性心理 / 性格解读，技巧要写得有趣、实用，解读要有一定深度；可以推部分PUA知识及学员经历，但要进行正确解读；实用干货要有针对性，突出穿衣搭配、创意活动、特别礼物、约会方式等；可以有两性文化、两性保健、搞笑段子、活泼漫画；关注异地恋群体，可以尝试小型特稿。

调查问卷设计主要包括两方面的内容：用户基本信息调查、公众号内容需求。此次用户调查项目共计发放用户调查问卷215份，回收调查问卷200份，有效问卷200份。

调查结果显示，恋爱用户有 84.75% 希望了解“如何与伴侣有效地沟通”，单身用户则有 55.56% 希望了解如何“提升自信”“吸引异性的注意”。从对情感公众号的内容需求看，“真实情感故事”“实用恋爱技巧”“两性深度话题”三类内容最受欢迎。而在两性深度话题中，有 73.5% 的用户希望看到关于两性心理方面的内容。同时，用户对线上的“专业人士心理分析”和线下的“恋爱技巧教授课程”更感兴趣。

用户研究主要取得了以下三项成果：

一是采集了核心用户的基本信息。从有效问卷中采集的重点用户和潜在用户的基本信息有助于我们更好地把握“恋爱系”公众号在大学生市场的基本定位与主要用户的分布情况，有助于今后内容生产工作的开展和推进。

二是获得了有价值的统计数据。在对有效问卷进行统计、分析的基础上，我们获得了有关用户对情感类公众号的认知度和满意度的基本数据，数据分布符合统计规律，数据样本真实、有效。

三是为项目推进提供了有价值的调查结论。在基本数据的基础上，毕设小组得出了若干调查结论，这些调查结论可以作为小组工作的参考，为今后公众号的内容运营、市场宣传和商业运作提供较为准确、合理的依据。

表 6–2 列出了常见的用户研究方法。

表6–2

常见用户研究方法

质化方法	长处	短处
现场观察与访谈	直接、较为深入地了解研究对象，发展假说	不可避免地存在主观性，一些情况无法直接观察
深度访谈	深入、开放，直接了解研究对象，有意想不到的发现，建立或完善假说	不可避免地存在主观性，有一定的技巧难度，无法将结果直接推而广之
焦点小组	研究对象之间可以相互启发，就问题进行较为深入的探讨	对研究对象的表达能力和研究人员把握话题的能力要求较高
案例研究	深入、细节丰富、启发性强	主观性很强，效度可能十分有限
量化方法	**长处**	**短处**
普查与调查	能在较短时间内获得较多的样本量，普查成本较高，效率较高	难以确定因果关系，对抽样技术要求较高
实验与现场试验	相比于调查，能够控制其他干扰因素，突出特定变量，易于确定因果关系	由于环境控制的人为性和实验条件要求较高，能够应用的范围常常有限
二手数据研究	数据收集省时省力，能够从较为宏观的层面分析研究	数据来源需要较高的可信度和科学的研究方法
大数据	大量、高速、多变的信息，为主体决策提供洞察和信息资产	对数据处理能力要求高，存在隐私安全问题

四

选题制作

选题制作是根据前期的定位进行内容生产的环节，也是新闻产品的核心，而多媒体新闻产品必须考虑用图片、音频、视频等多种媒体形式传播优质的内容。

“恋爱系”的内容生产和运营经历了两个时期，2016 年 1 月至 3 月为运营初期，这一阶段的栏目板块分为男生女生、吐槽组、攻略组、知否和每周一话。

在选题策划上，“男生女生”考虑针对男女感兴趣的话题进行推送，针对男生的内容有服装搭配、PUA 学员经历、女孩心理分析、实用追求技巧、搞笑段子等，针对女生侧重睡前真实情感故事、漫画等。实际运营发现，点击量最高的是有图有真相的真实情感故事，如《在学生时代遇到真爱的真实体验》，而虚构小说和情感诗歌的反响不大，与情感相关的网络语录虽然比读者来稿的阅读量高，但一直处于不温不火的状态。而且从网络中收集资料并进行二次加工会减弱公众号的原创性，不适合长期保留。因此在后期改版中此版块被去除，新增“情感实录”。

“吐槽组”模仿腾讯的“新闻哥”和网易的“轻松一刻”，主要选取情感类的新闻话题，内容为结合流行的时事新闻进行搞笑的评论，点击量较高的文章有《比寒潮更残暴的单身潮》《门禁技术哪家强》等。

“攻略组”以男女交往当中的实用类干货为主，内容包括约会地点、旅游路线、美食、创意活动、礼物推荐等，点击量高的文章有《搭讪时犯这种错误，难怪会被拒绝！》《深圳学生情侣约会圣地》《盘点深圳适合学生情侣约会的主题餐厅》。

“知否”主要介绍不同地区的婚恋风俗，并普及两性关系的常识。点击量高的文章有《有种爱情叫作为你守洞又爬楼》《消灭妾妇之道与跪舔文化》等。

“每周一话”针对一个话题制作一分钟左右的街头采访或以文字形式做话题总结，以视频形式推送。点击量高的推送有《“上海女随男友回村过年，因饭菜糟糕就分手”这事，你怎么看？》《如何成功反逼婚》。

实际运营的效果如何？小组成员认真收集了用户反馈，如：“男生女生”板块定位不清晰；“每周一话”排版风格新颖，紧跟时事潮流，但是话题不够好玩、积极，用户没有分享的欲望；“每周一话”摘选的语录没有让人有恍然大悟的感觉；“吐槽组”与“每周一话”的性质相似，建议合并为一个板块，针对热点话题进行剖析，增加深度；“攻略组”中与吃穿住行相关的推送建议取消，特色不明显且原创力不足，可将“攻略组”中的恋爱技巧着重突出，并将“攻略组”更名为“御女心经”，同时增加小号微信群的推广，在线解决 90 后学生的情感问题；“知否”栏目的标题表现力不够。

2016 年 3 月，根据用户的反馈，“恋爱系”公众号全面改版。取消了“吐槽组”“攻略组”“知否”“男生女生”，保留“每周一话”。由于微信用户以男性居多，决定推出“御女心经”版块，主要向男生介绍如何进行沟通交往的技巧，突出实用性和可操作性。增加“情感实录”版块，以真实的情感故事为主打内容，当事人讲述自己的情感经历，经过编辑后由公众号推送，并配有主人公的图片以增强故事的真实性。此版块确定为公众号重点栏目。“每周一话”围绕一个与男女情感有关的话题制作一期街访视频，内容效果突出新鲜有趣。每期的话题带有趣味性，紧跟社会热点，尤其是要和大学生群体紧密相关，以此来吸引受众。为增强微信公众号的新闻性和内容深度，还推出了 PUA 专栏，利用一周时间，讲述 PUA 的起源、兴起、本土化、学员、导师、专家观点和评论。

改版当天，公众号推出《一封信，写给有情感困惑的你》，效果突出，阅读量达到 3 328，粉丝数量净增 200 多人。

运营后期的“恋爱系”每周都有“爆款”文章的出现。如《女友生气了怎么办》《有一个温柔的男朋友是什么样的体验？》《听，异地恋主人公现身说爱情》《莫须有的第三者是我们分手的导火线》《他们眼中的姐弟恋》等。

五 社群营销

互联网时代，由于用户接收习惯的数字化、网络化和分散化，出现了“酒香也怕巷子深”的现象。这就要求新闻专业的学生不仅掌握内容生产的技巧，还要具备内容变现和市场开拓的能力。

“恋爱系”公众号推广初期，采取专注内容生产和多渠道推广的方式来吸粉。推广后期增加商家优惠，通过线上线下与粉丝互动交流的方式来提高关注度，实现了粉丝数量的稳步增长，与多个商家建立合作关系，并被轻资讯阅读平台——“微头条”收录相关的微信推送。

（一）追踪热门话题

通过整理语录和街访等方式进行热门话题营销，从而为“恋爱系”赢得更多的关注。例如：《每周一话 | “走进性科学”这门污污污的课你选了吗？》，通过街头采访的

方式，了解学生的看法，推送当天阅读量即高达 3 405。

（二）多渠道引流

以微信、陌陌、微头条、弹幕式视频分享网站 AcFun 为主线进行多渠道引流。在热门移动社交工具“陌陌”、匿名社交软件“无秘”建立群组，分享恋爱技巧以及情感互助。在弹幕式视频分享网站 AcFun 建立 up 主站分享文章和视频，借助更大的平台吸引更多的关注。例如：采访深圳大学学生对热门课程“走进性科学”的看法——《学校里教那个，我都不好意思了！》，AcFun 站播放次数达到 2 067 次。

（三）与商家进行合作

推出吃喝玩乐的优惠活动，除了能给粉丝带来福利，也能使公众号获得更多的流量和提高曝光机会。

（四）线上活动征集

微信上以活动征集的方式增加与粉丝的互动，提高用户黏度。如《活动 | 新年恋爱愿望大征集》，在春节前夕，策划“新年恋爱愿望大征集”活动营造节日氛围。

（五）征集专家辅导

推出情感困惑咨询版块，帮助和开导有情感困惑的青年男女。这一版块也取得了意想不到的效果，不断有粉丝向后台求助。

（六）举行线下交流会

通过发布活动就情感类话题进行探讨交流。在微信公众号和陌陌线上发布展览、讲座、电影节、演唱会等活动，粉丝通过扫描二维码进群组的方式完成线下同城活动邀约，收效良好。

总结来看，“恋爱系”多媒体新闻产品的策划和执行不失为一次有益尝试。小组成员既是生产者、传播者，又是受众，坚持高水准的原创内容推送，一切以用户的需求为出发点，并开辟专栏，尝试新媒体端的深度报道，并初步具备了经营意识。作品答辩展示当天，台下有评委对该产品表示了强烈的肯定和投资意愿。

第七章

新闻毕设的答辩

如果说综合毕业设计是深圳大学新闻学专业本科教学改革及其成效的一个窗口，那么公开答辩已然成为综合毕业设计的不二招牌。每年答辩周到来之前，都有国内一些兄弟院校早早联系，想要前来观摩；答辩开场前，入场观看的学生们提前个把小时就排成了一条长龙；一些用人单位也专程赶来，现场物色人才。正是通过公开答辩这个环节，深圳大学新闻学专业的综合毕业设计进入了新闻业界、新闻教育界和社会公众的视野。学生们也在此环节亲身感受到了炽热的新闻理想、云蒸霞蔚的社会情怀和严谨不懈的专业主义，一届又一届，砥砺前行。图 7–1 和 7–2 展示了答辩会场内外的实况。

图 7–1　答辩会场之外（从左到右：从科技楼排到了外面的草坪；科技楼大厅里面的长队；科技楼报告厅门外的队伍）

图 7-2　科技楼报告厅里面的现场实况

第一节

答辩定位：台前讲幕后

新闻学专业综合毕业设计改革为什么要设置公开答辩这一环节？综合毕业设计考核要求提交小组项目文本，用以展现小组项目的选题思路、策划过程、实施方案、报道设计等幕后工作；要求提交小组项目作品，即小组最终完成的新闻报道，调查研究报告，创办或者策划改版的媒体、版面或栏目，用专业成果证明小组整体的专业水准；要求提交个人论文，即结合各自在小组项目中的分工撰写的小论文，以此考察个人在项目当中的参与程度和专业素质。在这诸多考察之外，公开答辩的功能定位是什么？预期目标是什么？

一 公开检验，展示推介

众所公认，新闻学是一个实践性很强的专业。深圳大学传播学院之所以改变过去单一的学位论文考核方式，选择综合毕业设计这种实战性的项目考核方式，目的就是为了回归这个专业的本位，强化专业教学与社会人才需求的对接，强调从职业岗位的要求来检验专业教学的成效。为此，在不具备合法、正式的采访资格的情况下，我们还是把学生推出了学校，推向了社会，要求他们深入现实，完成一篇真实的新闻报道或者媒体策划。他们从广阔的社会现实中寻找选题，通过文献检索、外围调查和初步采访并结合小组的兴趣、实力和条件，来评估选题的可行性。选题确定之后，他们自行讨论制定项目实施的方案、小组内部的分工，然后拟定调查计划和采访提纲，分工执行，合作完成。在这整个过程中，指导老师负责各个环节的把关和引导，包括对小组提交的选题逐一详细分析它们的优点、不足、难点，对实施方案提出完善的意见，对调查计划和采访提纲提出改进的建议，以及指导新闻写作、编辑排版、新媒体推送，等等。指导老师的这些看法和建议，都只是供学生们参考，小组自主决定究竟怎么做。与一直盛行的毕业论文那种考核方式相比，综合毕业设计的这些要求显然迈出了一大步：任务的性质、完成方式都已经高度贴近实战。

然而，如果止步于此，学生们把最终的成果拿回来交由老师们闭门评价，打分评比，所谓综合毕业设计仍然主要还是师生之间的教学互动，象牙塔内的学院派人才考核机制。学生们的成果是否契合社会需求，有无达到职业水准，其中哪些学生会是这个职业最中意的人才，新闻业界如何看待这种毕业考核方式和教学改革？若要了然这些问题的答案，综合毕业设计改革就必须更进一步，抛弃闭门评价的方式，把师生教学的最终成果推到台前，公开接受业界和社会的评判。公开答辩，顺理成章就成了综合毕业设计改革的必选项。2013 年新闻学专业第一届毕业生的综合毕业设计答辩，深圳大学传播学院邀请了《晶报》副总编辑林航来做现场评委。2014 年的外请评委是《深圳晚报》副总编周智琛、《深圳特区报》副总编邓自强、中山大学传播与设计学院副院长张志安。2015 年，邀请到了《深圳晚报》副总编周智琛和《晶报》副总编冯景。2016 年的外请评委是深圳新闻网总编蓝岸和《深圳特区报》总编室副主任耿伟。2017 年邀请的是腾讯频道“大家”的签约评论员马立明，深圳报业集团深度报道记者和新媒体平台负责人王致远，《深圳晚报》资深评论员梁坚。

这些同行评委几乎全都是极富情怀和专业主义精神的资深媒体人，学生们的作品想要赢得他们的认可和赞许，绝非易事。但自 2013 年第一届综合毕业设计答辩至 2017 年，每年都有两三部作品让他们击节赞叹。优秀的作品加上评委们的由衷赞赏和仔细评点，给所有在场师生们以无与伦比的鼓舞和努力前行的指引。

2017 年的毕设答辩，最大的赢家是聚焦“农村网红”的小组。外请嘉宾王致远激动地感慨道：“我能想到曾经打动我，让我进入新闻这个行业的选题曾经给我的震撼。这是很多年以后，我第一次重新感受到这种震撼，很荣幸！！！”外请嘉宾梁坚老师赞扬这个毕设作品“很特别”，“非常高级！”：

> 因为它有非常清晰的知识框架来安排这个题目，有社会分层的研究，有城市化，还有流行文化当中的“农村网红”作为一个很好的样本；还用了时下非常流行的非虚构写作的方式。总之，你们集合了当前一线新闻杂志操作的所有特征。尤其是，在深圳，在深圳大学，还有学生愿意以这种方式关注中国农村，关注“农村网红”这样一个群体。非常棒的一个毕设！！！很完美！

2016 年毕设答辩下午场还在进行，新闻系主任李明伟教授就收到了上午场的评委、《深圳特区报》总编室副主任耿伟发来的微信，评价学生们的毕设：选题前卫，论证充分，视频抢眼，解读清晰，祝贺你们培养出这么优秀的新闻人才！其中一个小组的项目《恋爱系：深圳地区大学生情感服务微信公众平台内容生产与运营》，尤其令他喜欢："恋爱系是上午场最具市场潜力的，如果限定在中外大学生范畴，找到盈利模式，也许会搞一个上市公司，因为爱情是永久的话题。"

《深圳晚报》副总编周智琛在2014年4月29日毕设答辩上午最后一场的提问，应该是迄今为止最异样最令现场轰动的。周总抢过话筒直接发问："我有两个问题，第一是，明天我用《深圳晚报》的重要版面全文刊载你们的作品，你们愿意吗？第二是，明天我把你们六位组员和两位指导老师的照片刊发到我们的报纸上以示敬意，你们愿意吗？"第一个问题甫一落地，全场已经掌声雷动，台上所有小组成员笑靥如花。这并非现场作秀。第二天，《深圳晚报》以头版加8个版特刊的方式全文刊载了这个小组的毕设作品《深圳渔村：远去的故乡》。周总还亲自操刀写下了一篇"题记"放在报纸头版，在其中深情言道：

我们之所以顶格安排这次报道，是因为这部作品来自深圳大学的6位青春女生。她们耗费半年时光进行研究，穿透和捕捉了这一被时代遮蔽的群落。她们用自己的方式追寻深圳渔村的历史更迭、风物变化及美丽忧愁。这也正是我们对城市发展脉络的关注和审视。

这些灌满海风和咸味的文字，洋溢着深圳青年对家园的关爱与体贴。它回应了有关年轻人对公共领域参与是否漠然或者是否具备思想深度的质询。

去年，我曾在一篇思考当今大学生活的旧文中写道："从前的大学，一读四年，影响一生；现在不了，入学是什么样子，毕业十年还是什么样子。"

因为这件作品和这6位女生，我决定收回这样的断语。我相信，这样的大学和大学生，还有许多值得我们期待的可能性。

在2015届新闻系综合毕业设计答辩中，唯一的新闻专题片《佛山武馆之商业江湖》掀起了上午场的高潮，第二次作为评委来参加答辩的周智琛副总编按捺不住第一个发言：

很激动，我要第一个提问。这是一个比较成熟的团队，所谓的成熟，就是明亮而不刺眼的光芒。我接下来想用一段比较浮夸的评价来说一下。首先，视角比较主流，但讲成这样已经非常好。整个画面技术很娴熟，镜头拍摄的角度和景别很丰富，几乎没有无用的镜头。对视听语言的理解也非常到位。节奏设计让人看了很舒服。情感线索的设计也比较到位，能够产生代入感。作为学生来讲，这样的作品，如果满分是 100 分，我给打 120 分。如果我是广电集团的领导，我肯定要把这个片子播出。我们的记者也在现场，今天应该对这个团队采访一下。把这个片子放在我们的平台上播一播。但还是有一些小瑕疵，比如片子开头部分有些学生腔，片头的字也实在不好看。

传播学院前任院长吴予敏教授也极为赞赏："新闻系的学生拍成这样水准的纪录片，非常不错！片子很顺畅，很干净。发现问题，切入问题之后，没有拖泥带水。你们是用真实的人物和故事去讲述，没有把概念化的东西贴到采访对象上面去，贴到这个主题上面去。片子在这方面做得非常好！"

到了下午场，作品《逃港之后 / 一代居港内地人的生存和归宿》展现了一部厚重的新闻深度报道，吴予敏教授看完之后很动情地说道：

非常了不起的一个深度报道！第一，非常有勇气，去抓共和国历史上重大转折时期一个创伤性的记忆。我们知道，共和国历史上有若干这样创伤性的记忆，但有的时候一俊遮百丑，我们有意无意地把它们掩盖了。这种深刻的教训，对我们未来的发展是极其重要的。而且，你们选择的角度很巧妙：选择的是逃港之后，而不是为何逃港。

公开答辩绝不要无原则的吹捧。对亮点，不吝表扬。有不足，直接点出。相较于难得一见的无上赞誉，学生们都知道他们更多的是要公开面对台下评委们的批评甚至责难，这是令所有答辩的学生们最为紧张的。

同样是在 2014 届毕业答辩中，周智琛副总编对《行走在理想与现实之间 / ——关于深圳独立服装设计师的专题报道》，在肯定了选题的独特性和项目的完整性之后，就指出了很多问题：

1. 首先是标题，太虚了。你们可以说也是"行走在理想与现实之间"，这种标题都是正确的废话。你们要把它变成一件作品，而不是一个报告。比如，标题可以改为“独立和被独立的深圳服装设计师”，这样一来标题里面就有思想了。当然我这个提议一定不是最好的，还可以再斟酌。但我们要往这个方向努力。

2. 亮点不够突出。你们把这个群体称为“时尚个体户”，这个抓得很好。但在报道中呈现不足。比如，今天如果我是你们，我一定会穿着独立设计师设计的服装作品来现场答辩，一定会让人耳目一新。你们今天太小清新了，像华为的员工还是像哪里的员工（全场笑声）。独立服装设计师最大的魅力在哪里？在他的独立，在他的作品。在这个报道中，我会选择十个设计师的作品，在版面上呈现，一定非常漂亮。其实，以物可以观人，可以看出人的个性、梦想。

3. 报道最后一节标题是“生存之道”，这个抓得也挺准的。如果能再加一个部分就好了。比如，我问台上你们几位，你们的梦想是什么，那可能你们每个人的答案都是不一样的。假如你们能选择几位独立服装设计师，做一个同题的对话，向他们抛出同样的问题（就好了）。当然，这很考验你们提问的艺术。如果提问得很好，就会打开他们的心门，而且这种同题对话式的东西很适合阅读。

更严厉的批评常常来自学生们的亲老师。学生们初心纯净而热烈，有时候不免热情过度而冷静不足。2014 年的一部毕设作品《生命不能承受之“弃”》，当时催人泪下，令现场陷入了揪心的沉重氛围。新闻系辜晓进教授提出了质疑：“你们怎么把握冷静思考和全情投入？有些方面可能过于冲动了，比如，我了解的情况是，部分家长并非情势所迫才选择弃婴，而是把身患重病或绝症的孩子推给了社会。你们是不是受情绪左右，没有完整、全面、客观地来反映这个问题？”2015 年的毕设作品《短路：精神病患者的现实世界》，又出现了同样的苗头。新闻系刘劲松教授在提问环节说道：

这是一个令人感动但采访难度很大的选题。你们的意图是展现他们较为隐秘的生活场景和精神世界？还是为他们呼吁生存权和平等权，特别是刚才最后一位陈述的同学声情并茂地呼吁这些权利？还是讨论社会应该如何善待这样一个群体？你们更倾向于这三个方面当中的哪一个？

学生身上难免还常常带有学究气，如果应用不当，会使新闻报道看起来不伦不类。2015 届的一件毕设作品《打拐背后的故事》，两位老师发出了类似的疑问。李明伟教授首先问道：

> 新闻重点是用细节、用故事来讲述，不要去做过多的问题探讨。我们的学生可能受制于在校学习的习惯，不由自主地去作很多问题的讨论，但反映在媒体上面的报道，关键还是如何讲受众喜欢的故事。所以问题是，你们怎么看待你们这篇报道的性质，是深度报道吗？还是一项调查研究？

接着，尹连根教授也提出疑问："报道是报道，论文是论文。你们讲述的时候说运用了很多理论工具来做这个报道，请问：熟人社会理论和社会组织理论是怎么样有助于你们来解释打拐这个现象的？"

还有，创新也是常见的难点。2017 年的一个毕设小组选择报道的是深圳尘肺病人。他们在说明创新的时候，只说深圳媒体缺乏应有的报道；而所谓的难点，在他们看来主要是对职业病及相关法律知识不懂。一位外请评委很直接地评价说："这是一个报道比较充分的主题，而且近些年在国内的关注度非常高，你们的作品和展示，遗憾和不足比你们的成果要多很多，而且有些是可以克服的。"尹连根教授也提出了批评：

> 不能说深圳媒体没有报道，你们的就是创新。你们有没有看全国媒体的同类报道？与之比较，你们在哪些方面有超越？再者，我非常不同意你们在难点部分说的，对职业病及相关法律知识存在盲区，这是外行话。我在课上讲过，新闻专业是一个根底非常浅的学科，这是我们的劣势也是我们的优势。优势就是我们需要吸纳各个学科的知识为我所用。所以，这些方面的知识不懂怎么能是你们的难点呢？这本来就是你们的基本功。

相较于答辩之前对项目文本的内部评阅，答辩是综合毕业设计完整、公开的展示：既要展示最终完成的作品，更要阐明作品背后如何进行选择、设计、创新和攻坚；既是学生们的专业素养和集体风采的展现，也是指导老师和专业教学的成果展现；既是专业老师之间的相互检验，更要接受来自同行、社会和广大学生的评价和检验。问题和不足可以在此充分暴露，师生从中可以吸取教训，不断完善。出类拔萃的作品自然可以脱颖而出，收获掌声、赞扬乃至用人单位伸来的橄榄枝。因此，综合毕业设计的公开答辩，实际上就兼有了检验教改成效和推介专业人才的双重效果。

二

现身说法，情景教学

微信、微博、QQ，是我们大家都熟悉的社交媒体，但你们知道富士康工厂门口的饭店里，春运火车硬座车厢里，农民工在看什么？他们中的大多数在看“快手”……目前用户量超过 4 亿，仅次于微信和 QQ。而在快手上，有一个特殊的群体，就是农村网红。……在外人看来，为了吸引注意，农村网红们可以受伤、扮丑、自虐、出糗。有人总结说，“中国脑残千千万，快手占一半”。批评和悲悯当然是很省力的，我们想要追问的是：第一，纯粹的底层叙事有没有可能？第二，农村文化是否存在一个死循环的问题？即农村下一代在消费着这些农村网红文化的同时，也试图自己生产……

21 948，这是 2016 年深圳市查获的吸毒者数量。如果按照国际通行的吸毒者嫌疑性比例 1:5，深圳吸毒者人群总量是 109 740……与 2012 年相比，深圳吸毒人数增长了 98%……

2010—2013 年，富士康接连发生了 16 起跳楼事件，引起全国关注。小组同学发现，东莞一些工厂工人自发成立了自杀的 QQ 群。我们由此想要去追问农民工的心理问题。后来小组选题定位在：90 后农民工的城市融入和业余生活……

大家可能听闻过，中国童话大王郑渊洁的儿子小学毕业后一直在家上学。去年 8 月，21 世纪教育研究院发布了《中国在家上学北京共识（2013）》，首次集中讨论了“在家上学”这个新的社会问题。媒体报道随之增多，主要关注的是各方有关这个问题的疑惑、出路探讨和评价。我们小组选择以此为题，是想更多地以个案故事，来呈现“在家上学”到底是个什么样的群体和现状……

我在大三暑假专业实习的过程中注意到，《晶报》连续报道了深圳湾污染和过度捕捞的问题。我就想，深圳湾污染那么厉害，又说要设立禁渔区，那些渔民还过不过得下去啊？当时正好讨论毕设选题，小组成员一拍即合，决定做这个选题……

新闻选题是怎么来的？新闻报道如何创新？平时应该关注什么？以上毕设小组对各自选题缘由和定位的阐述，很好地回答了这些问题。对现场观看的学生而言，答辩给他们的最大收益是让他们深度沉浸的情景教学、生动仔细的个案剖析和难得一闻的职业评价，这是课本和课堂所不能带来的一种独特的专业学习体验。

首先，按照新闻学专业综合毕业设计方案的要求，各小组都要以各自的方式在台上讲述一个项目的全过程以及其中的重要内容，这让后来的学生通过对每个项目来龙去脉的了解，可以直观地明白一个项目的完整实施过程，和其中常见的难点、重要的节点和应有的创新点。轮到他们做综合毕业设计及至日后执行具体项目的时候，他们脑子当中已经沉淀了项目实施的常规路线图。

其次，为了充分展示和进行差异化竞争，每个小组都使尽浑身解数，脑洞大开，打出各自的组合拳，包括成员精装亮相，作品排版包装，PPT 演讲展示，正片视频，花絮视频，现场微信扫描即送作品电子版，实物展示，乃至当事人出场，等等。你永远无法预知，下一个小组会有什么样的新奇创意。自由、公开、平等的竞争，已经让答辩远远超出了作品本身，也超出了毕设本身。现场有新闻作品可鉴，有新闻背后的故事可听，有新闻当事人可见，甚至还有特配的风味美食可品。在这样一种丰富多彩的新闻情境里面，同学们可以感受到每一件作品的多个层次和多个维度，可以真切领略到每个毕设小组对创新创意的不懈追求。

再者，各小组在展示过程中或多或少都会讲到一些特别的、具体的经验和教训，这对师弟师妹们而言简直就是一个又一个的过关锦囊。例如，为了接触富士康工人等采访对象，“90后农民工”小组坦言，他们大胆尝试新媒体软件，所有组员都安装了QQ、微信和陌陌。特别是，他们充分利用陌陌的地理接近性，很方便就找到了一些采访对象，包括后来写入稿子的其中一位主要的当事人。2017年报道“深圳填海三十年”的小组，讲述了他们在联系采访和沟通环节上的经历：

> 在了解到规土委是填海主要的一个参与部门之后，我们直接上门。由于没有引荐，我们只能与门口的保安周旋，好不容易混进了大楼，然而却被指向了隔壁的信访办，结果无功而返。后来，在一位退休老领导的帮助下，我们获得了该部门一位副主任的联系方式。对方听了我们的选题，直言这个题目太过敏感，不便接受采访。小组多次解释我们的本意是客观呈现深圳填海的历史，不纠结于利弊的讨论，他才答应帮我们引荐海洋处处长，这才有了难得的30分钟采访时间。

评委给出的一些改进建议和完善思路，更是贡献了很多弥足珍贵的金点子，令人豁然开朗，深受启发。例如2016年《“深”海》那个选题，《深圳特区报》总编室副主任耿伟认为：“关于过度捕捞和海洋污染，这是一个老的话题，但你们以全媒体的形式做了一个非常好的呈现。老的话题可不可以切口小一点？比如不叫‘深海’，叫‘网眼’。画面一开始从一张网的特写镜头开始，通过网眼越来越小这种细节的变化来揭示这个主题。”如此极富画面感的细节特写，又且特别契合报道主题，显然既可供这部作品参考改进，更为学生对报道主题的提炼与表现提供了一个极好的思路和方向。2017年的一件毕设作品是《摇摇晃晃的人间：深圳脑瘫家庭调查实录》，外请评委王致远像是发现了一座金矿：“这是截止到现在我看到的最好的一个。从数据、采访到写作，都非常扎实。文稿第一篇第一段就一句话：‘一位父亲揍了救活他儿子的医生。’哇！非常棒的特稿的开头。”现场看过和没看过该组作品文本的，听到这样的点评，应该都会对特稿的文风有了一个很形象的认识。还有周智琛副总编对“深圳独立服装设计师的专题报道”，从大标题、亮点捕捉和采访提问三个方面给出了非常具体而精到的好点子。

应该说，现场答辩还有一个无形却最入人心的效果，那就是情怀的氤氲、态度的引领和精神的感召。除了本院系的师生们，其他观众大都是在答辩现场第一次领略各个小组的毕设作品。毕设小组成员对边缘群体的关注和体察，深入进去一丝不苟的采访态度，以及全力以赴全情投入的精神，着实让很多观众动容，让同行评委们击节赞叹。2013年的一个毕设小组，六位弱小的女生进入殡仪馆，亲身体验入殓师的日常工作，为逝者化妆美容。听完小组的陈述，《晶报》副总编林航眼中满是激动，扬着手对台上的毕设小组说道："我在此表示敬意！"《深圳特区报》副总编邓自强在参加完2014年的毕设答辩后，表达了他内心的感动：

> 我感动于学生那样直面现实，关注农民工子弟、外来的年轻工人、大龄剩女，感动于你们对现实奋不顾身的深入，有的去工厂应聘，有的去登记征婚，有的甚至冒着失身的危险去娱乐场所；更感动于新闻系老师的创造，以及他们对同学们的精心指导和呵护。

2015年的一个毕设小组，为了深入了解精神病人，他们在精神病院见习了半年，跟着医生一起值班。此话一出，台下一片惊呼。《晶报》副总编辑冯景当场献上敬意："我很敬佩这组的同学，你们很难得。首先是你们能关注到精神病人这个群体，很具有人文关怀。其次，还能投入这么多精力进去。说实话，从选题角度和投入成本看，专业媒体是没办法做到的。"另外一位外请评委也表示"对你们的选题表示敬意"，"因为这类选题通常不会引起社会太多的关注，而且你们做的还是一个蛮有深度的调查"。

"我们往返香港18次……"

"我们去了4次佛山，共待了19天……"

"我们自费3万余元购入了两台设备，去佛山实地采访4次，拍摄时长1 350分钟，素材容量352G，视频文件1 855个，采访录音统计75 332个字，最后浓缩成了一个脚本4 800字、时长14分钟的短片。"

这些数字，这些幕后的点滴，说出来虽然只有寥寥数语，却胜过无数本教科书。它们饱含着学生们的社会情怀和专业主义精神，洋溢着他们纯洁而又烈火炽焰般的职业理想。这样的答辩就像一场精神洗礼，给台下的学子们以直击心灵的震撼，极大地激发他们的专业认同感和对未来新闻职业的荣誉感。有些慕名前来观摩的其他专业学生，听完之后也对这个专业心生向往。

三

全方位的展示和检验

综合毕业设计是大学毕业前的最后一次也是最全面的一次专业历练和教学检验。在团队项目中，搭便车是最容易发生的一种现象，特别是当考察仅仅局限于最终作品的情况下，个别人更容易于中充数。为规避这种现象，促使每个学生都参与其中，积极协作，最终达到锻炼和考察每个学生的目的，综合毕业设计一方面除了要求各小组提交集体的项目文本和作品，还要求个人必须提交自己结合小组项目而独立完成的论文，另一方面再通过公开答辩，重点展示作品背后的过程、依据、分工和实施，借此显现团队协作和个体参与。再者，综合素质教育本来就应该体现为学生各方面素质的培养和考察。具体就新闻学专业来讲，有的学生可能长于写作，有的学生可能胜在拍摄，有的学生可能善于表达，有的学生可能擅长策划。让每一位学生的优点都有机会展现出来，是综合毕业设计这部大剧必须要考虑周全的。因此，公开答辩的规则之一就是，要求各小组每位成员都要上台陈述，介绍自己负责的那部分的台前幕后和亮点难点。如此一来，每个学生都可以借此展现自己的所长，或拍摄，或表达，或逻辑，或台风，或者是很特别的个性。

当 2014 年毕设小组成员吕俊讲述他深夜在年轻农民工聚集的迪吧里面遭遇性工作者的时候，他很羞涩地说，自己当时很害怕，很紧张。这引来台下一片笑声和掌声，也吸引台下评委发表了一番很有趣也很中肯的专业意见：

> 你孤身一人，潜伏到夜店……这一段是最吸引我的，因为这是社会新闻。但你刚才讲述的时候，你很害羞地说你不愿意或者不好意思再深入下去采访。甚至当性工作者出现在你的面前，你害怕了，你退让了……既然瞄准了这个选题，就应该做得更深入一点，因为这就是社会现实。我想问的是：你当时的顾虑是什么？

同一年对垃圾焚烧进行专题报道的小组组长刘晓慧的答辩表现，也令人印象深刻。她几乎完全脱稿，冷静而有条不紊，回答问题准确又到位。对2015年的佛山武馆小组，吴予敏老师很热情地赞扬他们在台上的表现特别自信，“这种自信让你们显得特别帅！！特别是，我要表扬这两位男生，表现得最好！”评委耿伟副主任则发现了另一位小组的辜铭钊同学“很有婚恋主持人的潜质！”2016年的《“深”海》小组，组长赖媛的现场表达犹如行云流水，片子的质量则让大家亲眼看见了组员朱戈的拍摄水准。

正如深圳大学传播学院新闻系主办的学生报纸《新新报》在2016年4月28日第6版的社论中所说：

> 如果将毕设作品摆上公共的平台，在数百人面前展示其制作过程和成效，这需要的，是口才、胆量、学识和团队合作的高度协调统一。
>
> 这时学生们会发现，即使平时的自己再懒惰懈怠，毕设作品也不敢敷衍了事；内心有多怕当众演讲，也不得不硬着头皮去展示；向来不敢也不知如何回答老师刁钻的提问，场上居然全都听懂了……他们对自己的能力有了新的认知，原来当初难以逾越的困难，只因不愿面对。

第二节 答辩的规则设计与方向引导

一路走来，综合毕业设计答辩能有这样一些效果，离不开良好的规则设计和积极的方向引导。前者主要体现在《新闻学专业综合毕业设计方案》里面的成文规定，提出了一些具体的“规定动作”。规定动作之外，便是广阔的自主创新空间。指导老师会对学生们的答辩指出一些方向，鼓励他们创新。历届答辩现场的创新展示则更强烈地激发了后来者尝试不断突破。

一 成文的规定

关于答辩的时间安排,《方案》规定，每个小组答辩时长为30分钟。首先是小组陈述20分钟。现场有学生倒计时提醒：剩余3分钟，举牌提醒一次；剩余1分钟，举牌提醒第二次；时间到，举牌提醒第三次；超时1分钟，举牌提醒；超时3分钟，举牌提醒。超时1分钟的扣1分，超时2分钟的扣3分，超时3分钟的扣5分。之后是评委提问，小组成员到会场外准备5分钟，然后返场回答评委提问。最后三个环节，总时长为10分钟。

在答辩内容方面,《方案》规定，小组20分钟的陈述应参照项目文本的框架和逻辑顺序，先简要介绍选题的来源，重点、难点和创新点，项目分工及实施方案。然后，各成员依次汇报各自负责的环节或者部分。最后是最终成果的精华部分。

《方案》要求，如前所述，每个组员都要参与陈述，不允许一个小组只由一个或部分组员代表全部进行陈述。

对现场答辩的评分标准,《方案》从四个方面做出了规定：（1）提案思路清晰，个人陈述表意准确、专业、简洁、完整，20分；（2）多媒体演示效果表达清晰、流畅，20分；（3）对个人完成部分的专业性评价，40分；（4）正确理解提问，妥善、周到回答问题，20分。在现场答辩的评分表里面，既要求给出小组成绩，也包括给小组每位组员打出分数，如图7-3所示。

现场计分也是由学生负责。去掉一个最高分，去掉一个最低分，计算平均分，再减去超时扣除的分数。每个小组答辩的最后得分，会在下下个小组开始前现场公布。

《方案》规定，现场答辩要用的所有电子材料必须在学院规定的答辩前的某个时间点之前提交到学院实验中心指定的电脑上。这是为了给负责答辩现场后勤支持的实验中心留出时间，去做播放测试。而且，这些材料一经提交，不得更改，以免现场答辩时因为临时更换而导致的时间耽搁和秩序混乱。在正式答辩开始之前，各小组都可以向学院实验中心预约时间来现场彩排演练。

<table>
<tr><td colspan="7">项目名称：</td></tr>
<tr><td>小组成员</td><td></td><td></td><td></td><td></td><td></td><td></td></tr>
<tr><td>个人成绩
（评委打分）</td><td></td><td></td><td></td><td></td><td></td><td></td></tr>
<tr><td>小组成绩
（评委打分）</td><td colspan="2"></td><td colspan="2">转换分
（25%）</td><td colspan="2"></td></tr>
<tr><td>评委意见</td><td colspan="6">评委（签名）</td></tr>
<tr><td>备　　注</td><td colspan="6">评分标准：
1.提案思路清晰，个人陈述表意准确、专业、简洁、完整（20分）；
2.多媒体演示效果表达专业、清晰、流畅（20分）；
3.对个人完成部分的专业性评价（可参考文本评分要求中对各部分的要求）（40分）；
4.正确理解提问，妥善、周到回答问题（20分）。</td></tr>
</table>

图 7–3　现场答辩评分表

三　引导与创新

邀请校外同行作为评委来参加综合毕业设计的公开答辩，是我们从一开始就自主创新而形成的惯例，校院两级的教学制度和新闻系的《新闻学专业综合毕业设计方案》并没有对此做强制性的规定。2013 年第一届新闻学专业综合毕业设计答辩，我们只邀请了《晶报》副总编一人，现场效果已经超出我们的预期。此后几年，外请评委从一人增加到两人或者三人，从传统媒体逐渐过渡到新媒体，从单一的业界同行扩充至业界和教育界的同行。这些方面的努力，旨在打开师生的视野，更贴近当代广泛而激烈的媒介变革图景，从更多元的媒介实践和教育视野来检验和评价我们的专业教学。无论数量多寡，我们邀请校外同行的标准都是富有情怀的资深新闻工作者，特别是深度报道领域。因为，我们新闻学专业综合毕业设计的周期长达五六个月，学生们通常所取的体裁主要是深度报道、专题报道或者社会调查，这就需要相应领域的资深从业者来给予专业的评判和指导。

学生在展示的形式方面基本上是完全自由的。除了最基本的 PPT，一届又一届的学生们不断努力，勇于创新，视频、微信公众号、微博、易拉宝、统一着装、小组名称及 LOGO 现在都成了各小组的标配。其中，小组名称、微信公众号和微博是各小组从选题确定甚至小组成立之日起就公之于众，开始推广。在答辩环节，他们一方面介绍这些方案的设计、推广的过程以及效果，借此展示他们在多媒体方面的实战能力和成效；另一方面则利用微信现场扫描，把他们的毕设作品文本免费推送给现场的观众们，既方便观众对他们进行深入了解和现场互动，又可以拉高他们在现场的人气。提前两天放在答辩所用报告厅门外的易拉宝（图 7–4），是各小组自行设计的一个自我展示，由学院出资安排制作。所有小组的易拉宝排放在一起，就是一个小型的展览。这既可以提前造势，又方便来来往往的人品评比较，还可为师生嘉宾朋友以及媒体的拍照采访提供很好的背景。现场播放视频原本只是视频类作品的主要内容，以及其他非视频类小组在台下准备回答评委问题的 5 分钟间隙用来调节一下气氛，但后来很快便成为很多小组青睐的现场展示方式。不做新闻专题片或者新闻纪录片的小组也大都会制作不拘一格的短片，以呈现作品文本之外的成果及其所代表的小组的综合实力。除了这些，有些小组还独具匠心，尝试在现场增加了实物体验。比如 2016 年的《“深”海》小组，现场给评委派发了他们亲自做的海鲜寿司。在提问环节，一位外请评委开口就大声说：“你们的寿司是谁做的，我给 100 分”，引起了全场笑声。

图 7–4 答辩报告厅外面各个毕设小组的易拉宝

创新更多地体现在陈述环节的灵活安排上。虽然《方案》已经规定了陈述的顺序，但并没有对各部分的时长分配、详略轻重、陈述形式以及呈现方式作千篇一律的统一要求，而是给各小组留下了自由发挥、各美其美的空间。同样是陈述项目的实施方案，有的小组讲的是报道策划，有的是用思路导图来呈现。有的小组一开始先用短片把作品里面最精彩最打动人的亮点呈现给观众，试图先声夺人，“弃婴岛”小组的策略就是如此。在亮出自己的选题和报告纲目之后，这个小组接下来没有像常规顺序那样进入各个部分的陈述，而是先放了一个片子，密集展示了五六个家庭深夜来到弃婴岛丢弃婴儿的情景——婴儿的啼哭，大人的呜咽，还有不愿面对镜头掩面匆匆而去的身影——直接把观众带入了新闻现场，直击了泪点，带出了情感。有的小组更直接地以片子开场，用精小的短片来点题。2017 年的《深圳填海三十年》就是如此。替他们开场的是一个 1 分钟的短片，高空俯视的镜头沿着海岸线龙蛇逶迤，自上而下快速放大或空中悬停的镜头聚焦停驻，还有多视频同屏加载，与以下脚本内容相得益彰，生动明快地点出了报道的背景和主题：

> 改革开放三十年，随小渔村一起消逝的，还有这座城市陆与海最原始的边界。如今，平整的岸线背后，是一座城市向海要地的发展史。三十年间，深圳填海近 120 平方公里，80% 的原始海岸线消失，填海区上缔造了改革先锋蛇口工业区，崛起了全国区县 GDP 第一的南山区，发展出世界第三大集装箱港，建起了含 22 个主题公园的滨海休闲带。填海，承载着深圳的蜕变与繁荣……

有的小组不介绍选题来源，上来就直接切入主题：

> 提起脑瘫这个患者群体，大家的印象是怎样的？是痴呆傻，还是瘫痪？在没有接触这个群体之前，我也在担心我和受访者之间可能都无法沟通吧，那我怎么采访下去呢？事实证明，是我太杞人忧天了。我们采访的一位患者 ×××，他智力正常，对数字特别敏感，时隔很久，却可以准确说出我们第一次见面的日期……

“农村网红”小组更是取舍大胆，在阐明选题来由之后，依次讲述了小组采访的第一站贵州、第二站湖北、第三站广东和第四站辽宁的四个典型个案故事，最后简要总结回应主题，并未如惯例展示最终的成果、难点和创新点。

引导学生把20分钟的陈述提升为脱稿演讲，是我们这些年坚持不懈的一个努力方向。初期，我们未做明确要求。而且，当时答辩现场的舞台上是给学生们放了一排桌椅，上面铺有桌布，并放置了每个组员的名字牌，形式上就像报告会。小组成员大都是拿着事先写好的陈述内容来念读，这既让学生们的陈述看起来生疏机械，台上显得了无生机，又不足以突出每一位演讲人。为了充分利用毕设答辩这么一个四年当中最盛大的公开舞台，锻炼学生们的舞台表达能力，鼓励各小组之间、小组各成员之间更多元更激烈的竞争，老师们一方面严厉批评念稿过多的现象，一方面鼓励同学们尽力脱稿演讲。同时，试着在舞台形式上作了一些改动。台上不再摆放桌子，仅在舞台一侧留有椅子，给暂不陈述的小组成员落座。期待的效果显现了：有些小组放弃了拿稿来念，转而使用巴掌大小的提示卡来讲说。显然，这就要求这些学生更熟悉自己的陈述内容，全程需要更多地来讲PPT并与台下评委和观众们有更多的眼神和表情的交流。后来，我们更进一步，把舞台上的椅子也撤掉了，同时提供PPT翻页笔给同学们演讲使用。2016年，由辣椒传媒赞助的LED高清防水电子放映屏在报告厅搭建起来。该屏长9米，高4.5米，分辨率高达1920×1080，高清画质带来了震撼的观影体验，引来师生们的交口称赞。后经学院建议，学校出资在科技楼报告厅安装了更加高清的大型LED电子显示屏（图7-5）。就这样，在老师鼓励、学生竞争、舞台设计以及硬件支持的情况下，学生们从最初的坐着念稿很快过渡到了如今完全脱稿演讲。他们的口头表达能力，舞台表现能力，即兴表达与临场应变能力，还有那种由内而外的自信与从容，由此得到了更好的锻炼和展现。现场答辩的效果与第一年相比也宛若两重天：表现更加自如，全程更加生动，气氛更加活跃，竞争更加激烈。

图 7–5　新闻系辜晓进教授总结致辞，身后是大型 LED 电子显示屏

三

现场惊喜与意外互动：多样动人的互动环节

深圳大学新闻学专业每年的毕业生一般是 50 多人，按照毕设《方案》要求，4 至 6 人自由组合为一个小组，每年毕设小组在 10 组左右。每组答辩 30 分钟，外加开幕闭幕致辞，各组之间的串场和公布分数，以及有些小组超时，我们一般安排上午完成 5 个小组的答辩，下午完成余下 5 个小组。2017 年答辩，第一次延长到了晚上。对于现如今的大学生来说，听取各种讲座、报告和观看演出的机会唾手可得，如此漫长的毕设答辩还能让他们趋之若鹜，没营养、没爆料、没趣味那是肯定不可能做到的。各种方式、各种意料之外的互动，便是毕设答辩的现场气氛持续活跃的一个重要因素。

在提问环节，有的时候我们会把话筒递给前来观摩的同行嘉宾，或者前来物色人才的用人单位代表。有几次，新闻系原系主任黄春平教授还把提问的机会让给了现场的学生。每每遇到优秀的小组展示，评委们还会抢着发言。面对2015年的佛山武馆小组，作为指导老师之一的彭华新老师为尽量避嫌，只能引用现场主持人和前来采访答辩的媒体记者的评价来表达他的看法，直至要把坐在他旁边的吴予敏老师与他耳语私聊的意见也抢先讲出来。见势，吴予敏老师马上高声表示："我的意见我来说。"会场顿时为之笑声一片。

某些小组还会邀请他们的新闻当事人或者主要受访者来到现场。例如，2015年名为"未已"的小组做的是深圳器官捐献现状的调查报道，他们在回答完评委们的提问之后告诉全场，他们采访的一位深圳市人体器官协调员今天来到了现场，请求给她两分钟时间补充介绍。于是，我们有幸听到了权威人士披露的一些更详细情况。同年，六位接受毕设小组采访的逃港人一大早从香港过关来到答辩现场，在小组致谢环节站起来跟全场观众打招呼致意，引起一阵惊呼和骚动。

若说现场人气，不能不说的还有各个小组的亲友团。亲友团主要不是家人亲戚，而是各小组在整个毕设过程中通过微信、微博不断推送毕设信息而积攒的粉丝团、学友团。他们来到现场为各自拥趸的小组或者组员鼓掌、欢呼乃至尖叫，答辩结束时一拥而上献花拥抱。2014年对学生整容现状进行报道的一个小组，她们的粉丝不仅人数众多，而且分布广泛，甚至有北京、上海的个别粉丝来到现场支持，令人印象深刻。现场的这种热烈气氛和人气支持，给台上紧张的答辩同学们以极大的鼓舞，令他们自豪和感动。这反过来带动了后来的所有毕设小组都很重视在前期借助新媒体来进行毕设宣传和市场推广，客观上推动了综合毕业设计在"综合"各种素质、应用多媒体技能方面更加深入、扎实。2015年答辩现场发生的一幕，则让我们看到了毕设竞争之外的温暖友情："一代逃港人"小组答辩完之后，在他们之前答辩的"深圳非遗"小组组员杨静雯手捧一个精美的蛋糕上台，为"一代逃港人"小组组长陈烁庆祝生日，台上台下齐声唱起了生日歌。

第三节

交锋、感动、砥砺

在长达五六个月的毕设周期里面，答辩只有一天，每个小组的答辩时间只有 30 分钟，每个学生的展示时间最多也就 10 来分钟；在 100 分的毕设综合成绩里面，答辩只占小组成绩的 30%，占个人成绩的 20%。但公开答辩这个最后环节却有着无可替代的重要作用。于学生而言，往短了说，是五六个月辛苦毕设的精华展示和公开 PK，半年的辛酸甘苦可以从这里获得认同和共鸣，初入江湖的磨砺与成长在这里有众人见证和鼓掌；往长了说，是四年大学学习的最后、全面检阅，是一个隆重的仪式可以让他们致青春，告慰自己、家人、老师和学校；往远处说，是从校园迈入社会的滑行跑道，他们在此华丽展翅，预备飞翔。自然而然，他们对这最后的公开答辩异乎寻常的在乎：抽签排序，熬夜彩排，匠心设计，呼朋引伴，盛装登台……他们的勇气、自信与素养，在这里尽显无遗。

一

问与答的交锋

怯于和不善回答老师提问，是学生们的通病，这在毕设答辩的现场并不难见到。2013 年的一个毕设作品题目为“失控与失语：泥头车里的人”，外请评委林航首先肯定他们填补了媒体报道的一些空白，是他作为《晶报》当年策划这个题材报道的负责人也没有想到的。然后提出了两个问题。其一，作为经济链的末端，泥头车司机为什么要多拉快跑？他们要把成本压缩到何种程度才能够生活下去？同学们有没有对这方面进行采访和了解？其二，一旦进入公共生活，任何人包括泥头车司机，都要尽到应有的注意义务。小组有没有就此问题采访泥头车司机，了解他们对这个问题的理解？显然，这两个问题都是该毕设题目不应忽略的重要矛盾，评委想知道的是小组在这方面做了哪些工作，是怎么去调查采访的。然而，回应这个问题的组员却没有直接说明他们做了什么，而是陷入了主观想象："我觉得，他们心里边可能没有公共生活这种概念，因为他们毕竟不像我们读书人……"

面对评委们的发问和质疑，更多时候毕设小组成员表现出了前所未见的锐气和信心，着实令人震撼。例如，李明伟教授发现"未已"小组的作品中叙述的国内有些地方的器官捐献已经超越了深圳这个细节，现场请小组举例说明什么地方在哪些方面超越了深圳。如果没有充分的调查了解，对文本之外的这个情况在现场做出详细的回答并不容易。令人惊喜的是，小组的回应不仅精准而且详细，把被动的回答变成了一次积极的完美展示：

> 以浙江为例。首先，他们的协调员待遇比深圳好。深圳的协调员除了一点交通补贴，没有其他收入。浙江的器官协调员是由公职人员兼任，既有收入保障，还有组织的肯定和嘉奖。其次，他们的捐献增速比深圳快，这可能是（由于）浙江起步低或者起步晚，而深圳到了一定的瓶颈期。第三是，浙江有关器官捐献的几个部门配合比深圳好。……广州的中山大学第一附属医院，他们的OPO组织架构十分完善，包括伦理委员会，相关的法律部门，评估部门，转运部门。同时，还有一套非常完善的标准，什么情况下可以判定为脑死亡，什么情况下可以判定器官可以使用。

对"弃婴岛"小组，中山大学张志安教授提出了一个问题："你们做了 14 个案例的观察，那你们有没有在广州市福利院做一个较全面的统计分析，看这 200 多个弃婴有多少是先天性疾病，有多少是家庭推卸养育责任的？"对此，小组解释说，他们了解的弃婴主要有三类情况：其一是单亲家庭，其二是无法治愈的大病，其三是非婚生。报道里面有提到，广州弃婴岛收到的 262 个弃婴里面，有 98% 多的弃婴都是有重大疾病的。小组报道的几个典型案例，都是身患绝症或重病的，他们选择弃婴确实是不负责任，但他们此举也确实是无奈之选。

2016 年一个小组对评委的回应，更让我们看到了学生们的独立思考和社会远见。一位媒体记者提问：经过你们对深圳临终关怀事业现状的走访和调查，你们有没有思考深圳未来该怎么做临终关怀这一事业？小组成员回答：

我们结合香港和上海的制度以及对相关领域专家的访谈，对深圳临终关怀事业提出了一番设想，希望也可以引起大家对这份事业的设想。首先是要由一个信托基金来负责临终关怀事业资金的运作；其次是由民营医院作为临终关怀的主体，毕竟三甲医院的医疗资源太紧张了，难以提供长期的床位。民营医院可以提供三个层次的临终关怀服务：高级的服务，可满足高消费的需求；中档的服务，一般市民使用他们的医保即可享受；基本的服务，满足底层民众的基本需求。政府应该发挥最顶端和最基础的作用。从制度上鼓励社会提供这方面的服务；其次是对这种服务进行监督。

二

人与事的感动

学生没有正式的记者身份，但毕设要求他们深入社会独立完成一篇深度报道或者社会调查。在这过程中，很多小组都遭遇过他们平生未曾经历过的艰难险阻和精神压力。他们有些胆怯，有时退却，但更多时候他们孜孜以求，甚至不惜冒险，已经远远超出了人们对学生的想象和期许，赢得了校内外老师同行们的高度赞赏。

2017 年报道深圳禁毒的小组，光是选题就足以让人惊呼：这是学生能做的新闻报道吗？确实，这样的选题对职业新闻工作者也算是难如蜀道了。在答辩环节，这个小组披露了他们所遭遇的重重困难和他们使出的浑身解数。例如，三个多月与政府有关部门进行正面沟通却未果，不得已每位组员发动各自所有的人脉资源居中协调，得以三次进入戒毒所进行采访。还有，为了调查网上的毒品交易情况，他们伪装潜入一些交流群，熟悉他们的暗语，观察并假冒买家尝试与他们交易。三个外请评委完全被这组学生的勇气和诚意感动了，一致赞扬他们不得了。2016 年调查报道黑户问题的小组为跟拍采访，随二十多名黑户到政府部门上访吁请取消社会抚养费，被五十多名荷枪实弹的武装人员围在中间。这就是学生们对待毕设、对待新闻的态度，听之闻之，令人动容。在提问环节，李明伟教授说道：

我没有问题。我只想提醒你们以及今天在场的所有同学们，以后做毕设或工作中要进入类似的场景，一定要向你们的老师或上级汇报，确保自己的安全。李校长今天在场，我想，你们的安全，李校长非常担心，我们院系也非常担心，今天来到现场的你们的父母们更是担心。

除了危险，新闻记者常常还会被耳目所及的黑暗、绝望或无助压得喘不过气，回不过神，由此陷入巨大的心理黑洞。2016 年的另外一个小组聚焦的是绝症患者的“临终关怀”，他们眼睁睁看着一个又一个垂危的生命被痛苦吞噬，或疼痛难忍，或呼吸极难，但既不能申请安乐死，又缺乏足够的临终救助和关怀。临终前的种种不堪，生亦悲苦死亦无助的那种无奈和悲凉，沉重到让她们无法理解，难以承受。无疑，这是新闻工作者必须要面对的精神压力和心理挑战，但对于第一次如此触摸社会惨痛的学生来说，这还是太难挺过去了。她们既要全情投入来细察和感受那些受访者的痛苦，不能置身事外，不能冷血以对；又要时刻提醒自己，保持冷静客观，以免个人情绪左右了新闻报道。难能可贵的是，她们挺住了。不仅挺住了，她们还在采访当中身体力行地参与临终关怀的具体实践，与一些受访者建立了至亲至密的关系。在答辩现场，小组向全场透露了一个最新的不幸消息：作品中的一位主要受访者几天前刚刚离世了。闻听此言，全场静默，既为一个生命的逝去唏嘘惋惜，也为学生们的向善进取肃然起敬。

三

内和外的砥砺

深圳大学传播学院新闻学专业的综合毕业设计答辩在 2013 年一经推出，便在校内外产生了出人意料的积极反响。正是通过公开答辩，新闻学专业综合毕业设计才进入了业界的视野，并获得了他们的一致高度肯定。部分优秀的毕设作品接连被大报大刊全文刊发，2014 年综合排名第一的毕设作品《深圳渔村：远去的故乡》，被《深圳晚报》以头版加内页 8 个整版的特大专题隆重推介。2015 年的《逃港之后 / 一代居港内地人的生存与归宿》，又被《深圳晚报》以头版加内页 8 个整版的方式全文刊发。2016 年的《最后的“黑户”》主稿被《南风窗》杂志全文刊登；《迭代断层中的华强北》被国家级财经媒体《证券时报》刊登后，在网络上被多次转载，形成较大的社会影响。2014 年 6 月 24 日的《中国新闻出版报》在第 6 版全版报道了深圳大学传播学院的综合毕业设计模式，图 7–6 为版面局部。

06 话题延伸

中国新闻出版报

2014年6月24日 星期二 责编：袁舒婕 版式：田雪莼 责校：贾迎春

深圳大学的"新传统"毕业设计代替万字论文

深圳大学2014年传播学院新闻专业毕业答辩现场，6位女生的多媒体深度调查《深圳渔村：远去的故乡》受到好评。这个由一份36页全彩杂志、半小时的纪录短片以及长达4个月的微博、微信公众账号的实时传播组成的多媒体作品，不仅获得了本年度新闻系毕业设计最高分，还被《深圳晚报》高规格"礼赞"——以头版加内页8个整版的特大专题予以刊发。

用报刊、视频、社交媒体等多种方式呈现的毕业设计代替以往的万字论文，已成为深圳大学传播学院的传统。该院自2006年成立以来，每年的毕业设计总会引起社会的关注，优秀作品会获得巡展甚至直接投入运营的机会，在2013年学院广告系的答辩现场，就有企业老总想以数十万元的资金购买一个小组的毕业设计作品。

老师说

让学生在大制作中煎熬成长

□深圳大学传播学院特聘教授、英文《深圳日报》原总编辑 辜晓进

《深圳渔村：远去的故乡》这个毕业设计，实际上是以专题报道（或称组合报道）为表现形式的一个大型多媒体深度新闻调查。它还有个副标题：《关于深圳渔村兴衰存亡的新闻调查》。其最大特点是通过对深圳众多渔村由盛而衰乃至消失的实地调查，深刻揭示了现代化建设和城市化进程与渔业生产、渔民生活、本土文化的剧烈冲突和长期矛盾，不仅具有很高的新闻价值，更体现了较为难得的人文关怀和思辨色彩。

最终的成果，是由学生们自己设计编排的承载这组报道的一份36页全彩杂志、从数千分钟拍摄视频中剪辑而成的半小时纪录短片，以及长达4个月的微博、微信公众账号的实时传播。这些对于新闻专业的本科生而言，确属难能可贵，但在深大传播学院并非孤例。

一项改革的重要举措

多年来，深圳大学传播学院在新闻与传播专业的教学上一直遵循务实的传统并积极推行新闻教育的改革。作为改革的重要举措，除了平时办报、办网、社会实习等大量新闻实践外（完全由学生创办和运行的一份内部学报在学界已小有口碑），还有已推行多年并不断完善的毕业设计。

毕业设计要求本科毕业生在最后一个学期，不仅要完成个人的论文或研究报告（国内绝大多数新闻院校到此为止），还要以小组为单位，通常五六个学生为一组，以实际应用或理论探索为导向，结合4年所学知识、专业实习收获和当前理论或实务热点，进行细致深入的调查研究和富有创意的集体制作，最终形成一部有实用价值或理论创新的作品，并以PPT形式集体演讲和面向全体老师答辩。就新闻系学生而言，作品可能是一部纪录片、一组深度调查报道、一份真实报刊的策划制作、对现有报刊或网络产品的改进创新等。每一组毕业设计都要包含文案、作品、演示PPT这三大项目。

今年，除了备受瞩目的《深圳渔村：远去的故乡》，新闻毕业设计给人留下深刻印象的，还有《生命不可承受之"弃"》（弃婴调查）、《垃圾焚烧之惑》（多地垃圾处理冲突调查）、《无处安放的童年》（深圳农民工子弟教育难题）、《用指尖感知人间冷暖》（深圳盲人按摩师生存实录）等众多题材。报告厅现场，气氛紧张而热烈，过道、阶梯都坐（站）满了自发前来的观众，很多是其他院校的学生，甚至有逃课来听的。每年毕业设计，深大传播学院连续3天的现场答辩，都门庭若市，成为校内一大人文景观。

从业前的实战演习

毕业设计是强制性的，学生别无选择。方向和选题则由学生和指导老师共同商定，通常以学生的兴趣和意愿为主，学生实在想不出好的选题，老师才给意见。事实上，从毕业设计开始，学生就步入一个艰苦难熬、有时兴奋有时沮丧的复杂时期，这一时期往往从毕业季之前的学期就已开始。到了关键时段，不少学生通宵达旦、茶饭不思。而一旦最终完成，他们会有巨大的成就感，并以对新闻实务前所未有的深刻体验和感悟以及最接近实战的业务能力，与社会接轨。从这个意义上讲，一个毕业设计，确实远比一篇普通论文更能检验学生的综合素质和能力。

仍以《深圳渔村：远去的故乡》为例，6位女学生动手很早，2013年暑假就自发组成了小组，并开始选择指导老师（每个小组有1名~2名指导老师，采取双向选择，学生拥有首选权，老师的选择则往往是被动的）。2013年11月初步确定"深圳正在消失的渔村"的主题后，学生们就分头开始了广泛而深入的调研。这是个容量大、难度高的选题，学生们经历过很多次的四处碰壁、一筹莫展和焦虑不安，不止一次地委屈掉泪。春节也在偏远的乡村与渔民共度，到答辩前的半个月还在反复修改。这毕业前最后一段的煎熬与锤炼，已深深烙在几位学生的心里，她们感到自己确实在长大。

当然，指导老师的作用也不可低估。事实上，从毕业设计开始，指导老师也就"不得安稳"了。他们在平时教学科研任务丝毫未减的情况下，要耗费很多额外精力、承担较大压力，甚至跟随学生的节奏起舞，例如夜晚的加班和深夜的电话长聊。以这组报道为例，我和另一位指导老师、新闻系主任黄春平从选题的确定、稿件类型的选择、主稿辅稿的策划、总体方案和稿件布局的敲定、中途的调整，到采写实施、平台呈现、版式设计乃至标题制作、图片筛选等，和同学们讨论了无数次。可以说，学生们的专业能力、设计态度、所下功夫、毅力韧性以及对指导意见的领悟程度等，外加指导老师的责任感和精力付出，才最终决定了设计成果的优劣。

评委说

"渔村"彻底冲击了我

□深圳晚报社副总编辑 周智琛

我以评委身份参加了深圳大学传播学院新闻系本科毕业设计答辩，其中一件关于深圳渔村的长篇深度报道彻底冲击了我。

在提问环节，我异于其他评委、也异于自己此前提问环节中不厌其烦的学理探问，只问了6位作者一个问题：《深圳晚报》明天将用最重要的版面全景还原你们的作品，你们愿意吗？

话音刚落，全场掌声雷动。第二天，《深圳晚报》以一个头版加8个版特刊的方式刊载这部本科生毕业作品。这种对待学生作品的顶格安排，旋即在社会上、媒体圈、学界里引起巨大反响。或者说，《深圳晚报》这种礼赞方式，出乎绝大多数人的意料。

我们这样做，首先是为了尊重一部优秀作品。在我们看来，报纸是不许拿来作秀的。报纸应该是真诚而有力的，真诚即合适，有道则有力，否则就是作秀，至少是矫情、不自然、装腔作势。

《深圳渔村：远去的故乡》不仅是《深圳晚报》见报的近9个版，它还是一份36页全彩杂志，一部从数千分钟拍摄视频中剪辑而成的半小时纪录短片，以及一段长达4个月的微博、微信公众账号的实时传播。这是一种有关深圳成长的人文陈述，它用漫长的田野考察和细腻的文辞影像记载了深圳的渔村身世

学生说

难忘的"敲门"之旅

□《深圳渔村：远去的故乡》毕业设计小组

图 7–6 《中国新闻出版报》关于深圳大学传播学院综合毕业设计的报道版面局部

改变过去单一的学位论文考核模式，用高度实战的综合毕业设计来进行毕业考核，这种教学改革在兄弟院校也产生了广泛的影响。时任中山大学传播与设计学院副院长的张志安教授参加 2014 年答辩后现场表示："这种毕业形式非常棒，我回去以后，中大传播与设计学院马上取消学术论文，采取这样的形式。"之后，越来越多的兄弟院校或前来现场观摩，或索要毕设相关材料，并很快效仿推行了新闻综合毕业设计这种考核模式。2016 年 11 月，深圳大学新闻学专业综合毕业设计在国内众多新闻学专业教学创新项目中脱颖而出，获得了"全国新闻学与传播学教学创新项目"，该奖项由教育部高等学校新闻传播学类专业教学指导委员会和中国高等教育学会新闻学与传播学专业

委员会每年在全国范围内遴选十个。

在校内，深圳大学传播学院的综合毕业设计成了每年毕业季的一大盛典（图 7–7），也成了深圳大学本科教学改革的一个亮点。在 2014 年全校本科生的毕业典礼上，深圳大学校长李清泉高度赞扬了新闻学专业综合毕业设计，赞扬了学生们所代表的一种精神："这种不畏困难、独立工作、追求卓越的精神，正是'三自'精神的最好写照，正是深大学子走上社会应该具备的素质和本色。" 2016 年 4 月 27 日下午，李清泉校长临时造访答辩现场，观看了"体育独木桥"小组答辩的全过程，之后在受邀即兴发言（图 7–8）时充分肯定了学生和学校的创新气质，而这种直面现实、发现问题、敢于探索、勇于突破的气质，也恰恰是我们综合毕业设计的源头活水，故全文录于此，以为本章收尾：

这个话题我最近确实非常感兴趣。大家知道，上上个星期我们深大跟广州乒乓球女队签了一个协议，深大乒乓球俱乐部和她们共同组建了一个超级俱乐部去打乒超，她们的队员部分是我们的学生。最近几年，大家可能也看到了，深大的高尔夫代表中国参加世界大学生运动会，深大的围棋队代表中国参加今年的亚洲围棋锦标赛。深圳大学正在探索一个体教结合的高水平运动员培养和队伍建设的模式。我个人认为，同学们做的这个选题很有意义。我们新中国成立后，在积贫积弱、被视为东亚病夫，因此急需要得到世界认可的大背景下，举国体制确实发挥了很大的作用。大家都知道乒乓外交，中国第一个世界冠军容国团，中国第一次参加的那届奥运会上许海峰拿到了第一枚奥运金牌。还有我读大学的时候，中国女排拿了世界冠军，我们学生兴奋得把被子烧了，在校园里游行庆祝。其实，这个举国体制在相当长时期里面确实对于提升我们国家的形象和影响力，起到了很大的作用。但是随着国家的发展，我也感觉到，这种体制确实出了很多问题，比如最近一个关于马家军的长篇报道，包括今天同学们报道的这样一些问题。对此，我们大学能做什么？我认为，深圳大学是可以大有作为的，未来我们会做更多的探索。同学们敢于去面对这个沉重的话题，而且做得非常深入，对我们认识这个问题的严重性和紧迫性，我觉得非常有意义，祝贺你们！

图 7–7　2016 年 4 月 27 日下午，李清泉校长（中）在答辩报告厅外面与本章作者及其指导的部分组员合影

图 7–8　2016 年 4 月 27 日下午，李清泉校长在答辩现场即兴发言

第八章

新闻毕设过程的指导①

就毕设报道而言，指导老师不可或缺，学生们是这样概括指导老师的作用的：

导师在整个毕设中影响非常大，可以说是掌舵人的角色，给予我们极大的精神支持，让我们在陌生的选题上和陌生的采访场所里内心有主心骨，能充满干劲地工作。我认为指导老师的作用不单采访技巧等学术上的指导，更是一种对学生未来人生的指导。（崔晓丹）

毕业设计大多是新闻系学生首次接触如此深度、大型的选题项目。不管之前上了多少节新闻采访课，在校内做了多少次采访，学生在毕设尤其是面对社会问题类选题时，都将是第一次如此全身心地扎进社会人群里，第一次如此近距离地面对也许不是很善意的采访对象和无法控制的内容导向。在这个过程中，指导老师从项目定题到执行，全程把控整体项目的立意方向以及可行性等，会提醒我们下一轮稿件汇报的时间，把握整个毕设项目的节奏，督促小组按时完成任务，很像我们的"项目经理"。（陈柳月）

这样的概括用词不同，但大抵意思相近，可谓恰如其分。毕竟绝大多数学生到底没有在社会上闯荡过，没有多少社会经验，正如崔晓丹说的："当时我们五人还是涉世

① 感谢崔晓丹、陈柳月、张子怡为本章的写作提供丰富的文字材料。

未深的学生，认识社会的方式主要是通过媒体报道，缺乏对社会现象的直接体会，思维颇具局限性。”所以，他们迫切需要指导老师尤其是前期帮助他们理清思路、看到问题、着手入场，时而还需要指导老师为他们打气，树立将毕设做下去的信心。

但是，我们虽然不可低估指导老师的作用，但也不能过于高估这种作用。因为，指导老师到底只是幕后军师，身居斗室摇着鹅毛扇坐而论道，毕竟不像那些学生们在一线冲锋陷阵，雨里来风里去，毕竟只是对学生提供一些旁敲侧击的辅助性工作，如此而已。所以，在毕设过程中，指导老师是一个必要的角色但不是重要的角色，只是毕设过程中的顾问罢了。其实，就毕设而言，如何评价指导老师的作用并不是最重要的，师生同舟共济，呈现出高质量的毕设报道才是最重要的。

第一节

选择指导老师

指导老师的选择过程挺微妙的。首先，大部分小组是基于小组成员在修习相应老师课程中的感受，所谓投缘程度来判断和选择的。每个老师的讲课风格和侧重点不一样，而每个小组同学们的喜好和偏爱也不一样。据了解，这是学生们选择导师时的重要考量因素。有些学生由于一门课而认同某位老师，在随后的日子里，就会一直追着该老师，选修完其开设的所有课程。这样一个听课的过程毋宁说是选择毕设老师的一场预演。想来也是可以理解的，毕竟这是一场持续大半年的合作，如果偏好和风格差异过大，或者彼此不认同，合作势必变得很棘手。

其次，上一届毕设小组成员对相关老师的评价与口碑也很重要。尤其是每年的毕设现场，这固然是毕设同学的展示舞台，但也是尚没有毕业的同学们感受毕设和挑选导师的好时机。在我们新闻系的导师中，最热门的导师非辜晓进老师莫属，这很大程度上与辜晓进老师在学生中绝佳的口碑有关。辜老师不仅是一位有着近 30 年新闻工作经历的老报人，而且身上有着五十年代人那种一丝不苟的认真、负责精神，所以，辜老师指导的毕设年年出彩，业已在学生中间形成极好的口碑效应。

再次，阅读往届指导老师所指导的毕设作品也是一个很好的选择导师的方法。因为，毕设答辩现场毕竟有那种仪式的氛围在里面，这种氛围往往会冲淡人们对于毕设作品文本本身的深度阅读。虽然指导老师的作用是有限的，但指导老师势必会在毕设作品中留有自己的影响印迹。所以，通过阅读往届指导老师所指导的毕设作品文本的方式，也可以揣摩出指导老师的倾向性与指导风格，再由此来确定跟自己小组成员的契合度有多大，以及最终确定到底选哪个老师作为指导老师。

最后一点（但却不是最不重要的），学生与相关老师可能的合作往往成为其挑选导师的前提。深圳大学新闻系有一张学生实习报纸《新新报》，每一期都有老师负责指导，那么，在这种老师与学生的互动中，师生之间的默契程度也会影响到学生对于导师的选择。像我指导的《梧桐私塾“复兴”记》小组组长崔晓丹就说：“通过《新新报》的作业，我们和尹连根老师有过一次合作，当时尹老师的指导让我们印象深刻，能在关键节点给予学生言简意赅的建议，可以让我们有很大的自由发挥空间，并且不会偏离主题。”就这样，该小组最终联系了我。

就老师而言，老师的选择余地不如学生那样大。因为每一届那么多学生，而老师开设的课程又不是那么多，通过课程了解学生的程度本身就十分有限，这样，在学生联系老师的时候，老师往往只能通过现场对谈审视彼此的契合程度。我的经验主要是通过学生在我任教课程中的作业表现来确定，一般来说，选我作为导师的小组成员在我任教课程中的成绩都需要是“A”，即 85 分以上。当然，我这种确定学生小组之策也仅仅是一种选择方法而已。

学生挑选导师的工作现在越来越提前了，有的甚至提前一个学期只是为了能够“抢”到自己心仪的导师。不过，虽然也许学生的确认为指导老师在整个毕设过程中的角色很重要，而就我作为一名指导老师来说，我总认为，指导老师在整个毕设中充当的主要就是一个顾问的角色，作用不必过于高估。就像孩子成长过程中父母所担当的角色，我们就是在关键时刻帮孩子拿拿主意，提供参考。而路，到底还是孩子们自己去走，去体验，去感悟。学生自己的作用才是最终的和决定性的。

第二节

指导学生确定选题

指导老师的第一项工作就是帮助学生确定选题。尽管老师可以向学生建议选题，但最好是学生自己报选题。寻找选题本身就是一个磨炼的过程，更何况只有学生自己最清楚自己的兴趣点所在，从而根据自己的兴趣点去有意识地寻找选题。当然，老师也可以建议选题，但所建议选题需要同学们在内部进行充分讨论后决定接受还是不接受。

在学生将所有相关选题报上来以后，指导老师需要和学生一起讨论。学生需要陈述挑选该选题的动因、由来以及意义所在。然后，指导老师需要进一步从社会意义、操作的可能性、入场难度等方面帮助学生分析和认识到他们也许没有认识到的东西，简言之，就是一个集思广益的过程。在这个过程中，老师也只是一个视角而已，不过可能在分析选题的利弊得失方面比学生更容易客观、理性一些，而且，指导老师也不必隐瞒自己对相关选题的偏好。但无论如何，选题的最终决定权一定是学生。让学生违心地去做一个指导老师喜欢的选题，既让孩子们从小就慢慢习得不听从自己内心以取悦他人的错误人生态度，而且势必降低他们在毕设过程中的热情与乐趣，继而影响到毕设文本的质量。

选题终究只是一种可能性，要从可能性转为现实性，第一步要做的就是，指导老师需要指导学生学会对选题进行深化。

深化的第一步就是，查阅相关报道，兼顾相关论文。毕设毕竟只是本科生在新闻报道上的演习作品，所以，前期文献主要是关注相同或类似选题的新闻报道，同时，兼顾有关该选题的学术论文。看相关新闻报道，主要是让学生们逐步明晰既有报道在该选题的哪些方面已经报道得很充分了，哪些方面还有些薄弱从而可以深挖。看相关论文则主要是希图从中找到毕设报道好的切入点。像《梧桐私塾“复兴”记》，实际上在该毕设报道之前，已经有很多有关梧桐山私塾的报道了，但是，学生们在整理这些报道后发现，大体都是记者去采访若干教师，然后再去找几个专家，一篇报道就完成了。简言之，深化得不够。这实际上就为我们的毕设留下了足够可以深挖的空间。这种前期论证对开阔学生的思路，活跃学生的思想是很有帮助的，可谓磨刀不误砍柴工。《行走在流水线与霓虹灯之间》毕设小组组长陈柳月这样回忆道："在开始采访之前，老师推荐了一些类似的选题著名文章让我们参考学习，比如《酒吧工厂》《打工女孩》等，这些文献在后来的写作和观察中极大地影响了我们。"

深化的第二步就是，由话题转往问题（topic to question）。学生们往往只是说：老师，我们想做某某选题。但是，任何一个选题都包含着很多侧面，横看成岭侧成峰，而一个有限的报道究竟应该关注哪个侧面？这，对于毕设可是一个重要的问题。简言之就是，指导老师需要帮助学生将话题问题化。这个问题如果处理不好，学生们往往摸不着重点，停留于表面，在一篇文字有限的报道里，什么都涉猎了但却什么都涉猎不深。而让学生从一开始就知道自己应该关注所感兴趣话题的哪个层面的话，那么，他们就会在后来的新闻采写中做到火力集中，有的放矢，不枝不蔓。像刘佳诺小组，她们小组当年跟笔者商量，想着重关注"体校生"。那么，这个只是你的兴趣对象。而一个兴趣对象包含很多侧面，比如，体校生的教育，他们的家庭，他们的生活，他们的就业，他们的情感，等等，你们想聚焦于体校生的什么？这就是一个将话题进行问题化的过程。

第三节

指导学生立"意"

指导老师参与毕设的另一个重要阶段，就是立意。学生们无论知识的积累还是生活的历练都还相对薄弱，所以，在帮助学生们升华立意方面，指导老师还是可以发挥一些作用的，通俗地说，也就是如何帮助学生深化主题。

比如，《坚守在生命终点的"天堂使者"》，学生们刚开始接触该选题，所欲探究的是入殓师行业毕业生的就业前景问题。这个问题固然可以探讨，但到底也逃不出"就业难"的大框架，而就业问题，我们国家早就试行"大海中游泳"的自主择业政策导向了，更何况早就有很多此类报道，现在重新来写也写不出多少新意。笔者建议不妨由殡葬行业毕业生漾开去，关注整个“入殓师”作为一种职业的发展状况与态势。那么，我们如何关注？我们固然可以反映这个行业的被歧视和不被社会所理解、认同，但我们这个社会还有不少像这种被歧视乃至不被理解、认同的职业，立意还是比较一般，还是没有展示这种职业的独特性。为此，我们进一步追问的结果是，入殓师是一种让逝者体面入土的职业，本质上捍卫的是人作为人的尊严，是一种对生命的尊重。而与此形成反差的是，这种以生命尊严为捍卫对象的职业却在社会现实中不被尊重，无论是声誉上还是现实生存境况上都处于一种尴尬的状态。他们做的是一份以生命尊严为重的职业，但自身的尊严却难以得到尊重；他们让逝者体面地逝去，但他们自己却窘迫地活着。这两者之间的冲突与张力越剧烈，以尊重生命尊严为主旨的人性主题就会彰显得越突出。就这样，最终该组系列报道的主题定位于人性的诉求。

《金牌的迷思》也出现过类似情况。该毕设小组本来要探讨体校生的毕业分配问题。在和小组成员的商讨中，笔者建议她们立意可以再高一些，就是透过体校生，审视中国体育的未来。对象是体校生，但是思索的角度是中国体育的未来。正是因此，该小组后来才能将体校内外的采访与写作紧密地结合起来，站在了一个比较高的立意点之上。

另外，年轻人往往容易进行道德评判，容易愤激，动辄爱抨击社会，指责政府，这种偏好愤激的结果就是，形成简单的非黑即白的线性思维，忽略了现实世界的复杂性。而且，这种思维的片面性势必带来采访过程的片面性。为此，这种道德评判偏好和线性思维也是需要指导老师帮忙矫正的。

《快手江湖》小组就是典型例子，他们一开始就准备做网络直播行业，但是，他们还没有开始做就先入为主，先对网络直播行业进行一番道德评判，这必然限制其写作思维。此处摘引笔者当时和小组成员之间的信函往来为证，不再赘述。

亲爱的尹连根老师：

您好！

之前同您提及了网红经济的这个选题，我们决定把范围缩小到直播行业。经我们上次开会讨论，我们认为可以做的方向是：

一、直播软件是社交软件的异化。我们讨论后觉得，**直播将人们对美、金钱的追求发展到极端化的地步**，改变了审美的风向。**直播像是现代的青楼演化，打赏的**

看客就如同以前逛青楼的客人一般[1]。同时，做直播的主播长期生活在镜头前，由于镜头的自拍模式，他们比娱乐明星更能看到自己的一举一动，也就更加注意自己的言行举止，做多久的直播也是戴着面具生活多久。主播会长期隐藏真实的自我，是否会造成自身的心理问题，这个是我们想采访的方向之一。**全民看直播，全民也可以做主播，如果主播行业越来越扩大化，人人都来做主播，每个人都变成非常在意镜头前的自我，那这个社会的人人还会有真实的自我吗？**我们对此也很好奇。

二、…… ……

三、**直播行业赚钱的逻辑是非常简单暴力的，长得好看的人或者有些许才艺的人，再或者会聊天的人，这些人可以没有什么真才实学或者一技之长，只要能在屏幕里哄得粉丝开心，就可以月收入上万，甚至实现阶层的流动。相对而言，直播做得好的主播赚钱是非常简单迅速的，**那么是否会引起社会其他人士的仇恨，社会矛盾是否会从官二代、富二代再转向主播的行业？

…… ……

期待老师的回复！

子怡

我的回复是：

子怡：

你好！

我去年指导的一个小组，是做粉丝现象的，跟你们这个选题有些类似。

我觉得你们要写直播当然可以，而且很好，至少我是不知道的，所以，至少我是充满好奇的。但是，如去年的粉丝选题一样，那些学生也是一开始就大肆鞭挞，一副道德审判的样子。大学生大体都是积累不够，但正义感倒不弱，我当年年轻的时候也是如此，所以，能理解你们。比如，我在你来信中加以粗体显示的，都是在进行审判，进行预设，这是记者之大忌。而且，最关键的是，你们的积累还十分有限，你们还远远没有具备对任何一种社会现象指手画脚的能力与水平。

① 此处做加粗突出处理乃笔者所为。摘引部分以下加粗文字同。

我随便说一个，你说，什么是美的？凭什么说直播就是青楼？你们看过多少青楼的研究？凭什么说直播泛滥了，这个社会就没有真实的自我了？凭什么说这是暴力？你们这样说，难道不是暴力？ 所以，这个选题可以做，但你们这种预设的前提首先必须全部抛掉，抛得干干净净，否则，做不下去。

你们要抱着理解的态度去做，把它当成年轻人在网络时代的一种生活方式、一种社会现象去理解，去跟进，去做。我觉得总体主旨是否就是，展示和探究当代年轻人的一种生活方式。这是一个价值多元化的时代，我们要允许任何没有造成伤害公众前提下的行为存在。当然，我说的理解，不是说没有自己的价值判断，没有是非善恶，而是说你们首先接纳，这样才能深入，这样才能真正看到问题的本身，而不是先行预设，戴有色眼镜，这样往往会框限你们的视野和忽视真正的问题所在。

你们需要的是描摹，深度描摹，以至于我这样的直播门外汉也搞懂了、知悉了、理解这种网络社会现象。当然，主角是直播者和粉丝。你们就以他们为主角，廓清这其中的链条，所存在的现象，所折射的另类价值观和社会生活方式。

不过，你们首先要做的是论证，论证你们是否有足够的能力去采访和接触到他们。还需要论证，先期其他报道所涉猎的有哪些。

尹连根

张子怡在后来反思毕设的时候这样说：

说实话，当时我们觉得批判网红、批判直播的想法特美，特高尚，写出来的报道一定特别棒，尹老师严肃批评了我们，表示我们不能什么调查都没做，就站在道德的制高点上看问题，非常要不得。尹老师给我们传达的这个观点是很重要的。其实，我们看“快手”还是会忍不住戴有色眼镜，不能理解“快手”的世界。但是因为尹老师的指导，我们不能理解，却始终知道要保持一份克制和尊重，这种想法也贯穿在我们的写作中。我想，这是很重要的。青年人确实非常容易陷入道德审判中，自以为是地指指点点，如果不是老师的当头棒喝，我想我们最后的作品也不会有那一份克制在其中。

第四节

指导采写

采访写作本就“文无定法”，找到货才是最重要的事情，所以指导老师不必要给予过于细致的指导。而且，采写到底是学生自己身体力行的事情，所以，指导老师所能做的就是给一些原则性的提醒，关键时刻扶一把，以免学生或者做无用功，无功而返，或者跑偏了题，与立意南辕北辙。

无论毕设报道的宽度与广度如何，它到底还是从属于新闻报道。不过，它属于那种以深度见长的报道而已。为此，毕设的新闻采写往往要求学生将自己的选题置于一个相对宏观的大背景下来审视，来思考和呈现选题的社会背景、来龙去脉，来彰显毕设报道的社会意义所在。这个发掘深度的过程，一般来说离不开指导老师的旁敲侧击。

如常规的深度报道一样，毕设报道非常强调冲突性与故事性，这两个方面甚至可谓相辅相成。好的毕设报道总是离不开冲突性，当然，这种冲突并非狭义的肢体冲突，而是广义上的，诸如，城乡的冲突，官民的冲突，群体之间的冲突，父与子的冲突，工作与生活的冲突，内心的冲突，利益的冲突，等等。在毕设的新闻采写过程中，指导老师需要善于引导学生关注这些冲突点所在，并在这些冲突点将文章做足、做够，因为，我们每个人的日常生活更多是一种常态，是一种冲突的量变过程，而冲突则是我们日常矛盾的激化和外显状态，是一种质变过程，在这种质变过程中，各类日常的矛盾会呈现得更明显、更激烈、更完整。因此，对冲突的再现就成了一篇好的毕设报道的必备要素。不过，为了再现冲突，指导老师就要引导学生在毕设采写过程中注意冲突所展现出的故事性。笔者甚至讲得绝对一些，好的毕设报道必然是有着浓厚的故事性的。那么，怎么讲故事？毕竟冲突总是稍纵即逝，而且记者更多情况下是难以第一时间身处现场的。为此，指导老师就应该要求学生善于到现场，去还原现场；抓细节，去描摹细节。这也就是为什么每到毕设时期，学生们总会星散各地，因为他们需要去踩点，去观察，去感受，去体悟冲突，去挖掘故事。

其实，在我看来，新闻毕设作品的采写过程类似于民族志的深描（thick

要 领

参与式观察应注意的问题

新闻毕设作品的采写过程类似于民族志的深描。在一些参与式观察中，尤其要注意以下问题：

同理心的问题。要设身处地地将自己置于所访谈对象的社会情境中去，去感受、去体察、去相互理解，从而去启开对方的心门。

平视的问题。学生在毕设过程中常常喜欢先入为主，在态度上，要么处于一种居高临下的姿态，要么处于一种匍匐仰视的姿态，不能摆平自己与采写对象的位置，这势必使学生与采访对象之间总有着障碍与隔阂，难以深入人物的内心和事件的内核。只有暂时搁置任何对采访对象和事件可能的价值预设，在价值层面上去平视对方，才可能抱着开放的心态，去公正地进行判断。

不拒绝“我”的问题。作为一场持续大半年的“战役”，毕设报道一般来说是不可能在其间拒绝“我”的介入的。新闻不必刻意拒绝我的观察与感受：我听到了什么？我看到了什么？我闻到了什么？我感受到了什么？这些都可以甚至应该进入新闻报道。

description）。因为学生都太年轻，从学校到学校，对社会可以说是一无所知、一张白纸。而他们毕设所涉猎的主题都是社会性极强的，这样，毕设实际上也就等于要求学生以自己的文化去感受另外一个群体、另外一种文化。更何况很多学生所关注的都是社会的边缘群体，比如，代耕农、城中村拆迁户、富士康工人、精神病患者、入殓师、自闭症儿童、按摩师，等等。面对这种高度异质于普通人群的文化群体，可以说，毕设正好为这些即将踏入社会的孩子们提供了一个绝好的，以自己的文化去感受、体味另一种文化的机会，也是一次所谓的民族志式的参与式观察的机会。以此观之，一些参与式观察的文献就很值得老师向学生介绍和推荐。比如，笔者几乎每年都会向学生推荐《私人生活的变革：一个中国村庄里的爱情、家庭与亲密关系》《林村的故事》《村落的终结：羊城村的故事》《中国在梁庄》等著作。不过，更重要的是，笔者几乎每年都会要求毕设的学生花至少一周的时间和所访谈对象在共同的区域内同吃、同住、同生活。像《行走在流水线与霓虹灯之间》毕设小组成员接连“驻扎”在布吉以及清湖的工厂区内，切切实实地与90后农民工生活在同一片区域，早上目送农民工进厂，下午混在下班人群中暗访，晚上还时而约他们一起泡吧、蹦迪。有个 90 后农民工在乘飞机离开深圳时，学生们特地到机场为他送行。诸如这种有着共同生活体验的经历，一般都会使得学生们对所访谈对象的生活、心理与举措有切肤之感，在最后的毕设文稿写作中也更容易做到得心应手。

当然，在这个过程中，指导老师还需要提醒学生注意一些参与式观察中值得注意的问题。

首先是同理心的问题。我经常告诉学生，任何一个人乍一看都很单薄、苍白乃至无趣，那是因为你本能地排斥和拒绝走近一个人，拒绝走进他（她）的内心世界，否则，当你走近任何一个人，正如打开了一扇窗户，你将要见到的都是一个无比丰富的世界，都是一个有血有肉乃至发光的生动个体。所以，做毕设一定要学会运用同理心，设身处地地将自己置于所访谈对象的社会情境中去，去感受、去体察、去相互理解，从而去开启对方的心门。以《快手江湖》为例，这几个都市里长大的学生花了数周的时间走南闯北与各色快手混在一起，甚至就住在快手们的家里，运用同理心去理解他们的生活，理解他们的内心，理解他们的困惑，从而才能够使得快手们引为知己，与这些学生交心，乃至将日记交给这些学生阅读和摘引，从而在最后的毕设文本中才会出现诸如“我宁愿在单杠上摔死，也不想平庸地度过一生”一类极富快手味的个性话语的呈现。

其次是平视的问题。平视问题首先是人格平等所要求的，我们常说的人生而平等的含义之一就是人格平等。为此，无论所采访对象的人生有何等的起落，人格平等的原则都要求我们在采写中始终平视采访对象。之所以强调平视问题，还因为学生在毕设过程中常常喜欢先入为主，在态度上，要么处于一种居高临下的姿态，要么处于一种匍匐仰视的姿态，不能摆平自己与采写对象的位置，这势必使学生与采访对象之间总有着障碍与隔阂，难以深入人物的内心和事件的内核。之所以强调平视问题，还因为平视在价值判断上的重要性，因为，只有暂时搁置任何对采访对象和事件可能的价值预设，暂时搁置可能的悲悯或者崇拜，避免进行先行的价值判断，在价值层面上去平视对方，才可能抱着开放的心态，去接纳现实，去公正地进行事实判断，去全方位地呈现现实世界与人生的多样性与复杂性。这里聊以因保密协议故而未能公开发表的毕设报道《短路：精神病患者的现实世界》的引言为例，在这区区近 700 字的引言中，我们就能分明地看到学生对精神病患者的平视观，并管窥到这种平视观带给学生的影响：

疯癫，与其说它是贴在一类人身上的标签，毋宁更准确地说它应该指涉的是一种状态。在数月的采访中，我们感到大多数的精神病患者并不是简单的“疯癫”标签所能道尽的。

他们中，有十余年并无复发的XX，有病情稳定下来的XX，有因病而丢掉银行工作、目前从事报关文员的XX，有被父爱笼罩而病情时好时坏的XX，也有十余年待在封闭病房、处于重度疯癫状态的病人……

他们的状态千差万别，程度因人而异。但现实中，他们却笼而统之地都被冠以“疯子”或者“神经病”的称谓。念及这也是我们日常骂人中最容易脱口而出的术语，其中所包含的贬义和污名效应显而易见。

但是，人活世间，食五谷杂粮，谁能无疾？精神病本就是万千病症中的一种而已，倘若以如此的平常心去面对，于社会尤其是于患者健康有百利而无一害。

正是秉持着这样的平常心，我们关注他们，走近他们，理解他们，从而在这里呈现他们的生活，呈现他们的尴尬、不安与病痛，呈现他们的苦难，生活方面的、医疗方面的、社会接纳方面的。当然，呈现不是目的，手段而已，我们的目的是希望我们的文字能引起更多人对精神病及其患者的正视、理解与接纳。

采访中，曾经的患者、现在正努力为更多精神病患者权益奔走的XX告诉我们，她与朋友一起出版了一本叫《XX》的杂志，“XX”在广东话里代表着“短路”。短路？我们眼前一亮，脑海浮现出纵横交错的电路图，其中一条或若干条发生了短路而出现故障，在某种意义上，这不就是对精神病的形象写照吗？其实，精神病的病因本就迄今未明。

于是，我们不假思索地将我们的报道命名为“短路”。“短路”不仅是对精神病患者病症的形象概括，也包含着我们真诚的希望，因为，既为短路，就总有复位的可能性存在。

再次，是不拒绝“我”的问题。作为一场持续大半年的“战役”，毕设报道一般来说是不可能在其间拒绝“我”的介入的。而且，即便常规新闻报道也没有拒绝“我”的理由。简言之，新闻不必刻意拒绝我的观察与感受：我听到了什么？我看到了什么？我闻到了什么？我感受到了什么？这些都可以甚至应该进入新闻报道的，经典报道《奥斯维辛没有新闻》就是范例，通篇都是作者罗森塔尔（A.M. Rosenthal）的见闻与感受，但丝毫不影响它作为一篇新闻报道的不朽魅力。总之，指导老师要忠告学生不要一味、刻意地将“我”排除在新闻之外。像《梧桐私塾“复兴”记》，毕设小组成员与私塾师生同吃同住同上课了一周，后来，这其间的所见所闻所感就被写进了报道，让报道生色不少，此处摘录数段以证：

木桌子配长条板凳，厚厚的一摞书堆在桌角，露出后面的小脑袋，正一摇一晃随着老师朗读。无邪班学生年龄在3~6岁，天性烂漫，开课十分钟后，有小朋友坐不住了，站起来伸个懒腰，喝口水。扎马尾的小姑娘一番动作引得旁边的同学“吃吃”地笑，你看我一眼，我碰你一下。不一会，课堂秩序就乱了，小朋友笑闹成一团。老师对此情况不紧不慢，提高嗓门：“小朋友，跟我读。”

在二楼的教室，记者见到了杨子鉴，他正在小房间脱外套，脸胖嘟嘟的不爱讲话。记者逗了他几句，他终于嘿嘿笑起来，抬起双臂说：“你抱抱我，看我重不重。”记者弯腰抱起他，杨子鉴生得圆润，记者说：“不重。”杨子鉴又嘿嘿笑了。

记者在梧桐山走访发现，部分私塾门口挂着多个招牌，“国学培训班”“思维训练培训营”“8天快乐学3册数学”等，不过均是大门紧闭，门上贴着联系方式，“有事电联”。记者致电其中一间“快乐学数学培训营”的老师电话，提示“此号码为空号”，无法打通。

最后，由于毕设报道主题重大，涉及面广，一般来说，一次采访是远远不够的，为此，在学生第一次大规模采访后，指导老师需要及时和学生保持联系与沟通，再针对采访和前期写作暴露出来的问题，指导和要求学生回炉采访，重新进行第二次乃至第三次的补充采访，有的则需要扩大采访范围。《梧桐私塾“复兴”记》的回炉过程就是这样的：

与老师交流后，茅塞顿开。我们开展了采访之后的第二次集体行动，咨询教育从业者，听取专业人士的意见，提炼出报道的第二个大部分，也是我们认为最有深度的内容：私塾的理想形而上与现实形而下——理念与实践的背离。这也让我们的报道回避了以往常规报道的不足，我们详细采访了私塾，亲身体验了私塾生活，在将真实面貌展现给读者后，又从理论层面探讨私塾的问题，使整篇报道富有层次。（崔晓丹）

第五节 指导学生重视安全问题

安全问题自始至终是个重要的问题。一方面，学生们都成人了，应该学会对自己的安全负责；但另一方面，学生们毕竟涉世未深，容易低估毕设过程中可能遭遇的风险。为此，指导老师需要十分强调毕设过程中的安全问题。

通常，学生们对社会焦点问题素来抱有一腔热情，这是好事，也是十分可贵的，但是，指导老师需要认识到，他们所关注的有些话题从社会角度来说十分敏感，比如，征地拆迁、同性恋、禁毒、精神病院，等等。尤其对这些敏感话题，指导老师需要反复强调学生在介入事件过程中可能遭遇的安全风险问题。

在安全问题实在难以把握的情况下，指导老师要督促学生以安全第一，宁愿更换选题。如果这种风险出现在采写过程中，老师需要提醒学生，如果难以确定其风险程度，宁愿忍痛舍弃一些可能会很出彩的采访过程，而以安全为第一要务。

从安全计，指导老师一般建议小组成员构成保持较为恰当的男女生比例。毕竟女生在当今社会遭遇身体侵犯风险的概率相对较高，这样，男女合适比例的小组就会使得女生安全风险概率大大降低。

同时，许多选题都需要学生南征北战，旅途中可能遭遇的诈骗、事故等问题，也需要提前跟学生打预防针，要求学生随机应变。

另外，讲求学生家长的密切配合也是十分必要的。指导老师都会要求学生经常性地保持与家长的联系，以便家长对学生的饮食起居和行程情况了然于心，从而及时提供可能的物质与精神支持。

而指导老师尤其需要注意的就是，保持与学生顺畅的联络。指导老师要求学生在关键采访点和困难点第一时间告知老师，以便应对；同时，指导老师也需要不定时地主动跟学生联络，以便保证采写过程的安全，保障毕设工作的顺利进行。

这里，我特别推荐陈柳月总结的，他们小组在面对安全问题方面的宝贵经验：

由于身边生活圈缺少合适的采访对象，我们均采用在采访地工厂附近用 LBS 社交软件，如陌陌、微信等工具结识采访对象，并通过采访对象带我们到工人们最火的夜场。因为都是陌生人，而且愿意接受我们访谈的多是男性，小组成员在采访当中也做好了安全方面的一些考虑：

1. 夜晚出去采访必须小组三人以上结伴且至少有一位男组员。在采访当中，几位采访对象第一次用 LBS 社交软件与我们交流时均提出了性方面的明示或者暗示。因此，为以防万一出现安全隐患，我们均结伴进行采访，且女组员不单独赴约。

2. 在结识采访对象前，注册新的手机号及社交账号、QQ 号进行交流。由于组员的私人电话以及社交账号有着各种联络方式的私人信息，我们在结识采访对象前注册了新的手机号码进行广泛联络。在确认采访对象愿意接受采访以及有着友好交往的意愿后，我们再表露出采访的需求或交换真正的联络方式。有的采访对象并不愿意接受采访，而不断地逗弄，联系组员并发出一些露骨的要求，我们就将其删除；而有的采访对象在毕设后三年，我们仍保持着偶尔的联系，看着当初感慨“不知道怎么成家”的采访对象的 QQ 空间，现在已经发出了和爱人的婚纱照，也有了一种共同成长的感觉。然而这个作为保护自我的措施，在采访时也被一些采访对象认为是“没有诚意”的表现，或许如果再次有这种操作的机会，我们应该再次评估如何在既能保护自己的情况下又能让采访对象感受到我们的诚意。

3. 采访娱乐场所时提前踩点，观察其是否为正规营业场所。由于对观澜环境较为陌生，我们在前往当地住宿时提前联系了朋友认识的当地村民，并住在村民家中，以此为采访据点，先对附近的场所进行踩点，对于过远或者偏僻的位置，我们谨慎前往并会先向村民打探消息。

第六节

指导学生确立正确的毕设观

对于毕设，有些学生只是将其视作一次作业、一次任务，视作毕业证的敲门砖。凡是抱持这样念头的学生做起毕设来，很少不视毕设为苦役、为畏途、为应付的，这其实是一种错误的毕设观。简言之，宝贵的时间也花掉了，但却没有让这时间应有的效用最大化。对此，指导老师有必要帮助学生树立正确的毕设观。

认知决定态度，态度决定行为。在毕设之前，指导老师非常有必要帮助学生确立对于毕设的正确认知。那就是，毕设固然是一次作业、一次任务，但倘若我们将其置于更大人生背景下来审视的话，毕设又不仅仅如此。毕设本质上是一场展示与演练，一场对大学四年所收获知识、技能、合作精神、文字水平甚至所习得的人生态度的全方位展示，一场即将踏入社会之前如此近距离接触社会、直面现实的粗浅演练，可谓学生们真正意义上的成人礼。凡是抱持这种毕设观的学生就不会将毕设视作苦役，被动地应付，而是会积极、主动、全身心地投入，从而给自己的大学生活画上一个完美的句号，为自己即将走向社会迈出坚实的第一步。

而且，指导老师还应该帮助学生认识到，毕设重在过程而非结果。我们希望学生把毕设变成一个迎接挑战却又十分有趣的过程，去尽情地享受它，去感受他人的人生况味，去品尝自己的酸甜苦辣，从而使得毕设变得纯粹起来，变成一件快乐的事情。至于最终

要 领

毕业设计：新闻学子真正意义上的成人礼

新闻专业的毕业设计，本质上是一场展示与演练，一场对大学四年所收获知识、技能、合作精神、文字水平甚至所习得的人生态度的全方位展示，一场即将踏入社会之前如此近距离接触社会、直面现实的粗浅演练，可谓学生们真正意义上的成人礼。

的评分等级与结果，真的不重要，且不说评价本身就是一件主观的事情，单从最世俗、最功利的角度讲，毕设结果既不影响毕业，也不影响就业，何足挂齿？其实，如同毕设演示本身是一个仪式一样，毕设的评分本质上也不过是毕设仪式的有机组成部分罢了。

总之，如果指导老师能够帮助学生树立起正确的毕设观的话，毕设更大意义上就会成为学生成长过程中的一次人生历练。在这种历练中，学生会慢慢学会正确对待得失，正确对待合作，正确对待挫折，正确对待评价，正确对待结果，从而使得毕设不仅仅是一个作别大学的过程，更演化为一个自我成长的过程。

第九章

新闻毕设小组成员的分工协作[①]

在做毕设之前，新闻系学生一提到毕设很少不两股战战、如临大敌的。但是，等他们真的进入毕设、完成毕设展示并走出校门后，再回眸大学四年的时候，当时的合作与共处却往往成为他们最难忘、最深刻乃至最浪漫的记忆：

> 我们身处在一座四层的小楼房，楼下不到 200 米即是观澜富士康的大门。在清湖富士康驻点的半个月里，白天，我们在楼下工人们的喧闹中起床，睡的是房东提供的、捡的别的租客丢下的床垫；我们去菜市场，穿梭在一群年龄相仿的穿着富士康工服的工人中，不时扯着嗓子向菜贩询价；我们用从未用过的“热得快”进行一桶桶洗澡水的加热；夜晚，我们依旧一副卫衣、牛仔裤的学生打扮，面无惧色内心却怯生生，彼此鼓励着走进五光十色的夜场。我们在一起突破了人生中很多的第一次，有的也许是最后一次——第一次作为普工参加工厂面试；第一次进入富士康工厂；第一次进入迪斯科夜场；第一次使用陌陌和异性交谈；第一次参与陌陌网友线下聚会……在一次又一次的采访当中，我们对彼此刮目相看。男组员不止一次地感慨道：“你们（女生）还真敢啊！之前从来没想到你们这么大胆。”在毕设中，我们不仅对我们的采访群体有了新的认识，更重要的，也许会影响未来一生的，是突破了自己对自己的认识——原来我们还可以这样“豁出去”。（陈柳月）

① 感谢曾霓、崔晓丹、陈柳月、刘韵雅、叶佳宾、刘佳诺、张子怡为本章的写作提供丰富的文字材料。

毕业三年，现在大家从事不同职业，各自繁忙，不过毕设的影响到现在仍未停止。我毕业后在媒体工作，采访时经常会想到毕设时的情景，用的采访方式和思维方式大部分是从毕设那时培养起来的。新闻系学习四年，毕设的实践让我们从一个汲取书本知识的学生变成一个可以融入社会的记者，更让我们初入社会时多了一块敲门砖，直到今天介绍自己曾经的作品，《梧桐私塾“复兴”记》系列报道仍是我们在简历里永远不会忘记的一笔。（崔晓丹）

毕设，对学生们来说，不仅仅是四年学习成果的总汇，更是他们合作精神强弱的考验与展示。这是由毕设本身的小组工作性质所决定的。一般来说，毕设的题目都比较大，一个人是根本无法完成的，于是，如何组建一支能够很好地协同合作的高效率队伍，就成为毕设能否顺利完成的关键要素之一。

第一节

建立小组

学生们建立小组通常是基于他们四年相处对彼此的了解，所以，这种小组的建立往往会基于很重的情谊因素。而这种情谊主要来自两种途径，一种是基于同学们四年在一些活动过程特别是新闻实践类之中的合作，可谓之“业缘”：

我们小组的成立是基于以往的大作业经历。在大二、大三期间，专业课中有很多需要团队合作的作业，比如摄影、采访、《新新报》制作，每一个大作业会跟不同的同学组队。一次次的作业下来，我和志趣相同且相处和谐的同学逐渐组成了稳定的团队，比如我和邱迅、黄丽文、周璐，两次《新新报》制作大作业中，我们三个是固定班底，我当组长负责统筹，周璐技术强负责美编及排版，邱迅人脉广负责想一些延伸的选题，黄丽文喜欢摄影负责拍摄。我们四个人有一个相对固定的分工，同时大家遇到突发情况也会互相帮助。（崔晓丹）

《新新报》的制作在帮助我们学生了解彼此方面是很重要的。我在大二时期担任过《新新报》的主编，当时负责安排组员的工作，正因如此，认识到了很多同学。两次办报的经验让我对组员的能力有大概的了解。大四毕设组队时，我选人组队也是基于我在办报过程中对他们的了解。（张子怡）

实践证明，这种在作业中结交并认同彼此的模式是一种很好的毕设组队模式。而且，大学生总体来说比较单纯，这种情谊大都建立在共同的志趣基础之上，既纯粹也牢固，从而更有利于毕设中诸多合作之举的开展。

另外一种则是基于日常相处，比如，宿舍、好友关系，或者，在学校同一社团的经历，可谓之"业余缘"。《行走在流水线与霓虹灯之间》毕设小组的建立就是通过这种途径来完成的。陈柳月、方家俊、姚成慧之前都在学校团委共事，比较熟识；另一方面，陈柳月、黄晓丹、梁梓又是同一个宿舍的，平时气味相投，这样，这两股力量得益于陈柳月的桥梁作用而自然地走到一起。不过也有过来人提醒说："在毕设组队时，朋友之间组队是可以的，但是要避免朋友带一个不怎么做事的人来组队，这种人后期不做事会非常影响士气。"

在和学生谈及毕设组队时，笔者经常提醒他们注意优势的互补性。由于我国教育对成绩和学习的过于强调，学生也经常会有唯成绩论的思维，表现在我们新闻学科，就是笔头子好的学生会有自我优越感，他们爱集聚在一起，瞧不起笔头子不好的学生。在和他们谈及毕设组队时，笔者总会强调，笔头子好是一种能力，善于结交、人脉广同样是一种能力，两者无高下之分，无优劣之别。简言之，好的毕设组队模式需要同时兼顾写作能力、合作能力、社交能力、筹集资金能力、行政能力等多项要素，好的毕设团队是一种优势互补模式。否则，过于强调友谊，会使得毕设小组弥漫着江湖味；过于强调某一种能力，会使得毕设小组成员素质与能力显现为单一化、同质化。这些状况都不利于后续毕设工作的开展。

另外，性别因素也应该成为毕设组队过程中的重要考量因素之一。女孩子在文科学习上的比较优势使得新闻专业女生多且成绩出众，但我们不得不承认，女孩子在"江湖"上行走可能遭遇到的风险与安全隐患要比男孩子大得多。为此，"男女搭配，毕设不累"大抵是没有错的，现实状况也一般是一个小组至少会有一个男生在其中。

像上述《行走在流水线与霓虹灯之间》毕设小组，在五个女生因业外之缘而基本成型后，吕俊这个“男宝宝”的加入则自然是皆大欢喜的双赢局面了。不过，笔者也曾经经历过某一个小组是四大金刚、两朵金花的搭配，导致那一届笔者所带的小组清一色全是“女将”。《梧桐私塾“复兴”记》组长崔晓丹和《快手江湖》组长张子怡在成立毕设小组时的基本思路就很值得后来者借鉴和参考：

大三下学期要组建毕设小组时，我们四个很快决定一起做毕设，当时大家讨论，认为四个人队伍稍微有点单薄，且都是女生，如果能加入一个男生会相对平衡一些。我们开始在班级里寻找，正好知道师范专业在双修新闻的男生陈翔也在找组员，我们交流后，组成了最终的毕设小组阵容。最后结果也证明这个选择非常正确，陈翔主专业是播音，能负责担任主持人、录制画外音等工作，解决了我们之前无人出镜的难题。毕业后期，我发现新闻系普遍缺少能播音主持的同学，陈翔还帮很多小组录了画外音。（崔晓丹）

有条件的话，毕设小组里一定要有男生。有男生在，重的器材他能帮忙，另外如果有比较危险的采访，男生跟在身旁，安全系数也会高一点。虽然我们组可怜得只有一个男生，但是外出采访带上他真的会感到安心！而且我们外出采访太多。去外地采访，他背三脚架，负责指路，任劳任怨从不推脱。洪志荣也是我们组唯一一个所有采访都跑过的组员。没办法，毕竟只有一个男生，外地的采访都会带他。（张子怡）

第二节 新闻毕设采写的组员分工

好的小组优势互补，好的分工则是最大限度地发挥每个组员的比较优势，让组员们各取所长。对此，《金牌的迷思》毕设小组组长刘佳诺总结得非常好：

> 了解每一个成员的优点并让其发挥所长绝对是组织工作里的一门艺术，组长有一双发现美的眼睛对于分工合作是十分重要的。每一个人都有短板，相对的，每个人也都有所长。以我们小组为例，佳敏、阿宝和子洋都是十分擅长与别人交流的人，她们身上带着天然的亲和力；而婉银和炸炸则极富思辨性，非常善于写稿。（刘佳诺）

但是，无论从锻炼学生的角度还是从毕设的角度，每个组员都应该参与到毕设的每一个环节、每一个过程中去，只不过每个人所承担的比重和扮演的角色不同而已。否则，每人只是简单地做好自己的一摊子事情而两耳不闻其他组员的工作，那不是成功和高效的分工模式，那不是优势互补而是一种各自为政的分工模式，而且也不利于学生在毕设过程中相互学习、彼此砥砺、共同成长。像有的毕设小组到了后期，只有两三个人在做事，有的极个别小组到后来只有组长一个人在写稿，这势必导致整个组的毕设进程缓慢，最后出来的毕设作品质量也难以保证。所以，组员的人选固然重要，但如何合理分工，彼此进行有效的配合也很重要。

具体来说，良好的小组分工应该是，一方面每个成员能够最大限度地发挥自己的比较优势，另一方面，每个成员都能够从与其他成员的相处与合作中学习到新的东西。《快手江湖》小组在这方面就做得可圈可点，他们善于总结经验教训，及时调整分工思路，从而使得大家最终能够做到性格互补、能力互补，取长补短：

> 第一次采访给我的教训是：采访分工时要注意参与采访组员性格的构成。映辉和雅琴都属于比较内敛的性格，比较慢热，不会很快跟陌生人熟悉，志荣属于合作精神强但很闷葫芦的人。也就是他们三个人性格不够互补。所以，他们后来只好请求外援，增派人手，让性格活泼、能带动气氛，也属于能聊的文雅过去了。
>
> 除了该考虑组员的性格互补外，分工时还需考虑到不同的组员擅长不同的事务，从而在采访时扮演不同的角色。以我们去东北的采访为例，我、雅琴和志荣是一组，文雅、婷婷和映辉是另一组，我和雅琴都可以担任采访的角色，志荣主要负责拍摄，也就是两个采访记者加一个摄影记者。另外一个小组呢？文雅拍照水平很不错，婷婷吃苦耐劳，长于摄影，映辉心里比较有主意，能够把握采访的

大方向和节奏，这个组合属于两个摄影记者加一个采访记者。这样的采访组合比较好，采访都完成得比较愉快。（张子怡）

一　分工思路

大体说来，分工的思路有两种。一种表现为秩序思路，组员分工井然有序、各司其职，麻雀虽小、肝胆俱全，这突出表现在《短路：精神病患者的现实世界》毕设小组。组长刘韵雅对其小组进行了高效而优势互补的分工，宛若一个行动力、执行力都很强的项目小分队，召之即来，来之能战：

具体的分工是这样的：徐惠平——主稿、副稿 3；陈斯迟——副稿 2；我——副稿 3；罗笛尔——视频制作、新媒体运营；薄青青——杂志编排、PPT 制作；林洁——一切行政类的工作。

最开始的选题其实是笛尔给我们的启发，因为她在暑期实习的时候就在云南的媒体里做过精神病患者相关的报道，她觉得这个群体值得深究。开了几次高效而简短的会议，我们就大概定下了主题，每一次的会议其实每个人都有参与思考及提出有建设性的建议。

陈斯迟、林洁在为我们找寻受访者方面发挥了非常重要的作用，因为她们的亲戚朋友里有相关的医院资源、医生人脉以及政府相关部门的采访渠道。（刘韵雅）

另一种表现为无为的思路，《行走在流水线与霓虹灯之间》毕设小组大体就是这种思路，没有过于明确的分工，总体原则是因时而异，兼顾个人特长：

由于毕业设计的时间节点非常特殊，大三下学期到大四上半学期这个阶段刚好是本科毕业生校园招聘求职、试用的时刻。所以，我们根据实际条件出发，最大的原则就是互相体谅，以就业的角度考虑对方的精力，适当安排任务。比如大三下学期起，几位组员开始参与秋招，并陆续有面试任务，梁梓同学有法学院双学位的期末考试需要准备，大家互相体谅对方的时间表，在不影响对方就业机会的情况下进行毕业设计的任务分配，有时间的同学就多做一些。从3月起，我们的组员姚成慧、方家俊就开始了到岗实习，那从这个时间点开始，后续的实地采访任务就不再派给两位，而是由他们进行更多的文字组织工作。

在可选择的时间里，根据每位同学擅长的领域，来分配具体的任务。比如拍摄花絮及采访视频的后期，由我负责；善于与陌生人交流的梁梓，会更多地与陌生的采访对象进行交流等。（陈柳月）

对这两种分工思路无所谓孰优孰劣，能够快乐而高效地完成毕设工作就是最好的。

二

采访中的分工

具体到毕设过程中的重头戏——采访，或分头采访，或集体采访。分头采访可以提高效率，节省时间，比较适合于那种战线长、涉及面广的选题，但是，毕竟只有到现场才有那种实感、直感，才可能激发出灵感，这样，如果有些组员写作能力不强的话，那么，这样的组员所负责文字部分往往在最后的稿件中就显得比较单薄，而且无从补救。相对于分头采访来说，集体采访的长处是容易集思广益，比较适合于那种新闻发生场域相对单一、集中的采访点，但短处则是协调成本高，而且效率相对低下。对此，《归来之神》毕设小组组长叶佳宾结合其小组的具体实践有一段精当的陈述：

集体行动是最让小组成员在心理上感到舒服和放松的时候，过程中的交流也常常能碰撞出新的想法。更重要的是，我们组都是比较内向的性格，单独面对采访对象时有些困窘，集体行动弥补了这个劣势，在打开话题上没有遇到太多困难。而在写作过程，很多细节也可以互相回忆印证。当然，缺点是效率不高。并不是每一次采访或踩点都会有收获，有时候一组人出门一天，跑了几十公里，什么进展都没有。尽管如此，我还是比较推荐在做毕业设计的时候集体行动。

由于这两种采访形式各有利弊，不好笼统地说孰优孰劣，大的原则应该是，因组而异，因时而异，因题而异。而且，这两种采访形式并非水火不相容，有些情况下是可以实现两者的适度结合、灵活结合的。

比如，《梧桐私塾“复兴”记》从大的角度来讲是一种集体采访，大家一道踩点，但与此同时，小组成员又灵活地分头行动，再集中讨论：

> 小组成员制定了时间表，在集中采访两至三周的时间内，每一周保证 3~4 名成员在现场，1 名成员机动。在采访对象上，每天上午 8 点前去私塾采访前，小组开个小分工会，组长给每人分配采访对象。比如，私塾分为大班、中班、小班，一人跟一个楼层的班级。上午采访完毕后，下午私塾有自由活动时间，中午时，组员吃饭时间讨论一下上午的见闻，确定下午的单独采访对象，如小班的孩子、大班的少年，等等。晚上，大家回到民宿，将资料整理归纳，建立文件夹。（崔晓丹）

而对那种报道同一个主题但涉及不同新闻发生场域的毕设项目，这种全体踩点、集体采访的方式就不适用了，应代之以明确的分头采访形式来进行。像《快手江湖》毕设小组的采访对象分散全国，这必须要灵活地将小组再打散成不同的小组，以便东奔西走，南征北战，分头实施，齐头并进。《短路：精神病患者的现实世界》毕设小组也是这样，尽管他们的新闻发生场域集中于珠三角，但也是涉及不同的医疗单位，为此，他们采用的也是分头采访的形式：

> 采访是分组进行的，每一次都有针对性地前往某个机构或个人住所进行采访，比如笛尔是最先接触深圳残联的康复中心，所以这一条线的采访她是基本都参与的；陈斯迟出生于医生家庭，所以佛山的医生是她事先联系的，这一条线她也是一路跟到底。但是一般我们至少是有 3~4 人会参与每一次的采访，为保证每一次采访的客观和多元性。

我们的采访主要分布在深圳、广州和佛山三地，主要围绕医生、病人、社工、相关康复单位等。在每一次的采访中，我们一般会先联系相关的受访者，对于陌生的人或单位，一般是薄青青进行沟通，因为她曾经学习过播音主持，讲话技巧和声音条件在我们组内都是佼佼者。如果遇到听不懂普通话或普通话不好的受访者，比如我们采访的邓伯，一般就会由我去进行首次沟通，以便拉近与受访者的距离。（刘韵雅）

三

写作中的分工

与采访类似，写作的分工也有两种模式。有的小组采用的是分头执笔、一竿子到底的专人专稿的包干制。《短路：精神病患者的现实世界》毕设小组采用的就是这种模式。组长刘韵雅在具体陈述他们小组为何选择这种模式时如是说：

我们是每个人单独完成一整篇稿件，这是因为：第一，我们觉得没有必要让所有人参与，我们的分工其实非常明确，每个人的工作量都非常饱和，各司其职就能把整个专题报道完成得比较完善了；第二，我们觉得如果多人完成一篇稿件其实风格是很不统一的，修改起来也很困难，与其增加后期的难度，不如前期每个人努力一把；第三，我们写稿的三个人对于采访的整体把握和走向都了解得比较全面，整理起素材会更有效率和有条理性。（刘韵雅）

这种写作模式的前提条件是，各执笔者在思想、文笔上比较趋同，写作能力伯仲之间，写作前已经充分讨论，大家都达到了对整个报道的总主题和分稿的小主题的理解、把握与认同。这样，包干制出来的稿子虽然执笔者众，但却如出一人之手。

写作的第二种模式是，一人主笔，轮流修改，再由一人统稿的“总—分—总”制。《坚守在生命终点的“天堂使者”》采取的就是这种模式：

最初，我们以讨论的方式梳理出了基本的内容框架与大纲，也曾尝试让每个成员各自根据大纲内容以“认领”的方式完成撰稿。但当每一份稿件摆在一起时，却发现每位成员的语言风格与文字表达方式各有特色，有一种“文风凌乱”“缺乏逻辑”“主题不聚焦”的感觉。所以，后续我们几乎将最初版本的内容全盘推翻，又重新调整工作方式，先由组长一人主笔完成全文，再按顺序以“接力”的方式，交由其他所有组员进行一轮保留痕迹的“批注式”修改，最终再由组长进行整体梳理和润色。（曾霓）

相对于包干制，总—分—总制往往耗时长，反复多，而且，主笔一个人所承受的压力与任务都十分重，但是，其长处则在于一气呵成的连贯性，以及浑然一体的报道风格。

第三节

新闻毕设答辩的分工与合作

整个毕设活动最后的分工合作是答辩，包括完成答辩 PPT 以及现场陈述。

一

完成答辩 PPT 的分工

答辩 PPT 可以从两个角度来阐述。一个是内容，一个是制作。

内容方面，组长会和组员们一起合计内容的主要构成模块，内容模块设计背后的差异折射的则是不同小组的理念的差异。有的小组合议的结果是按照类似于论文的框架结构，如，文献、重难点、心得等。有的小组则会按照毕设报道固有的叙事结构，将最后所展现的 PPT 变成一个独立的纪录片式的文本。近年来，在这方面做得比较成功的要数《快手江湖》，该小组的答辩现场陈述按照人物叙事，每个人叙事的人物根据组员的意愿来安排，每个人挑选自己感兴趣、愿意做和擅长的部分来准备，其结果就是小组所有成员都拿出巨大的热情与动力不断地排练：

> 这里可以说说志荣，志荣因为跟了小伟的采访，他个人对小伟很有感情，同时觉得自己也被小伟所鼓励，所以当时主动要求来讲述小伟的部分，自己来写演讲稿。这对他还挺不容易的，因为他一直说自己不擅长写作。可是，他因为对采访对象有感情，就表现得很积极，最后出来的演讲稿也是充满了感情。（张子怡）

制作方面，有的小组是一个人制作整个 PPT，有的则是每个人分工做自己最熟悉、最了解部分的 PPT。这两种分工方式各有利弊，一个人制作相对来说风格容易统一，但弊端在于有时会造成部分所陈述内容抓不住重点，难以容纳整个毕设报道的精髓。而每个人制作自己的部分呢？长处在于能够使得毕设报道的重点一目了然，不足在于，PPT 的形式、风格会各不一样，难以统一，像《快手江湖》毕设小组当时就存在这样的问题：

> 我一开始是想每个人分工做自己的 PPT，因为我觉得每个人了解自己的部分。我思路没错，但是我没考虑到每个人做 PPT 的水平和风格不一样，导致后期改 PPT 改了很久，极大地降低了效率。（张子怡）

不过，最好的分工合作方式应该是统分结合，有分有合。张子怡在反思他们小组 PPT 制作时说得好："当时应该集中找两三个人做 PPT，其他组员负责对 PPT 内容打磨，可能这样会好点。"

二 完成现场陈述的分工

现场的陈述与答辩也非常讲求分工与合作。通常，各组都是采取谁负责组织的部分，就由谁来负责解说那部分的分工方式。而结合组员不同的现场演讲能力，各小组一般都会将最为重要、时间最长的部分交给舞台经验和辩论经验最丰富的组员来完成。

正是因为现场答辩是最后的分工与合作，再加上答辩本身所具有的浓厚的仪式感，答辩结束后，组员们往往会倏地有一种一直在奔跑的毕设列车陡然刹住的茫然感。有一个小组的成员说，他们在答辩结束，被请求退场的那一刹那，大家都有些木了，瞬间无所适从。最后，在一片沉默中，有一个组员悄悄地问："就这样结束啦？"一时间大家面面相觑。而陈柳月所记录的他们小组的答辩结束场景是这样的：

> 答辩结束刚到宿舍，其中一个组员突然哭了起来。其他人忙问发生了什么事？她抹了抹眼泪道："我不是伤心答辩做得不够完美，而是，在毕设结束站起来致谢的时候，投影仪的光晃了晃我的眼睛。那时候，我看不见台下的父母和同学的脸，只感觉到台下是一个个陪我们走过四年的人……就有一种强烈的四年学习谢幕的感觉，忍不住了。"

第四节 新闻毕设小组成员谈分工与合作

如新闻毕设这样耗时长、参与者众的本科生集体项目，没有合理的分工、成员间的相互配合是运转不下去的。项目的运转既要求组长明确责任，协调大家的行动，也要求组员求同存异，为了共同的目标相互体谅，积极配合。

一 组长如何协调大家的行动

毕设小组的运转难免会出现摩擦，越发凸显组长的重要。首先，毕设小组有其特殊性。《金牌的迷思》毕设小组组长刘佳诺对毕设的特殊性做了这样的概括："毕设小组不像工作团队，每个月拿工资，干不好被开除；毕设小组也不像兴趣小组，基于共同爱好，做事充满热情。"换言之，毕设小组作为组织形式的特殊性使得它既缺乏单位的硬约束，也缺乏单纯基于兴趣的软支撑，可谓介于两者之间，这样，组长并不是一个制度性的权威，而主要是一个民间性的协调者。其次，学生们正值年轻气盛的时候，尤其如今的年轻人特别强调个性的张扬，自我意识较强，集体意识淡薄，这也给组长工作提出了挑战。再次，毕设小组某种意义上就是一个新闻单位的缩微版，而无论这其间的采访、写作还是行政事务，都需要组长介入其中，并做到高效率的分工。所以，组长的重要性不言而喻，对组长的协调能力的考验也不言而喻。

尽管对什么样的毕设小组组长才算好组长这一问题众说纷纭、见仁见智，但以笔者指导毕设的经历来看，作为一组之主的组长，除了要自身能力强、能够"服众"以外，还需要有想法，有很好的协调能力，能够在小组内部化干戈为玉帛。通俗讲就是要求能力强、性格好。

具体到协调方面，有的组长善于调兵遣将，运筹帷幄，领导能力强，具有较高的行动执行力，担当的是一组之魂的领导者的角色。《快手江湖》小组组长张子怡就是这样的组长，她有想法，有决断力，以下所引用的几段文字大体可以佐证：

> 我们第一次开选题会议时，每个人都有选题，我就问他对选题的想法。如果我觉得这个选题不太好，会征求大家的意见；如果其他人多半都觉得不行，这个选题就会被毙掉。这样，最后剩下的选题就是网红。

> 我们采取谁联系谁采访的原则。我们第一个采访对象是小伟，当时应该是雅琴或者映辉通过在"快手"上私信小伟得到了回复，年后便决定去小伟家里采访对方。但因为是两个女生，我觉得不安全，所以安排了志荣跟他们过去。

> 需要规定 deadline 让组员们知道不同任务的不同截止时期。当然，deadline 之后肯定还会出现进度无法按时完成的情况，但提早规定任务的截止日期，会让组员们知道什么时间段该做什么事，而不是一味拖沓。

与领导者模式不同的是，有的小组组长则长于“和稀泥”，组长不像个组长的样子，采用的是召集人模式。这种组织模式十分适用于那些之前分工已十分明确，组员个个是精兵强将的小组。《短路：精神病患者的现实世界》毕设小组就是这样的，这个小组的组员无论理论素养还是动手能力都很强。置身于这样一群干将中间，组长自然乐得采取无为而治的思路：

> 我还记得老师问过我，是不是觉得自己是一个很没有号召力的组长。其实不然，我一直没把自己当“组长”，我喜欢我们大家一起碰撞，他们随时可以否定我的想法，我也可以随时打断他们的一些计划等等。其实，每一个集体里所谓“领袖”担当的角色是不一样的，我们这个小组大家都很有想法，大家都愿意为了毕设去花心思，出自己一份力，所以我觉得自己没有必要担当一个严格而集权的角色，更多是督促大家根据日程完成任务，多做一些后勤工作罢了。（刘韵雅）

“文无定法”，两种组长模式无所谓优劣之分、高下之别。适合所在小组，大家合作得愉快，足矣。

另外，为了保证整个毕设项目的按时完成，组长一定要有时间观念。就笔者所知悉的毕设情况而言，学生一般都是前松后紧，前面忙于公务员考试、研究生考试、出国申请，慢悠悠地找选题，节奏很慢，而到三四月份快截稿了则是最紧张和忙碌的时候，有的真是浮皮潦草，应付了事，草草收兵。这固然有组员们的问题在其中，但很大程度上与组长没有明确的时间表以及较强的时间观念有关。我以为组长在把握时间上的总原则是，宁往前赶，不往后拖，及时协调和调配组员们的行动，不迁就。因为一般来说，毕设报道这么大型的作品是很难一次性写就的，往往需要至少两次返工方能定稿。这样，如果前松后紧，就会使得稿件打磨不够而给毕设作品留下遗憾。对此，《归来之神》毕设小组组长叶佳宾说得好：“组长应该有个时间表在心中，什么时候完成采访，什么时候写完初稿，什么时候排版完成，什么时候彩排答辩。要严格遵守时间表，才能有余力进行修改。”

二

组员谈分工合作中的最大感想

对于毕设小组的分工与合作，我们作为老师到底只是旁观者，无法获得小组成员置身其间所获得的那种切肤之感。为此，在本章的最后这部分，笔者特地邀请部分毕设小组现身说法，来分别谈谈他们对于毕设过程中分工合作的最大感想。这一方面避免了狗尾续貂之嫌，另一方面也对那些毕设的后来者有直接的现实启发意义。

在和小组成员的分工合作中，我最大的感想就是一个大型的项目要顺利推进，需要组员不断磨合，互相体谅，具有耐心，尤其在大家都面临着毕业压力的节点，更是容易出现矛盾。由于作为组长的我提前拿到了master申请成功的offer，解决了毕业去向的问题，所以，我在项目全程都承担着比较重的制作任务。尽管中途也曾经有过抱怨的时候，但在最后答辩结束，看到成员们都如愿以偿地找到了满意的工作，得到了心仪学校的offer，我觉得我们小组的分工合作还是成功的。据我所知，不少毕业设计小组在长期的工作中都逐渐产生了对彼此的怨气，答辩结束以后组员相互再也不联系的小组也有。而我们小组成员则由于大家互相体谅，尽量配合，毕业答辩后至今仍一直保持着友谊。（陈柳月）

我们当时的那个情形，外人肯定觉得写稿的才是组内的主力军。其实不然，因为一个毕设要完成得好，每一个环节都不可小觑、不容忽视。只有当每个人把自己的任务用心尽力地完成好了，其余的部分才能环环相扣地进行下去。就比如林洁负责的行政文件，就是她一个人包揽了院里要求我们交的项目文本一类的东西，这些东西写起来绝不比文稿简单。（刘韵雅）

要有清晰的目标设定及明确的结果导向。如果没有统一的思路和共同的目标，这很容易导致在工作过程或团队运转中出现“各执一词”的情况，从而导致工作效率降低，影响团队士气。另外，好的作品，需要大家反复打磨。毕业答辩后，翻看我们团队前前后后以分工或合作方式完成的不同版本的报道文本，初步统计有近 70 稿，每一稿都凝结了我们几个月的心血与足迹。最后提交的版本，仍称不上“完美”，但我们也的确以高标准的专业要求和全情投入的工作态度参与每一次的文本修改和打磨。大到段落章节，小到标点符号，我们都以“接近完美”的追求在打磨。因而它最终呈现出来的样子，尽管依然带有“新闻学子”的稚气，但我们依然对它感到满意。（曾霓）

一个小组最重要的是互相信任，如果有了坚实的信任基础，即便遇到争吵和摩擦也能够坚定地走下去。建立信任是我想送给未来的毕设小组最真心且最重要的建议。当彼此之间感受到了真诚的友谊，即使过程中有再多的不满也只是一瞬，毕设也才会成为愿意且值得保存的珍贵回忆。（刘佳诺）

分工是小组合作中最棘手的事情，我所知的小组都遭遇了这方面的困难。采访、摄影、写稿、编辑、排版，加上一些杂务，要做的事情其实很多。理想的状态当然是博采众长，让各人发挥自己的优势，但实际操作往往是“能者多劳”。这是正常的，我的看法是，分工虽然要有，但不必陷入“官僚主义”，认为这是你负责的，不关我的事；或者，这是我负责的，你不能插手。四个月的时间，4~6 个人，完成一组报道，其实是绰绰有余的。对于专业的记者来说，一个人都应该可以完成。因此，毋宁将毕业设计看作是学习的过程，每个人最好的状态都是努力做多点事情，多跑些采访、多拍点照片、多写点采访札记。这样，自己学习到了东西，也推进了小组的任务进程。只要有这个心态，分工合作基本上不会成为困扰。如果消极懈怠，把任务都推给别人，最后即便小组名次靠前，个人也依然没有收获，白白浪费四个月的时间和一次珍贵的机会。（叶佳宾）

第十章

新闻毕设的业界评价

深圳大学新闻毕设的探索和实践，得到了新闻业界的支持与肯定。每逢毕业答辩季，都会有媒体老总或资深记者获邀担任评委，他们有的还主动前来观摩。记得2012年有一个毕设小组共5位学生，他们为深圳广电集团策划设计了一份面向青年学生的期刊《凤凰花开》。学生们在指导老师的帮助下，对这份期刊的受众市场和同行竞争情况进行了充分的调查，包括发放大量问卷和对多达数十位年轻学生的深入访谈，最终完成了一份全新的、富有创意的期刊，发行超过5万份。答辩时，这5位学生充满自信，面带微笑，在深大新闻毕设答辩史上首次全部脱稿演讲。应邀前来观摩的深圳广电集团相关负责人看了很感动，当场表态："这五位学生，我们都要了！"他的话对学生们的鼓励作用，可想而知。

此外，从全国到地方的主流新闻媒体对深大新闻毕设也给予积极关注，多年来进行了大量报道。如《中国新闻出版报》以整版篇幅报道和评述了深大的新闻毕设；著名时政期刊《南风窗》摘发毕设作品《最后的"黑户"》6 000余字主稿，并上了封面导读；《大学生》杂志以两个整版的"封面报道"发表对深大一位毕设指导老师的访谈；《深圳晚报》以头版加内页8连版的罕见篇幅，摘要转载了毕设作品《深圳渔村：远去的故乡》，并配发该报副总编辑的评论。可以说，深大的新闻毕设，是在业界的关注和鼓励下蓬勃发展起来的。

本章邀请3位业界老总撰写评论文章，他们曾作为新闻毕设答辩评委观摩了毕设答辩，有的还不止一次。本章同时也选登了全国和地方部分媒体对深大新闻毕设的部分报道，但限于表现形式，广播、电视和网络媒体的报道暂未选用。

第一节

三家报纸负责人谈深大新闻毕设

一

打造特色教育模式　培养深度调查记者

邓自强

（作者系《深圳特区报》副总编辑）

我曾应邀参加过深圳大学传播学院新闻系毕业生的答辩，学生们不是宣读论文，而是提交毕业设计作品。顿时感觉耳目一新。这些作品涉及的多是社会、经济、民生、文化等领域的热点问题，有现象描述，有原因透析，有对策建议。有些历时半年走访调查采访，有些已是基本成型的深度新闻调查作品了，有些通过新闻报道、调查报告和纪录片等形成多元传播。概括起来讲，这些毕业设计作品有一个共同点：小切口选取、大视野呈现，关注社会问题，彰显社会责任，对培养学生的社会调查责任、意识和能力具有重要的价值意义和鲜明的导向作用。

（一）毕业设计作品的特色亮点

思想主旨是深度调查新闻作品的灵魂，往往决定了作品的价值意义。从思想主旨而言，作品关注社会现实，彰显希望力量，助力社会发展。比如作品《短路》从“精神病患者的现实世界”“心灵守护人”“八旬老伯：一个人的坚守”“回归社会的路”四个维度开展深度调查报道，希望引起更多人对精神病及患者的正视、理解与接纳。又比如作品《坚守在生命终点的“天堂使者”》，关注入殓师这一坚守在生命终点的特殊群体，聚焦其用专业技术和爱心让逝者更有尊严地离去。

内容是作品的核心。从内容体系而言，作品丰满翔实、立体可感，见人、见事、见温情。比如作品《生命不能承受之“弃”》这篇深度调查新闻作品，从引言到作品主体内容，再到附录的中央人民广播电台《华夏之声》访谈录、编后语，采访了当事人、专家学者、有关机构单位负责人等，文图并茂、内容翔实，在客观讲述还原不同弃婴事件的基础上，以温情的笔触深刻地点出“弃婴行为的背后，实质上暴露的是社会问题”。

逻辑是作品的脉络。从逻辑结构而言，严谨有序、层层递进，清晰明了。在某种程度上来说，逻辑结构的严谨与否，往往决定了作品是否经得起推敲、经得起检验，更是作品立得住、叫得响、传得开的一个重要因素。作品按照“是什么、为什么、怎么办”的逻辑架构，紧紧围绕存在问题的社会现象、产生原因、解决办法这一主线，多角度、全方位、立体化聚焦呈现，抽丝剥茧般层层推进，层次分明，逻辑严谨。比如作品《生命不能承受之“弃”》从“最短命的‘安全岛’”“在边缘徘徊的弃婴者”“社会力量——助孤的希望”三个方面着手，通过扎实细致的调查、客观理性的分析，对弃婴这一社会现象和问题进行了深度调查研究，在此基础上提出了颇具社会责任感的思考建议。

语言是作品风格的直接呈现。从语言风格而言，明白晓畅、通俗易懂、娓娓道来。毕业设计作品，不管是作品主旨标题的选取，还是章节标题的选取，抑或是作品具体的细节都呈现出特色鲜明的语言风格。比如作品《指尖下的人间冷暖 / 深圳盲人按摩师生存实录》的标题开门见山、主旨凝练，章节标题“深圳盲人按摩业辉煌不再”“南漂深圳只为活得更好”“小微门店创业艰辛”“多彩生活——超乎想象”“心中有爱 无惧黑暗”，一目了然、易于理解，有效地增强了深度调查新闻作品的传播力。

（二）毕业设计的教学方法、模式和成果

深圳大学传播学院新闻系毕业设计模式在创新中发展，在发展中创新，经过不断实践和探索，取得了几百项毕业设计成果，形成了较为系统、完整、科学的“深大传院毕业设计”模式，得到了学界、媒体界以及教育主管部门的广泛关注和充分肯定，先后荣获广东省教学成果一等奖和教育部颁发的中国新闻学与传播学教学创新项目等荣誉。

于教师而言，深圳大学传播学院新闻系毕业设计模式是一种教学方式方法的改革

创新发展。教师是教育教学的主体。深圳大学传播学院新闻系毕业设计通过对学生从学校走向社会前“临门一脚”的综合考核，从源头上“倒逼”教师进行传统意义上的教学模式改革：由传统的以理论为主、理论与实践脱节，到当下的理论与实践双轮驱动、两翼齐飞。这一模式带来的变化，实质上也是教学模式的一种改革创新和发展，客观上要求教师既要遵循教育教学规律，也要遵循社会市场规律。除了具备传统意义上的“教学者”这一角色身份外，还要具备“学习者”“实践者”的角色身份，才能更好地肩负起立德树人、教书育人的光荣职责和崇高使命。

于学生而言，深圳大学传播学院新闻系毕业设计模式是对学生学习成果的检验和提升。学生是学习的主体。从毕业设计前期的选题立意、组织策划、资料收集，到中期的社会深度调查、图片拍摄、录音录像、归纳梳理，到后期的写作成文、修改打磨、答辩呈现这一过程，历时数月，辗转多地，可谓是一项较为复杂的系统工程。客观上要求学生必须知理论、能写作、会沟通、懂摄录、善编辑。毕业设计不仅是一篇传统意义上的毕业答辩论文，更是对学生是否具备扎实的专业理论知识、过硬的实操能力、团队的协作能力、综合的素质能力的一种全面检验。

（三）毕业设计培养模式对培养优秀深度调查记者的价值意义

为什么深圳大学传播学院新闻系毕业设计模式能够得到各界的广泛关注和充分肯定？关键是其在专业思想理念、教育教学方式、专业人才培养，特别是在培养优秀深度调查记者发展方向上具有特色鲜明的导向性、实践性和创新性。

众所周知，新闻是内容产业、思想产业，内容永远是根本，是决定其生存与发展的关键所在。而深度调查报道一个不可或缺的重要元素就是强化新闻内容建设。新时代下，舆论生态、报业发展、传播技术、媒体格局变革日趋深刻，特别是互联网正在媒体领域催发一场前所未有的变革。在强调“短、平、快”新闻的今天，以深耕内容建设而著称的深度调查新闻报道，并未失去生存空间和发展前景，而是愈加可贵重要、愈加大有作为。

据 2017 年 12 月中山大学传播与设计学院张志安、曹艳辉发布的《新媒体环境下中国调查记者行业生态变化报告》表明，“目前调查记者的规模已大大缩减”，“传统媒体调查记者从业人数下降幅度高达 58%”。在“终端随人走，信息围人转”的移动互联网新媒体时代，信息传播呈现出即时、海量、多元、互动的特点，传统媒体格局受到严重冲击，优秀的深度调查新闻记者面临着严重的人才流失趋势，具有社会责任感的深度调查新闻作品越发稀缺可贵。

深圳大学传播学院新闻系毕业设计作品包括核心内容提示、新闻报道概要、新闻调查背景、存在问题揭露、解决思路举措等各项内容，具备完整的深度调查新闻作品的元素要求。作品见人、见事、见时间、见地点、见问题、见解决思路方案，用的是新闻素材，讲的是新闻语言，写的是新闻事实。作为在校大学生，理论联系实际，关注社会现实，精心组织策划，团队密切协作，深入调查采写，实现专业理论与工作实际、大学课堂与社会实践、人才培养与竞争机制等多方面、多环节、多维度的有机融合，学以致用、知行合一，突出专业性、理论性、实践性。

当前改革发展步入攻坚期和深水期，面临着多元文化交融、多种思潮涌动、多样价值并存的环境形势。深度调查新闻报道在揭露社会问题、探寻事实真相、开展舆论监督、传播思想文化、启迪民心民智、深化社会变革、促进社会和谐、推动社会进步等方面发挥着重要的作用。在此背景下，以深度调查新闻报道为形式的毕业设计模式，学生就社会、时政、财经等领域的某一个现象或事件，进行深度的新闻调查研究，对一些问题进行披露、跟进和报道，进而提出解决或改进问题的方法、措施，对培养学生的社会调查责任、意识和能力具有重要的价值意义和鲜明的导向作用。可以说，这种教育模式播下了培养深度调查记者的种子。

二

以青春的学术，注目善治的社会

周智琛

（作者系深圳晚报社总经理、深圳晚报发展有限公司总经理、深圳网易总编辑、深圳 ZAKER 首席执行官，时任该报常务副总编辑）

深圳是面向未来的城市，而深大是一座塑造未来的大学。二者互为表里、互相呼应，以异质的创新思维和独特的创造气质赋能彼此、协同进化，持续闪耀光芒，令人目不暇接。

近几年来，我与人谈起深圳的想象力和创造力，常常提及深圳大学传播学院的毕业设计。早在6年前，我在云南创办青年记者训练营，几度招生选拔，均有深大传播学院的学生报名参加，其视野、功架和对传媒业的热爱，让我印象深刻，由此也就对深大这项专为本科生而设的传媒实务训练由衷敬慕。

2014年4月，我刚调入深圳工作不久，第一次以业界评委的身份出现在这个毕业设计的答辩现场。那天的校园，过门无车迹，满舍是蝉声。偌大个阶梯教室，坐得满满当当，气氛如火烈烈。教室第一排，坐着从四面八方请来的十多个名师与专家。而当天的主角——十几组竞演学生妆容齐整、别有千秋，十足的阳光，十足的青葱味道，但又透着一种不得了的国际范和时代感。

看着他们，我不由得和同是评委、来自中山大学的张志安教授赞叹，你看看现在的孩子，逸气飞扬，才华横溢，当年我们可做不到。当天答辩完毕，我又和张志安先生说，他们在学做的这些事，我们的学生时代更是做不到。

而后我又有幸继续担当评委和点评嘉宾，每一年的毕业设计答辩会，繁盛多姿、创意纵横，万目齐凑，与其说是青春学问的大型阅兵，不如说是深圳梦想家的理想嘉年华。

（一）青春梦想家和教育变革者

作为传媒人，我常常思考何为大学、何为理想的大学生活、何为胸有大志的学问等形而上的问题。很多问题得不到解答，但总有一些思想的力量砥砺自己。

譬如《无问西东》里说的一句台词：这个时代缺的不是完美的人，缺的是从心里给出的真心、正义、无畏和同情。

大概心有共鸣，在此之前，我在《花城》杂志写过一篇长文，隐隐批评当下的大学生活："从前的大学，一读四年，影响一生；现在不了，入学是什么样子，毕业十年还是什么样子。"

然而，每年深大传播学院火爆的毕设答辩都会给我带来强大的冲击，使我认识到，那种指责当下年轻人对公共领域充满漠然或缺乏思想深度的谬断，是多么无礼的行为。

首先，深大传播学院的学生们，大部分时间是以社会活动家的姿态去审视浮华都市的一切，他们怀有喷薄而出的表达欲，兼具熊熊自燃的行动力。这些，都映射在林林总总的毕业设计作品里了。

其次，他们是一群纯度很高的孩子，无论世情变得如何鄙俗，他们依旧会被一句“加油，记者的笔可以改变社会”而鼓荡得心花怒放。只不过，与我们当年相比，内敛了许多、优雅了许多，不像先前的年轻人那样生毛带角，叛逆狰狞，直愣愣地乱戳人心。他们以更为舒服、时髦的方式呈现着这个社会的多重面相。

他们关注的话题超越了我对他们的期待。城市化、垃圾焚烧、留守儿童、器官捐献、深圳禁毒……这些议题的重要性以及他们阐释的深度，足以令很多职业传媒人羞赧抱愧。

毕业设计品相、精度常给人惊喜，很多作品影响广泛、深远。实事求是地说，绝大部分的作品虽然全由学生制作完成，但其质量并不亚于业界从业人员的水平。

比如 2014 年度作品《深圳渔村：远去的故乡》和 2015 年度作品《逃港之后 / 一代居港内地人的生存与归宿》就展现了当今学子强大的资源整合力、社会行动力和世相观察力。他们扎实的专业技能和优秀的综合素质，他们关注的话题和角度，都充分体现了年轻一代对城市发展脉络的关注、审视和满满的使命感。

《深圳渔村：远去的故乡》这件作品，由 6 名女生耗时半年进行研究、调查才得以完成。她们用自己的方式追寻深圳渔村的历史更迭、风物变化以及美丽忧愁，穿透和捕捉了这一被时代遮蔽的群落。在深圳急速城市化的浪潮中，渔民、大海，村落、城市，传统渔业、现代市场，构成了此消彼长的宿命冲撞。渔村这一城市符号诠释了一座城市与自然环境、社区建设、市场竞争、社会保障和文化传承的种种关联。她们的作品是一种有关深圳成长的人文陈述，用漫长的田野考察和细腻的文辞影像记载了深圳的渔村身世和现实图景，洋溢着深圳青年对家园的关爱和对百态社会的体察，与窗外深圳大发展视野下的高歌猛进和壮美图景相得益彰。

那天我坐在台下，看着这一座有故事的城，看着这群勇于探索故事的学生，内心充满了踏实的未来感。到了提问环节，我问了一个问题：明天《深圳晚报》将以史无前例的版面规模全文刊登你们的作品，你们愿意吗？

“当然愿意！”她们的尖叫声博得全场经久不息的掌声和更大的尖叫声。

《逃港之后 / 一代居港内地人的生存与归宿》则更是一个充满野心的报道项目，5 位学生作者探访了 50 至 80 年代的逃港者如今的生活，她们历时 6 个月，往返深港 18

次，采访相关人物近 70 位……这个建构在故事基础上的调查优雅而有力，更反复提醒我们，往事并不如烟。这部优秀的作品，也于我所在的《深圳晚报》全文刊出。

我们之所以顶格安排这两次重磅报道，是因为这些作品来自深圳大学新闻系的学生，他们有新闻素养，有社会关切，通过亲身的深度调查和诚恳的学术呈现告诉社会，对于尘封往事，作为年轻人的他们从未忘怀。我们应该以特别的方式给予这些年轻人最高规格的礼赞。他们的优秀作品与责任担当也将警醒媒体从业人员记住自己肩上的责任，倒逼他们生产出更多更加优秀的作品。

所以说，深大新闻系的老师和学生们，是青春的梦想家和教育的变革者。他们以赤子之心关注城市的发展，关注被遗忘的角落，关注特殊人群，踏实、深入、严谨地去报道事件，特别是被时代掩埋遮蔽的事件、被遗忘很久的事件，值得所有传媒人致敬。从这点看，这已不仅仅是一份大学的作业，而是一份造福社会的功业，而这正是这个时代所需要却十分缺乏的。

（二）时尚的作业和沉着的使命

深大传播学院学生得以尽情展现才学，作品能够全面吐露芳华，整个教学创新实验会受到全国教育界和传媒界的关注，无疑得益于深大传播学院对教育的整体设计、为学生提供优质的实践氛围和毕设展示平台。

事实上，在 5 000 字论文之外设置毕业设计环节，已成为深圳大学传播学院的一项传统。相比较为纯粹的毕业论文，用报纸、杂志、视频、音频、社交媒体等多种方式呈现，作品显得更具象、更实务、更具张力，也更抵近传媒行业本身。

当然，我并不认为毕业论文已经失去了原有价值，只不过，善于打破某种文化枷锁和思维惯性的深圳大学用数十年的经验告诉我们，在特定的学科领域，毕业设计也可以被赋予同等乃至更高的价值。

尤其是针对本科阶段的新闻学子，这种用汗水甚至是泪水、血水煎熬出来的作品更能触摸到社会的心跳。我们都知道，毕设成果的质量和最终成绩取决于学生的专业能力、态度、悟性和人际交往等方面，从这个意义上讲，毕业设计确实比论文更能考察学生的综合能力。

由此观之，在当前媒体环境深刻变革的情况下，新闻教育做出改革与创新是十分有必要的。一方面，媒体内部人才更新换代的速度在加快；另一方面，进入头部媒体的难度却在提升，大批量的传媒专业学生毕业后选择了非对口工作。同时，变幻莫测的传媒环境和转型中的媒体都也对大学毕业生提出了更高的要求。面对这一系列的深刻变革特别是新兴媒体成为信息承载的主流，深大传播学院所自主构建的全媒体培养模式明显更加契合当前的媒体发展逻辑和人才培养规律。

据我所知，目前国内绝大多数新闻院校只要求新闻专业本科毕业生在最后一学期完成个人论文或研究报告。将毕设作为本科生毕业考核的重要一环，列入必考项目，在国内新闻相关学科中鲜有案例。创新采用毕业设计方式的除了深圳大学以外，现在仅有中山大学、汕头大学、南京大学等几所大学。

深圳大学传播学院开此学风之先河，取得的成果毋庸赘言。看着那些琳琅满目的调查报道、纪录片以及新媒体运营成果，谁还能笃定新闻无学？谁还能妄言学界教育与业界实操彻底脱节？

值得关注的是，深圳大学传播学院毕业设计业已成为深圳大学的一张名片，并在国内高校新闻教育领域声名远扬，吸引了其他高校新闻系的师生到深大毕业设计答辩现场进行观摩与学习交流。经过互相借鉴与完善，毕业设计这种模式是否会渐渐在全国高校新闻教育领域流行尚不可知，但这种领先的教育模式无疑是值得学习和借鉴的，相信深圳大学传播学院在未来也将继续凝聚共识，为社会、为媒体输出更多优质人才、创造更多优秀作品，为中国新闻教育的发展贡献更沉着的力量，并光照着更多理想主义者前行。

三

妙处唯在不隔

林航（作者系《晶报》副总编辑）

王国维在《人间词话》中有这么一段话：白石写景之作，如“二十四桥仍在，波心荡、冷月无声”“数峰清苦，商略黄昏雨”“高树晚蝉，说西风消息”虽格韵高绝，然如雾里看花，终隔一层。梅溪、梦窗诸家写景之病，皆在一“隔”字。北宋风流，渡江遂绝。抑真有运会存乎其间耶？

至于如何区分“隔”与“不隔”，一代学术宗师王国维自己又做了这样的诠释：

问“隔”与“不隔”之别，曰：陶谢之诗不隔，延年则稍隔已。东坡之诗不隔，山谷则稍隔矣。“池塘生春草”“空梁落燕泥”等二句，妙处唯在不隔，词亦如是。即以一人一词论，如欧阳公《少年游》咏春草上半阕云：“阑干十二独凭春，晴碧远连云。千里万里，二月三月，行色苦愁人。”语语都在目前，便是不隔。至云：“谢家池上，江淹浦畔”则隔矣。白石《翠楼吟》：“此地宜有词仙，拥素云黄鹤，与君游戏。玉梯凝望久，叹芳草、萋萋千里。”便是不隔。至“仗酒祓清愁，花消英气”则隔矣。然南宋词虽不隔处，比之前人，自有浅深厚薄之别。

必须承认，我并不喜欢这样的文章开头，很早以前，我就开始摒弃这样的写作方式，因为它本身就是一种“隔”。

但辜师邀我就深大传播学院毕业设计写点东西，思来想去，觉得王国维关于诗词的“隔”与“不隔”的区分有助于我个人对深大传播学院毕业设计特点的理解，所以姑且用之。

我不是传播学科班出身，但各式各样的论文在不同阶段也写过不少。当年本科的毕业论文，通过印欧语系的语言学比较，分析各国上古至上神的语言渊源，进而对于上古文化迁移的传播路径做出判断，据指导老师介绍，论文是中大中文系多年来罕见的高分。

年少轻狂，当年自然颇为自得。但步入社会以后，慢慢地却有了不同的看法。

这样的学术训练，除了满足思辨的乐趣和逻辑爱好，对于现世的具体实践到底有多大作用？

这里面有没有王国维所谓的“隔”？当然这是教育理念和教育训练的“隔”。

世界范围内，大学的学科分设，确实也有不少恰恰就是为了满足人类思维需要、逻辑需要的，比如哲学、神学、逻辑学、数理学，但更多的恐怕还是为指导引领现世生活的。

那么问题就来了，有没有一种训练能够顺畅平滑地连接校园与社会，一如王国维所说那样——“不隔”，学生们不用换用代码就能续写人生？

这个问题，在我从业 20 年后的 2015 年，在深大传播学院毕业设计答辩会上，我似乎找到答案了。

那次机缘也是辜师给予的，手把手教我如何写报道、如何设计采写提纲的辜晓进老师华丽转身——仕而优则教，从报社总编辑的职位上决然走向深大讲台。

更为难得的，他从来没有忘记过我们这些学生，我人生第一次荣光参与大学校园的毕业答辩。

那天，我特意穿上西装，虽然四月份的深圳溽热难当，但我以为必要的仪式感是致敬更是一种必须。当然，脑海里我还是二十年前毕业答辩的固有概念，以为又将是一场概念与逻辑的推演与辩驳，很快我就发现面前洞开的是完全不同的另一条道路。

这里没有概念与逻辑，也没有掉书袋式的旁征博引，有的只是紧贴大地的真切体验和深入洞察。

上午就是三个题目：入殓师，泥头车司机群落和铅中毒民工，学生们将笔触、镜头，当然更多的还是完全属于他们这个年龄阶段的热血与情怀，伸向他们面前这个多少还有点陌生与沉重的世界。

更让我这样一名从业二十年的老新闻人感慨万千的是，他们对现实的介入角度、呈现方式和洞察逻辑与我们这些所谓的专业人士已经做出了明确而且清晰的区分。

那时泥头车肇事频仍，我与其他的媒体基本上是同一个套路，即自以为是批评肇事者为了蝇头小利轻视生命，但学生们的笔触却伸向更远的畛域，触达现象背后更深的因由，并以深沉的人文情怀全幅地展现了泥头车司机生活的艰辛与无奈。

而铅中毒民工的调查，则呈现出宏阔的观察视野，写出体制内记者无法也不敢触达的方方面面，而就个人而言，我更为偏好入殓师这组调查，学生们细腻地写出了每一个生命的尊严和真诚。

这三组调查报道呈现出来的品质光泽，一点也不逊于主流媒体里我们这些所谓的专业人士，我当场就表达了这样的意思，这些作品完全可以一字不改搬到报纸上去。

事实上，翌年的深圳媒体，还真有一家报纸为当年深大传播学院的毕业设计出了特辑，引起了社会各界多层面的震动与反思。

年纪大了，为人为文，唯求恬淡，不再像年轻时喜欢用热烈的语词描述内心的感奋。

但此时此刻我依然必须真实地说出那一个上午带给我的启示与激动。事实上，了解或者现场观看深大传播学院的毕业设计答辩，自那之后便成为毕业季里我不曾改变的习惯，这里面有自己专业的原因，更来自那个上午的印象与震撼。

而，另一个习惯则是聆听一年一度李嘉诚先生在汕头大学毕业典礼上的致辞，他的睿智与练达是我们穿越纷纭世事的明灯。

每逢毕业季，不管深大传播学院的毕设答辩何时举行，我都会上百度搜索一下：深大传播学院毕业设计。

这样的搜索也依然时时给我带来惊喜与感动：学生们上众筹网了，为他们的毕业视频众筹了，他们在网上征集同道同好一起完成创作了。

这几年，也是中国千年未有之大变局，可贵的是深大传播学院从未将自己的脚步停留在时代洪流之外，他们一直在努力，一直在寻找更好地回应社会关切的教育方式。

特别是近两年，从网上搜索以及现场观摩到的毕设作品已经明确地向多媒体的方向转型了，即使在惯有的调查报道上，我也注意到学生们更多采用了文图之外的媒介予以呈现。

像《劫》《虔行》《夏虫》等微电影，似乎也有了点儿国外独立电影的模样，非主流，而灌注其间的青春表达和独立意识，从来都是那样的清晰而坚定。

因工作的缘故，我也经常了解到深大传播学院毕业设计已经名播大江南北，从媒体的语词缝隙里，隔三岔五就会发现某某学校来传播学院取经、某某学生毕设作品在什么评奖中获奖的消息。

吉光片羽，却美好地沉淀出更多的热爱，成就着一年一度朝圣般的答辩观摩。

红尘沉浮，与辜师在各种场合的见面，也多匆忙，从来没有向他请教：为什么深大传播学院会摒弃国内高校经见的论文方式而采用这种所谓的毕业设计方式来评估锤炼学生的综合能力？虽然热爱，但好像也没有好好静下心来思考这种教育创新与深圳这座城市，与深大这座校园到底发生着什么样的联系？

2017 年我去麻省理工学院考察，麻省理工的校训是“Mind and Hand”，不知什么原因，在写作此文时，我突然便想起了去年造访麻省理工的那个场景。

没有全面调查过，深大传播学院毕业设计这种教学模式是不是首创，但我相信至少在中国大陆范围内，它是教育前沿改革中的那一部分，用一句较为时尚的话来说，它应该归属教改的头部。

1989 年联合国教科文组织提出了一个革命性的教育主张，这种主张认为事业心和开拓技能教育的地位应该提高至与学术性和职业性教育同等的地位。

这样的表述或许失之简单，教科文组织的意思是以现实情境的问题为中心，引导学生探索解决实际问题的方法，检校所学知识的适用范围和存在不足，进而激发学生自我完善知识体系的决心以及自主学习探索的研究能力。

事实上，联合国的相关主张，是对欧美掀起的“新教育运动”和所谓的“进步主义教育运功”的理念概括与实践总结，并由此在全球范围内开启了一种面向实践、面向应用的教育风潮。

据我了解，加拿大以能力为基础的教育 CBE（Competency Based Education）模式以及德国 FH 教学模式则是此股风潮的瞩目样本。

这种教育理念强调学习目标的可操作性，重视垂直行业的现实意见，主张学习的个性化，重视实践能力培养，深大传播学院毕业设计这种教育方式是不是导源于此类理念，我并没有做深入的调研，但就我个人而言，我认为在底层逻辑上，它们彼此之间是契合的、相互贯通的。

学术性的教育和训练，自有它的意义与价值，但它最好能够建构出在象牙塔与现实社会之间平滑过渡的桥梁。

像深大传播学院这种在“现实情境”中领悟专业的真谛、寻求更多抵达问题核心的教育路径，至少在我个人看来，恰恰就是这样一种“不隔”的学术训练和能力传递。

关于教育理念和实践革新，一千人就有一千人的意见，但在我个人看来，打通象牙塔与社会的认知障碍，在学生当中构建出一种基于现实需求的实践性、创新性能力恐怕会是一个方向，因为我相信，在此基础上的自我学习能力是一种生态化的能力。

第二节

全国及外地媒体部分报道或转载

1.《中国新闻出版报》，2014 年 6 月 24 日

06 话题延伸　　中国新闻出版报　2014年6月24日　星期二

深圳大学的"新传统"毕业设计代替万字论文

深圳大学2014年传播学院新闻专业毕业答辩现场，6位女生的多媒体深度调查《深圳渔村：逝去的故乡》受到好评。这个由一份36页全彩杂志、半小时的纪录短片以及长达4个月的微博、微信公众账号的实时传播组成的多媒体作品，不仅获得了本年度新闻系毕业设计最高分，还被《深圳晚报》高规格"礼赞"——以头版加内页8个整版的特大专题予以刊发。

用报刊、视频、社交媒体等多种方式呈现的毕业设计代替以往的万字论文，已成为深圳大学传播学院的传统。该院自2006年成立以来，每年的毕业设计总会引起社会的关注，优秀作品会获得巡展甚至直接投入运营的机会，在2013年学院广告系的答辩现场，就有企业老总想以数十万元的资金购买一个小组的毕业设计作品。

老师说

让学生在大制作中煎熬成长

□深圳大学传播学院特聘教授、英文《深圳日报》原总编辑　辜晓进

评委说

"渔村"彻底冲击了我

□深圳晚报社副总编辑　周智琛

学生说

难忘的"敲门"之旅

□《深圳渔村：逝去的故乡》毕业设计小组

在一次次"粉碎重来"中成长

全媒体作品代替万字论文

"放养式教学"收获更多

2.《南风窗》（封面导读加内页 4 个版），2016 年 6 月 29 日

3.《大学生》杂志（封面报道，封面导读加内页 2 个版）,2014 年 6 月 24 日

封面报道
COVER

辜晓进
深圳大学传播学院
新闻系教授

新闻系也有毕业设计

文/本刊记者 胡文娟

2014年4月29日，深圳大学科技楼内设计精美而又特色鲜明的答辩海报早已摆满走廊大堂。2号报告厅更是座无虚席，连从过道里走过去都不是一件容易的事。这是传播学院新闻系的毕业答辩现场。与上届不同的是，各个毕设小组都成立了自己的微博、微信，在答辩前进行了大力的宣传，每个小组都积攒了自己的“粉丝团”。刘木子和吴圆圆做的关于学生整容整形现状的报道还吸引了来自北京、上海的粉丝的现场支持。参加完学生毕业答辩的中山大学的张志安老师说：“今天是一个全媒体时代，新闻人既能在报纸上讲，又能在杂志、微博、微信、视频上讲。用全媒体手段去讲故事，这是我的期待，他们做到了。”

关于新闻系这次毕设，我们采访了新闻系辜晓进教授。

Q：今年深大新闻系的毕业设计中，您最欣赏哪几组?

A：今年新闻系学生的毕设，总体质量都很好，不仅本土意识强，新闻价值高，还体现了较为难得的人文关怀和思辨色彩。我个人更为喜欢的，除了我和黄春平老师指导的《深圳渔村：远去的故乡》外，还有以下几个题材：《生命不可承受之“弃”》，这是以广州“弃婴岛”为圆心发掘的一组关于弃婴的调查报道，现场感强，催人泪下；《垃圾焚烧之惑》，揭示了多个城市垃圾焚烧群体事件背后的深层次矛盾，令人震撼；《用指尖感知人间冷暖——深圳盲人按摩师生存实录》，深刻展示深圳九成盲人以按摩为生的鲜为人知的艰辛生态；《进击的人造美——学生整容整形现状调查》，首次触及深圳大学生整容的社会现象，既饶有趣味，也发人深思。

Q：以自己所带的学生为例，请您详细介绍一下学生们是如何完成毕设的?

A：我这次指导了两个小组：《深圳渔村：远去的故乡——关于深圳渔村兴衰存亡的新闻调查》和《用指尖感知人间冷暖——深圳盲人按摩师生存实录》。以此次广受关注的《深圳渔村：远去的故乡》为例，小组共有6位成员，全是女生（彭步云、陈晓旋、

44　China Campus

刘诗颖、林玲玲、李明子、郭家虹）。她们都勤奋好学，动手很早，去年暑假前就自发组成了小组，并希望我做她们的指导老师，我同意了，最终由我和新闻系主任黄春平老师共同指导她们。去年11月初步确定“深圳正在消失的渔村”的主题后，学生就分头开始了广泛而深入的调研，于今年元旦过后提出了初步的报道策划。

这是个容量大、难度高的选题，学生们经历过很多次的四处碰壁、一筹莫展和焦虑不安，不止一次地委屈掉泪。几位涉世未深、满脸稚气的靓丽女孩，要赢得偏僻乡野的陌生人的信任，让他们掏心掏肺地接受采访，谈何容易？他们春节也在偏远的乡村与渔民共度，到4月29日答辩前的半个月还在反复修改。报道通过对深圳众多渔村由盛而衰乃至消亡的实地调查，深刻揭示了现代化建设和城市化进程与渔业生产、渔民生活、本土文化的剧烈冲突和长期矛盾。

一个毕设能否成功，选题最重要。我常说选题好了，毕设就成功了一半。当初就题材选择，我们就讨论了一个下午。最后确定了特区渔民，是一位同学在《晶报》实习时参与海岸污染报道受到的启发，但当时主题还不够清晰。如1月7日她们在给我的邮件中，将总标题定为《现代都市渐行渐远：特区最后的渔人群体》。我们觉得这个方向不够准确，“渐行渐远”的不是“现代都市”，而是“渔村”；仅仅针对“渔人”的报道，操作起来会深不下去，更难进行立体的展示。于是改成了《深圳消失的渔村》。

具体稿件的策划也有反复，起初想以年代划分来写，后来又想通过不同渔村来体现，但都很难深刻展示既定的主题，且辅稿只有一两篇。孩子们一度觉得无从下手，采访一大圈后好像走入了死胡同，有一次到我办公室个个愁眉苦脸（大概是2月份吧）。我和黄老师跟大家讨论后，建议以30年来的变化作为主稿，再配以过去的辉煌、渔村消失的原因、渔民生存现状、外来渔人一统天下、渔民文化的传承5篇辅稿，思路一下子清晰了。她们悟性很好。当然，相关主题直到4月初时还在改动，我当时考虑到大标题的容量及与各稿件的重叠，几乎将所有稿件的标题都做了调整，大标题也改成了现在的《深圳渔村：远去的故乡》。

Q：“以全媒体方式报道是今年毕设的一个亮点。”这是您微博上对今年毕设的评价，请您举例解释下。

A：今年的毕设，有约半数小组采用了全媒体或多媒体融合的方式，这确实是一大亮点。如《深圳渔村：远去的故乡》，其最终的成果，是由学生们自己设计编排的承载这组报道的一份36页全彩杂志，从数千分钟拍摄视频中剪辑编导而成的半小时纪录短片，以及长达4个月的微博、微信公众号的实时传播，其与受众的互动贯穿始终。

再如《生命不可承受之“弃”》，不仅有数万字的调查报道，还有视觉冲击力很强的视频呈现，调查过程中学生们还到中央人民广播电台“华夏之声”节目做嘉宾，将调查所得与听众互动。《垃圾焚烧之惑》小组也到多个城市拍摄了大量视频，剪接成颇为震撼的纪录片，大大丰富了作品的表现力。

Q：对于新闻专业的毕业生，深大新闻系一直以来都是要求做毕业设计的吗？深大的新闻系过去的毕设作品中还有哪些让您印象深刻的？

A：是的，新闻系自成立以来就一直要求做毕业设计。深大传播学院早就有新闻专业，但直到2009年才正式建立新闻系。因此，新闻方向的毕业设计早已有之，源自深大传播学院早期对广告专业的要求。现任创院院长吴予敏早年向学校申请，将毕设作为本科生毕业考核的重要一环，列入必考项目，得到学校的批准。因此，传播学院毕业设计已坚持多年（包括新闻系、广告系、传播系）。总之，根据深大传播学院的要求，本科毕业生在最后一个学期，不仅要完成个人的研究报告，还要以小组为单位（通常五六个人），以实际应用或理论探索为导向，结合四年所学、专业实习收获和当前理论或实务热点，进行细致深入的调查研究和制作实施，最终形成一部有实用价值或理论创新的作品，并以PPT形式集体演讲和面向全体老师答辩。作品可能是一部纪录片或剧情片，可能是一个大型策划案，可能是一组深度调查报道，也可能是一篇有较大容量的研究论文或研究报告。每一组毕设都要包含文案、作品、演示PPT三大项。每个小组可以自己选择指导老师。全体老师则要集中起来分别给文案（含作品文本）和答辩表现打分。

毕设是强制性的，意味着学生别无选择。毕设不合格，不论平时成绩如何，结果是“延毕”。从毕设开始，学生们就步入一个艰苦难熬、有时兴奋有时沮丧的复杂时期。在关键时段，不少学生通宵达旦，茶饭不思。指导老师也从此不得安稳：很多次的当面指导，长久的电话交谈，大量的文本阅读；对个别缺乏主动性的小组，还包括督促和鞭策。学生的专业能力、设计态度、所下功夫、毅力韧性以及对老师意见的领悟程度等，决定了最终设计成果的优劣。从这个意义上讲，一个毕业设计，确实远比一篇普通论文更能检验学生的综合素质和能力。

去年的毕业设计也有不少精彩作品。如：通过对深圳、长沙、珠海三地殡仪馆长达数月的体验式采访完成的大型专题报道《90后入殓师的内心世界》；关于深圳同性恋群体的系列调查报道《不该被遗忘的人群》；关于深圳人与外国人通婚现象的大型调查报道《深圳涉外婚姻三十年》；展示原深圳特区内老城中村消亡的《墙里墙外：湖贝旧村的最后岁月》等。在新闻系成立之前也有一些优秀的新闻毕设，如我前年指导的2008级一个新闻毕设小组，就是帮助深圳广电集团创办一份杂志。学生从市场调研开始，完成了杂志设计、编辑策划、内容采写、图片拍摄、版式编排等全部工作，受到市场欢迎，杂志当期发行五万册。广电集团有关负责人看了答辩后很激动，当场宣布，这5名学生他们全部要了。

Q：对毕业设计这样的改革，您如何看？

A：我觉得，新闻专业作为一门实践性很强的学科，对毕业的收官之战应当进行改革。特别是在当前传统媒体面临深刻变革和新兴媒体成为信息承载的主流的新形势下，新闻教育更要契合实际，面向未来，培养能干能战、符合时代要求的有用学生。我认为深大的这一尝试是符合改革的正确方向的，这也是很多同道的共识。■

（深圳大学刘楚茵、吴冰对此文亦有贡献）

第三节

深圳媒体部分报道或转载

1.《深圳晚报》，2013 年 4 月 24 日　2.《深圳特区报》，2014 年 6 月 25 日

城事　深圳晚报 | A17

为完成毕业设计
他们体验入殓师

深圳晚报讯 (记者 曾贤平)“我们去同性恋酒吧，参加同性恋的聚会等去接触采访，完成我们关于同性恋群体的系列报道。”昨日，深圳大学传播学院2013新闻学专业举行毕业答辩。

作为新闻系首届毕业生，深大的教师们并未让学生撰写毕业论文，而是让学生们“走出玩”，让学生在深度报道、媒体改版、调查报道、新闻专题片等8个方向中，分组自主选题进行毕业设计。半年的时间，学生们深入采访研究，“真刀真枪”地拿出了《同性恋群体系列报道》、《深圳涉外婚姻考察》、《即将消失的深圳闹市最后一片古村落》、“深圳青少年报中学周刊改版”等毕业设计，让评委教师们耳目一新。当天的毕业答辩会，不少低届的学生和外系的学生都前来旁听，座无虚席。

记者观察到，这些毕业设计中，学生们不乏有专业成熟的作品，展现了部分媒体人的专业素养。据学生们介绍，选题确定后，他们走上街头或远赴外省，“厚着脸皮”采访，深入体验，两个得分最高的组是依靠体验几天“入殓师”及深入同性恋群体中交流而得到。“非常累也非常漫长辛苦，不过进行全面实践的锻炼，让我们无论去见习或工作的时候，不仅是理论的加强，重要的是动手能力的加强。”曾同学对于这样的毕业形式感到底气很足。

深圳市公安局成为
公安院校实习基地

深圳晚报讯 (记者 张涵玥 通讯员 韩冰 宋卓远) 近日，深圳市公安局召开学警招募动员部署暨中国人民公安大学实习生接收工作会议，接收中国人民公安大学警务信息工程学院交通管理工程系的本科生来深开展专业实习。

参与过实习项目、现已成为深圳市公安局正式警员的小宋对记者说：“我在公安院校里学的是公安专业，毕业前为期3个月的实习经验却让我学到了在校4年都无法接触到的东西，使我毕业就能直接上岗。可以说，在正式加入公安前，我已经是一名合格的民警了。”深圳市公安局在深化局校合作、警学共赢方面做了大量探索。2011年，在公安部大力支持下，实现了全国公安院校20400名学警飞驰援助深圳大运会的成功尝试；2012年，深圳市公安局深化招募公安院校的学警来深圳进行学习教育。

A19　专题　深圳特区报　2014年6月25日　星期三　报料电话：0755-83511111　特网 http://www.tetimes.com　深圳新闻网 http://www.sznews.com

再起航 ——深圳大学发展系列报道 6

深大传播学科：培育传媒精英人才

“全媒体、产学研、国际化”模式夯实教学质量

■ 深圳特区报记者 林洲璐

传播学科老师指导学生实训。

深圳大学于20世纪80年代中期在国内高校中率先创办新闻传播学专业。其中，新闻传播学一级学科获评广东省重点优势学科，广告学专业是全国高校中创办最早的，是国内外高度认可的名列A+的专业，2009年被评为广东省特色专业。

30多年来，传播学院培养了大批新闻、传播、广告、设计、广播、电视、网络、新媒体、公共关系等专业优秀人才，其中有获得国家级和国际大奖的著名影视导演、新闻记者、广告营销和创意总监等，每年还有毕业生考取美国、英国、香港等高校以及国内著名高校研究生。

■ 建设新型智库 为创新型城市建言献策

传媒与文化发展研究中心是深大传播学科的科研平台，作为新型智库，是广东省高校中第一个新闻传播学重点研究基地，创下多个“率先”和“唯一”：在全国率先开发了电话调查系统，为市委市政府的改革决策提供了大量准确的民意调查；在全国率先建立了全天候数字化广告监测系统，为市场监管部门提供监测数据，显著降低广告发布的违法违规率；成立了目前国内城市中唯一的公益广告管理中心，系统规划公益广告资源，评估传播效果。

“深大传播学科的研究贴近社会发展实际，我们做出的分析报告有效服务社会，积极推动地方政府社会治理能力的提升。”传播学院院长吴予敏说。

深大传播学科高度关注网络新媒体研究。深圳目前是中国“最互联网”的城市，传播学院针对互联网对深圳社会变迁的影响和作用、新移民对新媒体的使用、网络问政等问题，做了大量研究。比如，周裕琼教授主持的国家社科基金青年项目《网络谣言的传播规律及应对策略研究》，在海内外顶级及权威期刊上发表系列论文，受到了中宣部的高度关注。

在媒体和社会文化发展的关系研究方面，切合深圳城市发展建设的需要。比如，吴予敏教授主持的国家社科基金重大项目《农民工文化需求与城市公共文化服务体系建设研究》突出“尽快将农民工纳入城市公共文化服务体系”的政策创新、制度创新和机制创新这一主线的探讨。

雄厚的师资、前沿的课题、扎实的研究能力、丰富的媒体资源……经过多年的沉淀和积累，传媒学科收获了丰硕的学术成果：近五年来，传播学院发表学术论文190多篇，获得国家社会科学基金结项优秀项目、广东省高等教育教学成果一等奖、国家级精品课程和广东省精品课程，值得关注的是，去年还获得了广东省哲学社会科学优秀成果中新闻传播学科唯一的一等奖。

■ 国家级实验教学平台成为传媒精英孵化器

吴予敏介绍，传播学院本科的培养方式一直坚持“全媒体、产学研、国际化”的模式。

全媒体教学有赖良好的办学条件，其中的传媒实验教学中心是目前全市唯一的本科国家级实验教学示范中心。该中心现有实验场地2500余平方米，累计投入实验设备超过3200余万元，建立了系统的实验教学体系，为学生自主从事教学实践提供了优良的设备基础和专业指导。

据了解，学院培育了将近30多个学生创意工作室，多个专业社团、校园报刊杂志、网站等。历届大学生获得了教育部、广东省及国内外各类学科专业竞赛奖励850多项，彰显了很强的专业竞争力。

通过在全媒体环境的实践，深圳传媒学子拥有出色的动手能力。大学生创办的《新新报》是目前中外高等院校中文类新闻报纸的佼佼者，多次获得新闻业界奖项。传播学院是教育部指定的全国大学生广告艺术大赛广东赛区的唯一主办院校，目前已经连续主办了5届大赛，参加专业竞赛的广东地区及广西地区的院校达到近90所。传播学院还连续两届获得教育部新闻传播教学指导委员会颁发的全国新闻与传播教育创新项目奖励。

值得关注的是，今年传播学院与国际最大的广告媒体集团日本电通公司合作，开创面向本科生、扶持其创业就业的“国际协同创新孵化营”。电通集团将把海外的客户项目带进课堂，征集创意团队，筛选好的点子实现产业转化。

■ 实战性毕业作品是成功求职的“破门功夫”

“每年的本科毕业答辩，非常火爆，几乎成为各大媒体和广告公司的现场猎头会。海王广告公司还曾经一次性和项目组全体同学签约入职。”吴予敏对记者说，这得益于传播学科坚持了18年的重大教学改革，本科生早已放弃了闭门造车的个人毕业论文，而是组成创意策划小组完成大型的实战项目。

以实战性毕业设计成果获得社会认可才能毕业，这是深大首创的目前在全国高校新闻传播学科中罕见的模式。广告策划设计、电视片创意拍摄、深度新闻调查、网络电商模式策划设计等等，形式多样，不拘一格。“毕业设计是学生向社会展示实力的机会，也是走向社会的第一步。至今学生已经完成了300多个大型项目。”吴予敏说。

据介绍，本届广告系的学生为腾讯公司创设了社会化公益活动平台，得到腾讯公司的高度评价。新闻系毕业作品更是选题多样，其中“深圳渔村：远去的故乡”系列新闻报道作品获新闻系答辩最高分，这是6位女生6个月走访了深圳沿海6个区，10个渔社区(村)，4个码头，累计路程超过2265公里完成的。凭借出色的毕业作品，6位女生都找到称心如意的工作或继续到名校深造，其中一名组员彭步云被英国谢菲尔德大学录取为研究生。

3.《晶报》，2014 年 4 月 30 日

深耕本地/深圳温度　　2014.04.30 星期三 晶报 A 22

受《晶报》报道启发，毕业设计获全系第一名

六个深大女生与十个渔村的故事

4 月29 日，深圳大学2014 年传播学院新闻专业毕业答辩在科技楼2 号报告厅举行，有600 个座位的场地连台阶都坐满了人。11 个小组的毕业答辩内容涉及垃圾焚烧站选址、大龄男女相亲、90 后农民工如何融入城市、私塾教育讨论等多个社会热点问题，并以报刊和视频两种方式呈现。专家评委发出连串刁钻的提问，各小组在5 分钟内作答，经过综合评分，由6 名女生完成的《远去的故乡——关于深圳渔村兴衰存亡的新闻调查》夺得了全专业最高分，全场响起了热烈的掌声和阵阵欢呼。

组图为："渔村组"的女生们在采访渔民和海上执法人员。

微信名：正在消失的渔村
微信号：yucun2014

《晶报》的报道打开了毕业设计的选题大门

"渔村组"的选题确定，与《晶报》对于深圳湾的连续报道直接相关。

2013年11月伊始，由彭步云、刘诗颖、郭家虹、林玲玲、陈晓璇、李明子6 个女生组成了毕业设计（以下简称"毕设"）小组，开始了最艰难的环节——选题。开始每人提3个选题，说明选题理由、策划方向，林玲玲想起在《晶报》实习期间，《晶报》连续报道深圳湾污染引起社会的广泛关注，以及设立深圳湾禁渔区等内容，她曾经参与了《同享一片海，深圳湾香港海域为何能养蚝》等相关稿件的采访，于是提出做关于"深圳渔村"的新闻调查。

刘诗颖回忆时觉得大家当时并没有多大的争议和犹豫："林玲玲的想法让我们很兴奋。随后，我们迅速翻阅了《晶报》记者陈俊杰的《深圳湾海域污水直排入海 死鱼死蟹被冲上岸》和《渔一村渔民：因海而生，因海而衰》的报道，也查找了其他相关材料，发现'渔村'和'渔民'是很好的题材。很快，选题的大致方向就定了。如果没有《晶报》的报道，也就没有我们这个'渔村组'。"

"《晶报》的陈俊杰和陈碧霞老师对我们更是提供了很大的支持，除了提供某些采访对象的联系方式以及渔村资料之外，还教我们如何保护自身安全，陈俊杰老师得知我们出去采访时一定会叮嘱注意安全。驻大鹏记者站的陈碧霞老师帮我们联系上南渔社区、东渔社区。第一次到南澳的时候，她还全程陪同，请我们吃饭。"林玲玲回想起艰难的采访过程，很感激实习老师提供的各种帮助。

实习生采访晶报专栏作家

刘诗颖和林玲玲在实习期间得知晶报签约专栏作家南兆旭对深圳本土生态颇有研究，在毕设导师的牵线搭桥之下，于3 月25 日来到银湖的专家公寓，对他进行采访。

刘诗颖说："南兆旭老师对我们的选题很支持。我记得采访当天他身体有恙，刚打了针，但面对我们的镜头，他还是讲述了很多。"

她们的文章中有这样的句子："'在大梅沙以西近100 海里的海岸线里，是没有一个人工浴场，没有一个沙滩，人们已经完全在这个漫长的海岸线上失去了近海的可能，所以没有机会亲近海。'南兆旭说。依海而生，因海而兴。填海造地对于靠海为生，依海而兴的深圳渔村来说，无疑是一个灾难。"

南兆旭对记者表示，当初得知大学生关注"消失的渔村"这个选题觉得很欣慰，现在的孩子能沉下心来做自己城市的话题，值得赞赏！"渔村很多，要查找很多资料、走访很多地方，工作量大，但她们能做得这么透、这么细，非常好！我们身边很多事物都在变化和消失，希望更多的市民能一起来关注这样的话题。"

连续蹲点感动采访对象

出乎"渔村组"所料，采访过程中并非所有找到的对象都愿意接受采访，如老渔民"水怪"不愿透露姓名也不愿接受采访。

像陈雄等老渔民因为害羞怕说错话，一开始好几次拒绝了采访，于是组员得知他的住址得知他每天早晨都会出门之后，便连着两天早晨5点钟起床在他家门口等。第一次去的时候，他已经出门了；后来，找到他的老婆，和他老婆先搞好关系，再后来才与陈雄聊天，因为找他们的次数多了，大家慢慢熟了起来，到后来要走时，他们说："你们这么快就走啦？"竟有种像家人一般的感觉。

"从一开始去南渔、东渔等渔村一个人都不认识，到最后我们走到街上随便都能打招呼，真觉得就像自己的第二个家乡一样。"刘诗颖说，这样的经历几乎在每个渔村都有过。有些渔民还会热情地拉着女孩们到他们家吃饭。

《远去的故乡——关于深圳渔村兴衰存亡的新闻调查》核心内容：

渔村的过去是怎样的？是什么导致了渔村的消失？渔村风光不再，渔民不再打鱼又在干什么？深圳渔获量靠谁支撑？渔村消失，渔村文化又将何去何从？报道具体讲述深圳渔村的发展变化，主要以发问的形式和思路，从不同角度呈现深圳渔村消失的现象，还通过采访本地渔民和外来渔民以及相关政府部门，对深圳渔业经济和渔村文化的保护进行了思考。

六名女生合影，左起依次为刘诗颖、彭步云、林玲玲、郭家虹、陈晓璇、李明子。

数据

深圳海岸线走十遍

从去年11 月至今年4 月，"渔村组"的女生们从深圳最西到深圳最东跑遍了**10** 渔社区（村），**4** 个独立码头，路程累计超过**2265** 公里，相当于沿着深圳海岸线来回走了10 遍。

共采访了**78** 位采访对象，其中，深入采访的人数约为41，单人采访均超过2 小时。此外还有**20** 余位采访对象是在现场直接采访，未列入主要采访人统计。通过采访了解到，深圳每年的水产品消费量高至**35** 万吨，而本地销售量却不足**1 万**吨。

她们有话说

林玲玲：虽然渔村的旧貌已经逐渐褪去，但是渔民的淳朴依旧不改。我希望，矮房变高楼的同时，人和人之间的感情不要蜕变，传统文化也能得到传承。

刘诗颖：深圳渔村的消失可能不可避免，但我希望它留下的不只是一个名字，更多的是关于人和村子的美好。

李明子：渔村消失是我们无法扭转的时代趋势，留下的只有记忆、文字和无力的唏嘘，愿渔村能避开消失的命运。

郭家虹：或许在若干年后，渔村的面貌不再，但我希望它们的那份淳朴永远不要变质。

彭步云：渔村的消失，我们深知这是必然，无法阻止，但不希望它消失得这么彻底，这么的无声无息。

陈晓璇：深圳渔村有着非常浓厚的人情味，希望人与人之间那种亲密、诚挚的关系永不变。

晶报教育记者 李妍琦/文
张定平/图

4.《深圳晚报》(头版加内页 8 连版报道转载),2014 年 4 月 30 日

深圳晚报

2014年4月30日 星期三

83929999

泰金香 过日子的好米 安全 好吃 超值

6 位女大学生对深圳渔村的爱与哀愁

爱心市民伸出双手帮助"毒蘑菇"孤儿

捐款已达5万元,兄妹俩将回湖南奶奶家生活

A06版

28路段违停罚500元昨起正式开罚

162 辆车首吃罚单

占道车主动驶离不罚

A07版

"五一"东部及沿海高速堵车或超3小时

A04版

双重因素或致广东今年一本录取率更高

A10版

T01

2014年4月30日 星期三

远去的故乡

关于深圳渔村兴衰存亡的新闻调查

上课记

T02

远去的故乡 渔殇

千帆竞发满载而归的盛况上世纪70年代后期逐渐消失

如今渔村居民与海洋的距离越来越远

"子孙后代是否还能记得

这里曾有一代又一代的打鱼人"

万山群岛 千帆竞发

深圳现存渔村分布区域图

T03

远去的故乡 渔殇

打鱼遇冷 风光不再

推倒儿面墙 散了一个村

渔民村华丽转身成全国闻名富裕小区

沙栏吓村稀疏渔船都是来自外来渔民

T04

远去的故乡 渔人

本地渔民：打鱼不再是首选

远去的故乡 渔惘 T05

都市越来越大 渔村渐行渐远

鱼不是渔民打完的

T06

远去的故乡 渔惘

究竟谁还在打鱼？

码头的船上之家

来自远方的打工渔民

出海要冒各种风险

远去的故乡 渔风 T07

深圳首批非遗名录中4项与渔村有关，依然难挡民俗文化的流逝

渔家民俗：婚庆年节中觅得踪影

1 迎亲舞 仪式配件 越来越简化

2 鱼灯舞 在"非遗"中延续生命

3 捕鱼法 年轻人不学捕鱼没人打鱼

T08 2014年4月30日 星期三

远去的故乡 渔记

关于深圳渔村兴衰存亡的新闻调查

6个月起早贪黑，6位女学生丈量深圳渔村的兴衰

收获，比想象更多

在过去的6个月，起早贪黑，走访了深圳沿海6个区（新区），在19个渔社区（村）、4个码头留下了我们的足迹，路程累计超过2265公里，相当于沿着深圳海岸线走了十圈。赶上山海的花开、赏上杯楼的日落，对我们来说是种惬意的享受。

终于在今天，即将告别芳华四月，我们以最好的状态呈现着自己的作品，给四年的大学生活画上圆满的句号。这种经历有着他人无法体会的美好。

关于深圳渔村的毕业设计已经结束，但是对于深圳渔村的守望却永留心中。虽然辛苦，也遇到很多困难，但我们仍认为这是一次美好的旅途，一场6个女生与深圳渔村的完美邂逅。

从深圳湾污染、设立禁渔区等新闻报道中，我们关注到这样一个群体——深圳渔民，进而接触到他们所生活的故乡"渔村"。6个多月的采访经历让我们感受到渔村正在慢慢消失，这也让我们不禁发问，改革开放后的三十多年渔村经历了哪些变化，渔村为何消失？

在文献回顾的过程中，我们并未发现关于深圳渔村较为全面系统的历史资料或报道，这也给我们做渔村专题系列报道以充足的空间，我们的努力或许能够弥补这部分的文献空缺。在寻求深圳渔村发展历程、思考渔村消失原因的同时，我们还发现了本地人转产转业和外来打鱼人成为本地渔业主体的现状，并在采访中感受到渔村民俗文化逐渐复兴却消逝的现实。

我们从大量零散、冗杂的采访手记中提炼出最初的稿件，并进行了多次重写和修改。文稿的最终形成离不开余晓玲老师和黄春平老师的耐心指导，也离不开全系新闻老师4年来的言传身教。

半年磨一剑，我们由衷希望最终的成果不仅是我们大学四年的圆满句号，也能够成为对深圳渔村兴衰、现状及变化较为客观、深入的描述。

陈晓敏

6个多月的毕业设计就这么完成了，心里还是有点不舍。这是我们6位同学在大学里的最有意义的一次采访。我们6个女孩子几乎走遍了深圳海岸线，有人羡慕我们，说我们出去玩，吹海风、赶海鲜；但是我想说的是，我们享受艰辛的同时也享受着淳朴的民风。我爱"渔村组"！

郑家虹

这6个多月，痛并快乐着。那些在大冬天早晨五六点起床，乘坐两个多钟地铁公交到达目的地采访的日子，那些绞尽脑汁、字斟句酌写稿、改稿的日子，那些为了排版、剪片而待在电脑前将近12个钟头的日子……现在想起来，都还会会心一笑。感谢这一路上帮助我们、给我们带来感动和欢乐的每一个人。

赵步云

大四对我整个大学生涯而言，是最复杂的一年。经历过迷茫、悸动、不安、彷徨、霸气，但终归还是挺过来了！不管怎样，我们都已经尽全力！衷心的很感谢渔村组，感谢你们，让我的大学变得如此有意义！这是我们的毕业设计，也是你们的毕业设计！

李明子

当你看到最后一段文字时，希望你也能感受到我们满满的诚意和6个多月来所有的努力付出。不分日夜的采访，舞会告别的总结，稿件不好便"搬砖"重来，从版面设计到最后十天的排版和纪录片剪辑……背后还有更多无法用文字和图片呈现出来的东西。尽管这些无法总结我全部的大学生活，但不可否认这是我大学最精彩的呈现。

刘诗丽

大学四年，我学会了独立思考，学会了观察社会，学会了理解他人。大学行将结束，采访期间接触了不少人，也看到了平时不能看到的故事，更重要的是学会了常怀一颗感恩的心，也看到了更多人世间的美好。我们相信，只要你真心待人，定能收获他人的真心。

林玲玲

在渔船上与渔民共同进餐，跟着渔民到海鲜市场叫卖，前往各渔村与老渔民谈古论今，参与渔民特有的祭祀活动，跟着渔政海监部门出海登上渔排，纵览深圳渔村之美……回想这六个多月的日子，6人同行同住、同付出共努力，宝贵但珍贵。我想，人生也许就是在不断的经历和体验中变得多彩有味。

5.《晶报》，2015 年 4 月 23 日（上图前排为应邀前来观摩答辩的“逃港人”）

2015.04.23 星期四 晶报 A12

深耕本地/深圳温度

深大走出未来的新闻记者 毕业作品中满满本土文化

深圳大学2015年传播学院新闻专业毕业答辩昨举行，晶报记者参与指导学生写作

一名当年的“逃港者”观看学子们拍摄的花絮短片时哈哈大笑。

昨日，深圳大学2015年传播学院新闻专业毕业答辩在科技楼1号报告厅举行，可容纳600人的报告厅早早被挤满，连台阶上都被人群坐满。9个小组的毕业答辩内容丰富，涉及面广，既有对于客家山歌传承的思考，也有对一代居港内地人生存状况的呈现；既展现了“打拐背后的故事”，也解析了深圳非遗的旧梦今生。各小组还以杂志和视频两种方式呈现答辩内容。专家评委发出连串辛辣提问，各小组在5分钟内作答。经过综合评分，作品《佛山武馆之商业江湖——探寻佛山传统武馆的转型之路》夺得了答辩最高分，最受瞩目的《逃港之后：一代居港内地人的生存和归宿》获得第二名。

答辩活动最后，深圳大学传播学院辜晓进教授将本届新闻系答辩总结为7大特点：

新闻价值高，每一个话题的选择都体现出新闻系学生的专业特质；

新闻选题丰富，毕业小组的选题视野开阔涉猎较广；

话题选择体现人文关怀，尤其是对社会边缘社群、弱势群体的关注；

话题更加尊重传统，选题多涉及传统文化题材；

在毕业答辩的运作形式和呈现方式，学院做了一些创新；

每一组都结合视频展示，特别是在媒体传播、创新、策划方面突出；

所有的小组成员都显出色的表达能力，展现新闻人的基本素质。

《逃港之后：一代居港内地人的生存和归宿》

主要内容：以上世纪逃港历史为时代背景，将当前在香港生活的一批逃港亲历者作为对象，展现这一群体在不同时代背景下的生存境况，希望引起对这段历史的关注。

5位姑娘在进行答辩。

写作背景：

18次穿越深港、8000港币的采访成本、40多位逃港亲历者的采访并祭拜逃港人纪念碑、3天杂志排版印刷、无数个消晨6点的采访——对于陈炼、欧芸、张晓琪、廖雪霏、王鑫5位姑娘来说，这次毕业设计让她们接触到游离在历史之外却消略存于历史之间的逃港人，使他们刻骨铭心。

选题被小组成员一致通过

2014年12月，从大二就开始合作的陈炼、欧芸、张晓琪、廖雪霏、王鑫5位姑娘自然而然地走到一起组成毕业设计小组，并开始了毕设最艰难的环节——选题。5位姑娘从一开始就将选题聚焦在具有人文情怀、关注社会边缘群体，云南早婚村、未成年工人、护林员、离职公务员，一个个想法在她们的脑中掠过，但是每一个想法却都一次次被否定，讨论陷入了僵局。

就在一筹莫展之际，欧芸想起了小时候妈妈常给她讲起的那段故事。“当时，我母亲的班主任留了家庭作业，还告诉她们第二天要检查，可班主任再也没回到这个讲台上，后来听人说，他和他丈夫跟母一样，逃港去了。”欧芸瞬间就将目标锁定在了逃港人——被社会贴上两地烙印却生活在人们忽略角落的一群居港内地人。

欧芸将想法告诉其他组员，没想到这个选题被一致通过。“这个选题让我回想起晶报曾经做过的一组《寻找远去的村落》的报道，我们很期待也作出那样具有时代沧桑感和历史厚重感的稿件，所以压力与动力并存。”曾在晶报实习的廖雪霏告诉记者。

采访过程困难重重

采访主题定了以后，采访角度又成了需要她们跨过的一个坎。她们的指导老师辜晓进建议其将目光聚焦在逃港人在港的生活，而非他们为何逃港。确定角度，下一个难关就接踵而至了。小组成员王鑫告诉记者，联络逃港亲历者可谓是“困难重重”。“当时在一档卫视的历史节目中了解到这个特殊题材，进而了解到了逃港人的圈子，通过在港就读的师兄认识了这类特殊人群的组织负责人，并找到有关题材的作者，通过这些线索，我们小组成员陆续走进了这个鲜为人知的群体，了解这段历史。”

在昨日的毕设现场，5位姑娘表现优异，一举博得满堂彩。面对赞扬，陈炼淡淡地说，这不是一场秀，是对历史的另一种展示。每个人的命运都是国家的历史缩影，希望大家能够把目光关注在那段历史和历史里的人。

点评：

“逃港人这个选题非常了不起。逃港人是中国历史重大转折时期的创伤性记忆，但这组成员并没有去渲染这种悲痛，而是从另外一个角度展现了逃港人在港积极参与社会生活的故事，展示了一代逃港人的生活缩影。”

——指导老师辜晓进教授

作品介绍

深大学生、晶报实习生王增先发言。

《深圳非遗的旧梦新生》

主要内容：由晶报记者参与指导的毕业团队，以重新发现深圳、重新了解深圳人、重新发掘深圳文化为出发点，将深圳“非遗”当前的尴尬现状作为切入点，引起大众对深圳本土文化保护和传承的反思。

写作背景：

在深圳各区之间往返超过1560公里，采写出6万多字的文字材料，拍摄视频素材超过15小时，30多个通宵的昼夜，在昨天答辩活动中收获最多鲜花、尖叫声的“省港奇兵”毕业小组一出场，便为在场的所有观众、答辩老师送上一场毕业设计的视听盛宴。这场由《晶报》资深记者唐喆、俞记者李妍琦参与指导的毕业设计在推出伊始便引来所有在场嘉宾、观众的关注。

“省港奇兵”的毕业小组在去年10月就组队成型，在经历“流动儿童”等多个选题的纠结反复之后，曾在晶报参与实习的小组组长王增先同学找到自己在晶报的实习老师唐喆、李妍琦。两位指导老师先后建议“省港奇兵”小组能做一些“接地气”、“有人文关怀”的新闻选题。最终，经过1个月的咨询和商讨，小组确认了“非遗在深圳”这一题材，并将新闻专题命名为《深圳非遗的旧梦新生》。随后，晶报的两位指导老师为毕业小组同学提供了本地非遗业内专家、采访调查框架等方面的指导。小组成员在2015年元宵节市民文化活动“欢乐闹元宵”现场联系到多位深圳本地非遗传承人，进而初步确定选题的采访内容。

在昨天下午的5组毕业设计中，“省港奇兵”小组也以“天降奇兵”的方式登场，将深圳甘坑凉帽带到答辩现场。小组成员杨静雯是本届新闻系毕业答辩中的最后一位学生，在全天及当场答辩的最后环节，身为全系唯一香港同学的杨同学深情地说：“其实，深圳不是文化沙漠，我们需要的是重新认识深圳、重新挖掘深圳文化、重新反思深圳文化。”

点评：

“‘省港奇兵’这一组的毕业设计体现了很高的锦南，在表现形式上也有当下最火爆的明星效应，设计也是采取悬念式的方式，能够引人入胜，PPT展现更体现了新闻图表化的特点。”

——评委、晶报常务副总编辑冯录

其他作品

●《佛山武馆之商业江湖——探寻佛山传统武馆的转型之路》

以佛山两家武馆不同的生存经营方式为切入点，展现传统武术在当前社会发展中面临的窘境。

●《出逃——短期修禅者背后的信仰缺失》

以浙江天台山慈恩寺的短期修禅人为缩影，将因社会压力而不堪重负的城市人的修禅原因、心理变化在作品中展露出来，希望引起对现代人精神信仰方面的关注。

晶报记者 张一鑫 熊珏皓/文 金羽洋/图

6.《深圳晚报》，2015 年 4 月 24 日

2015年4月24日 星期五　责编 伍晓丹　视觉 凌雪海　责校 伊诺

深圳新闻

深圳晚报 | A07

深晚7连版刊登深大2015届学生优秀毕业作品获广泛点赞

“深晚为公众提供认识大学生的新视角”

深圳晚报连续两年刊登深大学生优秀毕业作品。

深圳晚报讯（记者 李华锋） 昨日，深圳晚报以7个版的规模刊登了深圳大学2015届学生毕业作品《往事并不如烟——一代逃港人的生存与归宿》，以特别的方式给予年轻人最高规格的礼赞。

稿件刊发后引发广泛关注。截至昨晚9时，在深圳晚报“深℃杂志”栏目微信公众号“深深”(shenshenbing)上，该文章阅读量已破万。深圳晚报官方微博相关阅读量过100万，并被深大多个微博大号转发点赞。

“让纸媒的敬仰者寻摸到希望之光”

昨日早上，当“逃港之后”小组组长陈烁起床时，突然发现，自己的朋友圈被刷爆了。打开微信公众号“逃港之后”，订阅量当天暴涨了180位粉丝。她即刻一一回复私信，并将杂志成品与视频发送到微信平台上。在陈烁眼中，小组成员数月的努力为大学生活画上了一个圆满的句号。

早在最初接手选题时，“逃港之后”小组指导老师辜晓进就告诉她们，作为新闻系毕业生，毕业设计应以能在社会媒体上发表为目标。成员之一王蕊认为，学生的能力是有限的，发表在更大的媒体上意味着能有更多人接触并了解逃港这段鲜为人知的历史，而这正是她们做这个毕业设计的初心。

这份毕业作品的确受到了众多人的关注。辜晓进发现，昨日，许多同行、朋友、学生转发了这组毕业作品，随之而来的是多个媒体的邀约。

蓝媒汇张江告诉记者，在这个花花时代 ，有人去关注严肃题材的大逃港事件，这本身就是了不起的事情。“无论怎样，踏实、深入和严谨地去报到事件，特别是被遗忘很久的事件，都值得我们敬佩。”

著名媒体人、“传媒大观察”创始人薛陈子评价称：“原文刊发大学生作品，确属不易。90后大学生锐气关注深刻社会话题，更是未来希望。深圳晚报帮助他们放大作品的影响力，是一份主流大报的情怀，也让纸媒的敬仰者寻摸到希望之光。”

“纸媒与年轻人的担当、使命以此方式合而为一”

事实上，去年此时，深晚就刊登过深大学生的毕业作品——《远去的故乡——关于深圳渔村兴衰存亡的新闻调查》。当年7月，深大校长李清泉在学生毕业典礼上提及此事。

今年，深晚再度刊登深大学生毕业作品，远在美国的李清泉向深圳晚报常务副总编辑周智琛发来短信表达关注和感谢。

深圳报业集团副总编辑、深圳晚报总编辑丁时照认为，在一个传媒急功近利、信息碎片化的时代，深圳晚报连续两年在版面紧张的情况下，大规模刊登深大学生的毕业作品，这体现了深圳晚报对于所处城市未来发展的关注。事实证明，这一关注是极富意义的。“每当代际传承时，新的代际诞生之初往往被贴上符号与标签，但这些学生在宏大的叙事面前，用实际行动向社会证明了他们充满情怀、活力与担当。”深圳晚报对其作品的刊登为社会公众提供了认识大学生的新视角。纸媒与年轻人的担当、使命以此方式合而为一。丁时照说，未来，深晚还将持续关注深圳大学生的动向。

辜晓进认为，连续两年刊登深大学生优秀毕业作品，体现了深晚前所未有的魄力。这是传统媒体与新闻系学生之间良好互动的典范，一方面，传统媒体借此对新闻系学生的作品表示了实质的支持与关切；另一方面，学生的作品反过来也倒逼从业人员出产更多好作品。

市民自选对胃口 专家学者授课

深圳晚报讯（记者 汪仕林） 昨天是“世界读书日”。当天下午，2015年福田人文讲坛在福田会堂全新启动。今年福田区突出“运作模式、服务形式、传播方式”三大创新，实现“工作思维、课题数量、师资力量、受益市民”四项突破。

福田区委常委、宣传部长孙静指出，2015年“福田人文讲坛”要精益求精，从多个方面去挖掘展现人文讲坛鲜明的特色。一是要展现主题设计的多彩性，具有福田特点的主题系列。二是要展现公益宣讲的导向性，要通过他们去诠释社会主义核心价值观。三是要展现宣传文化的凝聚性，将福田好公民、文化志愿者等吸收进来，使讲坛既接地气，又有品质。

2015年福田人文讲坛真正将文化权利交给市民：市民选课，政府搭台，社会唱戏，市民评鉴，引进义工，实现全民互动。选题涉及政治理论、历史文化、国学人文、等13大系列，150个课题。讲坛共邀请150多位专家学者，最终有100多位被市民“点单”。

春节最美“橱窗”有你家的吗

深圳晚报讯 4月23日，由深圳市委宣传部主办、深圳新闻网承办的深圳春节最美“橱窗”评选活动颁奖典礼在商报大厦举行。

7.《深圳晚报》(7 连版转载)，2015 年 4 月 24 日

深℃杂志

往事并不如烟

一代逃港人的生存与归宿

遥望香港
他们的世界

逃港人心中的“彼岸”

深报道

初抵香港的逃港者

深报道

上世纪80年代，逃港人常用"衣锦还乡"来形容第一次回乡的感受。当时广东流传着一句话：一人偷渡，全家光荣。对于当时还未偷渡的欧阳东来说，朋友从香港餐厅带回来的面包皮都是难得的好东西。

深报道

经济奇迹背后的逃港人

深报道

铭记，为了不让历史被尘封

逃港者追忆当年的人和事

重走逃港路

回顾一段艰辛的历程

黄东汉在《起锚》里曾这样总结三条逃港路线：走中路梧桐山，不需要游泳，直接经陆路翻过铁丝网到达新界，但这条路防守最严；后海湾的海面较大鹏湾稍窄，风浪小，但淤泥里的蚝壳常把偷渡者的双腿割得鲜血淋漓；死伤最大的是走东路大鹏湾，夏季里常有鲨鱼出没，风高浪急，防守也最松。

因为死伤严重，在上世纪70年代末，深圳蛇口曾活跃着200余个"拉尸佬"。每埋好一具逃港者的尸体，他们就可以在蛇口公社领取到15元钱。

如今，梧桐山和大鹏湾附近的大小梅沙，成为了人们休闲娱乐的去处；后海湾地带，位于蛇口半岛南端的蛇口港，已经成为华南地区最重要的集散中心和中转口岸。

逃港中路——翻越梧桐山

3月的梧桐山，闷热潮湿。重走梧桐山时，我们踏过柏油铺就的盘山公路和弯曲陡峭的上山石阶，一个小时后，坐在石凳上，每个人的小腿、脚踝被蚊子叮出了七八个包。

10年前，邓云捷和其他5位逃港者，在梧桐山正门处留下一张合照。当时他们已在香港生活了20多年。合完影后，邓云捷咕哝了一句"梧桐山的蚊子还是这么多"。

对包括邓云捷在内的许多逃港者来说，梧桐山的蚊子、黑夜、树丛和铁丝网是他们的集体记忆。

梧桐山横跨罗湖、盐田、龙岗三区，占地面积31.28平方公里，相当于深圳经济特区面积的十分之一。它的东部与香港新界的山脉相连，吸引偷渡者铤而走险的，便是这条位于中港边界的铁丝网——东起沙头角，西至罗湖，长达20多公里，贯穿整个梧桐山脉。

偷渡最猖獗的时候，这道铁丝网每隔10米就会出现一个破洞，大小足以让一个人屈膝钻过。守军修补不及，常常是白天修补好一些，第二天清晨又出现新的破洞。

每到夜间，那些自感泳技不佳，不敢横渡大鹏湾和后海湾的逃港者，从各个地方朝这道铁丝网涌来。翻越铁丝网后，即可到达香港元朗。

1973年12月初，胡向坤开始攀越梧桐山，那几天寒流南下，宝安县夜晚的气温降到10度以下。白天，他藏身在潮湿阴暗的茅草丛中，十几只蚊子钻进他的裤腿大快朵颐。夜幕降临，他摸索着朝西边走去。

当时梧桐山上的大石有一米来高，石块之间的空隙里长满茅草。月光的反射下，草是黑的，石头是白的。一天晚上，他听到身后传来窸窸窣窣的声响，"我以为被边防军发现了，拔腿就跑"。他从一个白点跳跃到另一个白点上，差点跌落在一米多深的草丛中。

走在石道上，我们四处寻找当年逃港者躲藏的大石和茅草，却只看到道路两旁茂盛的树丛。偶尔出现一条黄土小路，不到半米宽，朝着山顶的方向延伸开去。入口立着一个黄色警示牌——"山路危险，请勿攀行"。

仙湖植物园管理处一位姓熊的工作人员说，1988年风景区建立后，相继修建了石阶、山道，很少有登山者从这些山路通行。偶尔有年轻的小伙子故意带着女朋友爬这种崎岖的小路，"那些女孩子下山的时候，脚下一滑，都被吓得哇哇大叫"。

当年逃港者翻越的铁丝网，如今仍横亘在梧桐山地域。2013年3月，一位男子企图从登山公路边界地段偷渡香港，不慎摔下近50米深的山坡，被广东边防六支队官兵所救。

从躲藏的山林中被警察搜出的难民。　　资料图片

逃港西路——游过后海湾

蛇口位于南头半岛东南部，东靠后海湾，西依珠江口，与香港新界的元朗和流浮山隔海相望。

这里曾经是最热门的下水点——紧挨珠江口，海水较淡，不但大鹏湾有鲨鱼出没，后海湾的军警防守相比梧桐山的陆路也要松些，因此常常是偷渡者越境的第一选择。

1975年9月3日，后海湾海面一片漆黑，只有对岸香港流浮山的灯火隐约闪动，白辉悄悄地从蛇口下水。

这天晚上后海湾海水大落潮，海边的淤泥都裸露出来，边境守军的探照灯在淤泥表面一次次掠过。为了不惊动值班守军，他在布满蚝壳的淤泥里，匍匐爬行了一个小时。到达深水区时，他的腿上、手上全是蚝壳划出来的伤口。

这片淤泥现在已经是海上世界明华邮轮的所在地。傍晚的时候，灯火通明，船侧悬挂的彩旗下，经常有小孩子奔跑嬉戏。

白辉怎么也想不到，深圳河北边的灯光，有一天会比香港更加光亮。

1978年夏季，沙头角地方政府"背着中央"开办"三来一补"加工厂。这比安徽省凤阳县小岗村实行"农村家庭联产承包责任制"，起码提前了7个月。

时任宝安县委书记的方苞告诉我们，那年7月，他带广东省委书记习仲勋参观了沙头角的来料加工厂。习仲勋指着加工厂的员工说"老百姓不但不逃港，逃了的都回来了"。

"习仲勋当时就意识到人民是在用脚投票，"方苞说，"只有搞新政策，留住逃港者的腿，才能把票投到我们这边。"

回到北京后，习仲勋向邓小平汇报了沙头角试点的情况，提出在广东划一个地区搞特殊政策。蛇口工业区就是其中之一，1979年7月2日，蛇口工业区破土动工。

香港招商局也决定在毗邻香港的宝安县边界择址投资开发工业区，利用内地土地与劳动力资源，引进香港的资金与技术发展边区经济。

1983年，汪文光（化名）由工程兵转业到蛇口工作。当时，蛇口还是一片海滩和荒山，正轰轰烈烈地开工建设。工人们用炸药将周围的荒地、山坡、稻田炸开，用推土机填平。

20多年后，这里已经拥有房地产、现代物流业、园区服务业、高科技业等产业群组。

位于蛇口半岛南端的蛇口港，已经成为华南地区最重要的集散中心和中转口岸。一年有50万标准箱的集装箱、500万客流量从这里运送出去。

逃港东路——泅渡大鹏湾

2015年3月27日的午后，大梅沙海滨公园，电子屏幕上实时显示着游客人数：1958。

绵延2公里长、总面积18万平方米的金色海滩上栽着400多棵油棕和大王椰，海水在沙滩上激起白色的浪花，海里漂浮的紫菜也被冲上了岸。

432米长的观景长廊边，游客们抖落鞋里的沙子。木制的小商铺店面前，游客正在选购10块钱一个的青椰子。

近海区拉起了一张鲨鱼网，防止游客受到鲨鱼的袭击。当年，从这里偷渡的人常常担心自己会遇到鲨鱼，他们听说，大鹏湾还有个别名叫做鲨鱼湾，半点血腥都会引来鲨鱼的袭击。

从大鹏湾偷渡的逃港者，经常在两个地方下水：一个是在距离沙头角约两公里处，游一个小时左右即可上岸，但防守严密；另一个下水点在现大小梅沙一带，虽然风高浪急，还有鲨鱼出没，少有军警把守拦截。黄东汉曾在《起锚》里写道："能从大鹏湾安然游过来的人，都是高手中的高手，而且运气特别好。"

邓国杰于1974年8月15日从小梅沙下水。那天夜里，海面上交叉扫过的探照灯不断发出亮光。猫在半山腰的他，静静注视着岸边来回巡逻的水警船，等待着12点到来。

12点一过，水警船果然向前几晚一样，撤离了大鹏湾。邓国杰跑到海边，迅速脱下衣服，吹饱气囊，套上绳索然后一头扎进海里，朝南边泅去……

邓国杰到港的第25年，大梅沙海滨公园作为十大"民心工程"成立，免费向市民开放。大鹏湾海域由于填海建起了盐田港，海面已经变得窄小。

1988年11月23日，盐田港建设拉开了序幕。伴随一声巨响，梅沙尖的山头被劈掉一角，6.5万立方米碎石硬生生堆在山脚下。次年11月27日，盐田港建成5个泊位，其中1000吨级的3个，3000吨级和1万吨级的各1个。

1994年7月20日，世界船王马士基旗下的"马士基·阿尔基西拉斯号"集装箱船首航盐田港，盐田港正式开通了第一条国际航线。2014年，盐田港的集装箱吞吐量达到1167.28万标箱，连续五年突破千万标箱。

8.《晶报》，2016 年 4 月 28 日

深大学子毕设：用故事搭建社会话题

晶报讯（记者 陈雯莉）“与其讨论如何死，不如讨论如何活好最后一段人生。就这样，思维的转换让‘临终关怀’这个选题进入了我们的视野，并在今天，进入了各位的视野……”昨日，深圳大学2016年传播学院新闻学专业本科毕业答辩在该校科技楼举行，10个小组的毕业设计答辩丰富多元，一个个由故事搭建的社会焦点话题引人入胜，吸引了众多学子到场聆听。深圳大学校长李清泉首次亮相传播学院毕业答辩现场旁听，现场为学生打气。

今年该系学生的毕业设计主题涉及面广，既有社会关注的《当“饭碗”遇见二孩：女性就业性别歧视系列报道》，也有标新立异的《摘星星的人——关于追星新形态的不完全调查》，还有话题沉重的《向死而生——深圳临终关怀调查报道》等。作为指导老师和现场评委，深圳大学传播学院新闻系主任李明伟对今年的毕业设计感触颇深。他表示，今年深大传播学院学生的毕设作品视野更开阔，选题更多元化。此外，今年毕设的展示媒体也更多元化，文稿、新闻片拍摄、微信公众号运用等，体现了学生对传播的多元探索。

昨日，经综合考评，由深圳大学传播学院教授辜晓进指导的《最后的“黑户”——深圳“黑户”群体调查报道》，以89.33分的总成绩夺得新闻专业毕业设计答辩的第一名。学生毕设《逝去与重生——深圳器官捐献现状调查》中采访到的深圳器官捐献协调人高敏，也特意来到现场旁听并现场发表了感人肺腑的讲话。

李清泉昨日接受记者专访时表示，毕业设计是学生四年来学习的总结，也是一次很好的锻炼。学生们的毕业设计作品主题贴近社会现实，在整个毕设过程中得到社会的大量帮助和支持，有不少毕业设计的经费通过众筹和校友赞助获得，让毕业设计在理论、内容和形式上更加完美，也因此得到社会越来越多的认可。他还表示，邀请同行专家现场指导，主要是希望营造一个让同行专家认识学生的过程，为同学打造一个进入传媒工作的平台。

来自深圳传媒界的资深媒体人蓝岸、陈文定、季杰、陈晓航、耿伟、韩文嘉，昨日也作为指导老师和评委参加了答辩会。

《深圳商报》，2017 年 4 月 29 日

毕业答辩主题：“新闻的名义”

深大学子毕业答辩奉献了颇具分量的深度调查作品

【深圳商报讯】（记者 吴吉）“深圳脑瘫家庭调查实录”“深圳青年公寓发展状况调查”“深圳传统媒体人转型之后”……这一组组充满分量、聚焦现实的新闻作品，出自深圳大学传播学院新闻专业2017年毕业生之手。4月28日，在毕业设计答辩中，深大学子奉献了9组颇具分量的深度调查新闻作品。

为期3天的毕业设计答辩是传播学院每年的重头戏，人气十足。此前，广告系、网络和新媒体系、广电系的应届毕业生都展示了自己的才华和创意。而28日新闻系的答辩则以“新闻的名义”为主题，同学们的选题大多从小切口进入社会进行深度挖掘，展示出社会中多个领域的不同面貌。

值得注意的是，深大学子的选题不是阳春白雪，而是贴地气的。比如：关注弱势群体的“深圳脑瘫家庭调查实录”；关注时代变迁大背景下小人物命运的“农村网红风云录”“‘守’艺人——探访粤港老手艺之龙凤褂”“深圳传统媒体人转型之后”；关注社会焦点的“罗湖棚改系列报道”“深圳填海三十年”……学生们的深度调查新闻既展示了新闻系学子出色的采访、写作能力，同时也展现了年轻一代的社会责任感，让评委嘉宾也表示“深受启发”。

学生们表示，为了完成这些毕业设计，他们备受考验。追踪“农村网红”的“小镇青年”小组，用两个月奔波5个省，一探“网红”江湖，甚至乘坐了32小时的硬座火车前往辽宁；“不倒翁小组”共接触过四五十户脑瘫家庭，深入了解的就多达17户，录音文字稿超过10万字；“滩涂跳跳鱼”小组在采访中曾吃过无数次“闭门羹”，也曾跟着央视记者“混采访”…… 这对于他们来说，是连接书本和实践的最佳过渡，是在新闻报道之路上的坚实第一步。

据悉，深大传播学院新闻系采取“1+2+N”的方式，培养理论与实践并重的新闻人才。一个平台，即新闻系自己的《新新报》，包括相关公众号、微博和网络版，到目前已经推出了80期，为新闻系学子提供了新闻实践的阵地。另外，“专业实践”和“毕业设计”两个“轮子”，也承载着新闻系学子“学中做、做中学”的重任。

9.《晶报》,（导读与内页整版）2017 年 4 月 28 日

晶报

监测覆盖5大河

A02 速读

2017年，深圳河流监测点位数增加至430个
覆盖茅洲河等五条河流一、二、三级支流
A05

新闻的名义

脑瘫家庭调查、农村网红"风云录"……深大传媒学子毕业设计中的冷静思考 A14

广东举行庆五一暨劳模表彰大会 A04

今日下午5点或迎高速出行高峰 A06

纪念日|第十期

21年前，外地"县官"在深圳勇斗歹徒 A09 A10-11

宝安志在打造深圳智能制造第一区

休刊启事

本报五一假期休刊（4月29日至5月1日），5月2日恢复出报。休刊期间，本报官方微博、微信照常推送新闻资讯。特此敬告！祝广大读者朋友节日愉快！

深圳晶报传媒有限公司
2017年4月28日

晶报

A14 民生热点

深大学子"新闻的名义"今上演

传播学院新闻系毕业设计答辩会举行，选题反映光鲜背后的冷静思考

从南至北 学生们走近农村"网红"

接触近50户脑瘫家庭 希望为其发声

附录 1

2018 年深圳大学传播学院新闻学专业本科毕业设计方案（试行）

本科毕业设计的完成方式有两种：一种是个人独立完成一篇毕业学位论文，一种是以小组形式完成一个综合设计项目。后者要求每位学生须完成小组项目全案，并结合小组项目独立完成一篇个人论文或研究报告。其中，小组项目完成情况占个人总成绩的 70%，个人论文或研究报告占总成绩的 30%。

一 毕业论文的要求

毕业论文要求个人独立完成，论文符合学术质量标准与形式规范，通过毕业论文审查与答辩。

1. 条件要求

先向指导教师组提交可以独立完成项目的依据，包括在公开发行的学术期刊上已经发表的论文，或者曾参加过学术科研活动的证明。同时，上交一份格式完整的研究计划书，包括选题的意义，完整的文献综述，理论依据和研究方法，以及研究内容纲要。毕业设计指导教师委员会检查评审通过，学生方可采取这种方式完成毕业设计项目。

2. 内容要求

针对新闻领域的突出问题进行学术性质的讨论、分析和论证。要求主题集中，观点鲜明，结构完整，论证充分。篇幅不少于 15 000 字，所列直接参考文献不少于 10 篇（部），其中必须包含一定的外语文献。

3. 格式要求

提交 2 份胶装纸质版论文，文本要求 A4 纸页面大小，竖版，封面印有论文名称、学院、专业、学号、学生姓名、指导老师姓名以及年月日。提交 word 形式的电子版一份，以“专业—姓名—学号”作为 word 的文件名。

二　小组项目的选题与类型要求

毕业设计小组尽量选择切近现实生活的选题，自主完成并提交整个项目全案文本，参加项目公开答辩。每个项目小组均由新闻系教师进行专业指导、毕业设计评审组教师担任评审。小组综合设计项目分为 7 种形式：

（1）全媒体报道。

（2）专题、纪录片（禁止剧情片）。

（3）大型特稿或通讯（含专题报道和深度报道）。

（4）网络电子期刊或相关的新媒体内容。

（5）媒介策划：可以针对现有媒体的栏目、版面进行策划，也可以策划新栏目、新版面、新介质等。

（6）研究报告：针对社会现实问题所做的调查研究报告。

（7）创办媒体，包括杂志、报纸、网站、移动客户端等等。

以上项目可以以各种体裁、载体形式呈现，如电视、报刊、网络视频、电子新闻杂志等，但不允许虚构类的内容。毕业设计不鼓励小组项目以论文的方式出现。

三　毕业设计主要成果的内容与形式要求

（一）小组项目文本

电视专题片、深度报道等新闻类项目，项目文本前面须说明选题的来源、工作计划（即如何实施的）、主要内容、作品意义（或观点、发现、贡献），最后附上片子的脚本或者深度报道的全文。

研究报告类项目，项目文本按学位论文的一般标准，要求分章节阐明以下内容：选题来源，研究方法，主要创新点，研究的理论价值、现实意义，研究的主要内容，研究的结论或发现。

媒介策划类项目包括创办媒体，项目文本前面须说明选题的缘起、工作计划（即如何实施的）、主要内容、项目意义（或观点、发现、贡献），最后附上媒介策划文案。

所有小组的项目文本都要求胶装纸质版，A4纸页面大小，竖版。包装要简约大方，与项目内容相匹配。封面须印有“毕业设计项目名称”“传播学院××级新闻学专业”“组员学号 姓名”“指导老师”“日期”等内容。文本前面要有目录。原则上，每套文本不超过100页。文本结构完整、条理清晰、内容表述简洁和准确。

（二）个人论文或研究报告

个人研究报告或论文须符合本科（学士）论文的基本要求。

选择与小组项目有关的某个具体问题，展开比较深入的理论分析和论证，力争有自己独到的发现或者新颖的观点。与自己小组项目无关的题目，不可作为个人研究报告提交。个人研究报告内容须严格按照要求撰写，不可与小组文本部分重复，不可写成工作总结。

逻辑结构严谨，语言文字表述到位，字数不少于5 000字。

文本严格按照规定的格式提交。要求有3~5个主题（关键）词；200字以内的内容提要；目录至少应细分到二级标题；专业注释应不少于10个（提倡参考外文资料）。

个人研究报告的撰写需在指导老师确认题目后进行，个人研究报告由指导老师指导，毕业设计评审组老师评审。

个人研究报告任务确认书，个人填好后请指导老师确认（同意并签署）后，由项目组长收齐后交新闻系办。

个人报告逾期提交，酌情扣分。答辩前仍未提交的，禁止参加现场答辩。

（三）公开答辩 PPT

答辩应参照项目文本的框架和逻辑顺序，先简要介绍选题的来源，重点、难点和爆点（创新点），项目分工及实施的情况。然后，各成员依次汇报各自负责的环节或者部分。最后是最终成果的精华部分。

鼓励运用丰富多彩的形式（视频、音频、图片、flash、H5 等）来展现一些幕后工作，或者项目本身的难度、亮点。

每个小组答辩时长为 30 分钟，包括小组陈述 15 ~ 20 分钟，评委提问与项目组回答 10 ~ 15 分钟。

每个组员都要参与陈述，不允许一个小组只由一个代表陈述全部内容。

答辩 PPT 须于学院规定时间提交到实验中心指定的电脑上。

（四）提交的主要成果

3 份（彩色）小组项目文本。

1 个电子文档文件夹，包括小组项目文本、完成作品（包括以期刊、报纸等形式为主的平面作品和以专题片、纪录片为主要形式的视频作品）、个人论文、答辩 PPT 及花絮等内容。以小组项目名称作为文件夹的名称。文字内容须是 word 形式。电视片、图片类的作品及答辩花絮等文件应确保能正常打开和阅览。

四 考核内容及评分标准

（一）考核内容及评分标准

项目小组成绩 = 项目小组文本成绩 70% + 项目小组答辩平均成绩 30%。

个人总评成绩 = 项目小组文本成绩40% + 项目个人参与度10% + 答辩个人成绩20% + 个人研究报告成绩30%。

说明：

项目小组文本考核：以小组为单位提交全案文本（作品、策划案文本及研究报告等），由毕业设计评审组教师评审，累计得出小组文本成绩。

现场公开答辩考核：以小组为单位，学生分工合作。由毕业设计评审组教师评审，累计得出小组及个人答辩平均成绩。

个人研究报告成绩：个人提交，由毕业设计评审组老师评审。

个人综合表现：由各组联络老师根据项目小组工作日志和学生个人工作日志，在个人项目参与度和个人完成部分专业表现方面给予综合评价。

（二）个人论文或研究报告

1. 研究报告

针对现实社会中的文化、新闻、媒介等问题，特别是深圳本土的社会问题进行调查研究。文字表述为主，要求表述流畅、简练，字数不少于两万字。评分标准：

（1）选题应属于新闻传播学领域，并具有典型性和普遍意义；（25分）

（2）恰当运用相关理论进行分析和研究；（25分）

（3）研究方法具有科学性，调查数据真实可信；（25分）

（4）报告结构层次清晰，观点表述明确，论据翔实。（25分）

2. 项目策划

写出一份完整的媒介项目策划方案。评分标准：

（1）选题要有社会和应用价值；（10分）

（2）项目要有创新性和可操作性；（30分）

（3）策划方案思路清晰；（30分）

（4）提交的样品能体现策划意图，具有一定的专业水平。（30分）

3. 专题片、纪录片

以《焦点访谈》《新闻调查》《第一现场》等为参照。

作品要求：

（1）思想健康、积极向上且有青春的气息，有较好的精神面貌，有一定的思想深度。内容充实、生动，重点突出。

（2）拍摄画面清晰连贯，有一定的拍摄和剪辑技巧。

（3）创意独特，形式新颖，勇于挑战拍摄难度较大的表现方式。

（4）时间长度：15 ～ 20 分钟。（人物访谈、脱口秀可 20 ～ 30 分钟）

（5）以普通话（英语及方言需中文字幕）为主要发音语言。

（6）作品以DV摄像机为主要拍摄工具，以非线性编辑系统为主要制作、编辑工具。

（7）提交作品的同时应附上不少于 2 000 ～ 3 000 字的作品详细说明书，包括作品背景、串词、同期声、节目影响等。

评分标准：

（1）作品具有新闻性、纪实性，而且创意独特，构思新颖；（30 分）

（2）内容充实、生动，主题突出；（20 分）

（3）善于演绎，画面音质流畅，具有一定的拍摄和制作技巧。（50 分）

4. 网络媒体作品

作品要求：完成一个网络新闻专题报道，独立完成选题、策划、选稿、组稿、图片处理、音频视频处理，并设计、制作专题网页，相关链接不少于 5 条，要求使用多媒体并上传成功。或者制作电子杂志，要求搭建框架并有相应内容报道。电子杂志不少于 5 页，要求提交电子文件以及播放文件并上传成功。提交作品的同时应附上不少于 2 000 字的作品说明书，包括作品定位、编辑方针或选题依据、调查设计说明及人员配置、技术等其他情况说明。

评分标准：

（1）选题策划能力。（a）选题符合网络新闻特点和网站定位，有新闻价值，有可操作性，能体现网站编辑方针；（b）选题有新闻敏感性，视角独特新颖，有创意、有特色。（20 分）

（2）稿件处理能力。（a）有较强的文字表达和运用能力，独立完成采访、写稿、编稿、组稿工作；有原创资料为佳，同时提供背景资料和相关参考资料的链接；（b）标题拟写准确清楚、有冲击力、有内涵。（20 分）

（3）多媒体运用能力。（a）熟练运用互联网搜索丰富的信息和新闻报道线索，链接信息翔实丰富；（b）在制作的网页（电子杂志）中，使用图片、音频、视频等多媒体技术；有清晰的导航和有效链接。（20分）

（4）网络编辑软件应用能力。（a）熟悉网络编辑常用软件，能使用Photoshop等图片处理软件完成图片编辑；（b）能使用Dreamweaver、iebook等软件设计制作网页。（20分）

（5）综合能力。（a）主题突出，内容构架科学合理，板块设计丰富完整，稿件准确翔实；（b）网页（电子杂志）形式效果与主题相应，布局合理，结构清晰，新颖美观，有创新性内容、个性化设计。（20分）

5. 平面媒体作品

成品为一份报纸或杂志的一期，从策划、采访写作到编辑制作均要求原创，学生提交电子版（光盘）和打印成品。要求后期排版用方正飞腾软件完成。提交作品的同时应附上不少于2 000字的作品说明书，包括报纸或杂志的定位、编辑方针、调查设计说明及人员配置等其他情况说明。

报纸要求做四开报纸2版，报纸形态特色突出，体现出明确的定位、编辑方针和风格特点。必须有报头、报眉设计。主要稿件、图片均应原创。

杂志要求形态合理，有完整的封面封底设计，有明确的杂志定位、编辑方针和风格特色，A4或者16开大小，页数不少于10页（包括封面、封底），主要稿件、图片均应原创。

若是小组合作完成，必须分工明确且有相应署名。

评分标准：

（1）报刊设计。报纸或杂志有明确的定位、编辑方针和风格特色，有报名、报头和报眉，分版合理，内容充实，形态突出。（20分）

（2）稿件采写。必须以原创形式完成消息和通讯等稿件采写，以真实的具有新闻价值的事实为题材。作品体裁特征突出，主题鲜明，视角新颖，结构合理。文字流畅、精练。（30分）

（3）编辑、校对。标题符合要求，具有一定吸引力；版面主题和看点突出，主次分明，稿件配置合理，如有需要可配置资料性文字、图片和图示等；校对认真，文字和标点使用合理、准确。（25分）

（4）设计与排版。具有一定的版面设计和排版能力，版面整洁、大方、流畅，版面要素完整（有报头或报眉、标题、图片、色彩搭配等），图文并茂，版面元素运用合理。（25分）

6. 大型特稿或通讯（含专题报道和深度报道）

成品为新闻作品，要求从策划、采访写作到编辑制作均要求原创，学生须提交电子版（光盘）和打印成品。要求后期排版用方正飞腾软件完成。提交作品的同时应附上不少于2 000字的采访手记。

以深度报道为例，其评分标准是：

（1）题材应该具有新闻性、典型性。一是具有较高新闻价值和典型意义；二是贴近群众，是群众关心的热点、难点问题；三是鼓励原创题材和独到新闻发现。（20分）

（2）采访深入。通过细致入微的采访，进行大量的新闻调查，从而把握新闻事实。对新闻事件进行理性的分析、多侧面的现场展示，引发观众连绵的反思和情感的追随，把观众从具体事件引向广阔的社会空间。（40分）

（3）具有思辨色彩。通过构思严密的逻辑力量，以精心的选材配以理性的思索，让观众从中悟出道理。产生感染人、教育人、启发人的社会功效，彰显新闻力量。（20分）

（4）表现形式完整而有创意。作品既可以做成纪实性的、解释性的，也可以做成透视性的、评述性的；既可以做成专题性的、组合性的，也可以做成连续性的、系列性的。在表现形式上，鼓励创新。（20分）

（三）毕业答辩评分标准

（1）提案思路清晰，个人陈述表意准确、专业、简洁、完整；（20分）

（2）多媒体演示效果表达清晰、流畅；（20分）

（3）对个人完成部分的专业性评价；（40分）

（4）正确理解提问，妥善周到地回答问题。（20分）

（四）个人总评成绩

个人总评成绩最后换算成等级制，即A、B、C、D、E。获得A级为优秀。

五 进程及时间安排

项目进程管理详见《毕业设计进展时间表》（每年11月正式启动）。

毕业答辩时间是2018年4月22日（如有变化，另行通知）。答辩场次通过抽签方式决定。

小组项目文本、项目作品、个人研究报告提交时间：2018年4月上旬指定时间。

答辩PPT、演示文件及所有材料电子版提交时间：2018年4月中旬指定时间。提交时，须经系办审核无误并签字确认，方为有效。答辩PPT和演示文件还须向学院实验中心提交一份。各小组不得在答辩现场临时提交和试机。

同时，请各组组长向学院实验中心提供答辩现场使用的软件名称（版本），以便到时提供现场技术支持。

各小组如果需要进行预答辩，请自行安排时间和场所。

毕业设计项目进程管理，根据需要可以调整毕业设计进程管理环节（例如增加检查等）和具体时间安排。具体通知由系办直接通知班长，班长再通知到各项目组长并由组长负责告知全体组员。

六 毕业设计纪律要求

所有参与项目小组的同学必须是学院确认有资格参加本专业本年度“毕业设计课程”的学生。

本专业倡导和坚持诚信、踏实的学习态度和创新、创造的专业精神。要求毕业设计提交的所有材料及内容均应为原创，不得抄袭、不得请他人代做，所有引用、借鉴之处，必须注明出处和来源（包括论文、设计及制作所涉及的素材）。根据《传播学院关于严明学习纪律遏制作弊行为的规定》，个人研究报告中出现30%以上的抄袭内容将以作弊论处，取消第一批毕业资格并要求限期重新整改提交；对于不能在规定时间内完成整改提交并通过评审的学生，将毕业设计成绩记为零分。

毕业设计成果必须根据学院要求按时完整提交，逾期提交，酌情扣分。未按要求完整提交毕业设计成果的小组或个人视为未完成毕业设计要求，无参加毕业答辩的资格，毕业设计成绩记为零分。

前期调查、访问、数据处理方面的具体工作如有请低年级同学及其他人协助完成的，必须在相应部分清楚注明。

为严肃纪律，对本次毕业设计成绩实行公示制。个人及项目小组成绩评出以后，在学院布告栏公示3天，欢迎监督和举报。举报要求实名制，并要求提供相应的证据。一经查实，将对当事人依据学校相关规定按作弊论处，故小组成员彼此有提醒和监督的义务与责任。

七

指导教师安排

毕业设计小组指导教师由新闻系所有教师担当。2018年担任毕业设计指导教师的有：辜晓进、刘劲松、黄春平、李明伟、尹连根、张田田、彭华新、张晗。

实行师生双向选择方式组合。学生自愿组成4～6人的毕业设计小组，选择意向导师并上报系办。每一位老师可指导1～2个毕业设计小组。老师可以选择联合指导一个或两个小组。最后，系办综合考虑学生及指导老师的意愿，统筹确定并公布。

传播学院新闻系

二〇一七年十月十三日

附录 2

深圳大学传播学院 2009—2017 年新闻学专业毕业设计作品一览表

序号	作品名称	指导老师	小组成员	成品形式	是否入选作品集
2017 年					
1	摇摇晃晃的人间 / 深圳脑瘫家庭调查实录	辜晓进	林淑婷（组长）；汪晓华；徐蔓宁；符丽娜；付琳；李毅	深度报道 / 杂志	已入选
2	尘困 / 深圳尘肺病人生活现状专题报道	黄春平	蔡敏铃（组长）；黄珊珊；胡文婷；张霞；柯午越；孟永妞	深度报道 / 杂志	
3	深圳禁毒	辜晓进	陈旖（组长）；余津津；叶知秋；郎朗；吴钢烁；郑宇灿	深度报道 / 杂志	已入选
4	罗湖棚改：违建之困 转型之惑	张田田	黄竞（组长）；黄敏旋；罗静怡；叶霖梓；郜冰冰；林志丽	深度报道 / 杂志	已入选
5	快手江湖 / 农村网红风云录	尹连根	张子怡（组长）；洪志荣；曾映辉；韦文雅；林婷婷；章雅琴	深度报道 / 杂志	已入选

续 表

序号	作品名称	指导老师	小组成员	成品形式	是否入选作品集
6	深圳填海三十年	刘劲松	周洋雷（组长）；梁嘉慧；肖号民；左婷；白颉；钟绮莹	深度报道 / 杂志	已入选
7	守艺人	彭华新	王昕蕾（组长）；谢扬；支金照；陈宏达；高聪颖；刘家俊	深度报道 / 专题纪录片	已入选
8	散是满天星 / 深圳传统媒体人转型之后	张晗	陈瑞华（组长）；吴小凡；严斯瀛；刘梵云；贾博雅	深度报道 / 杂志	
9	租房市场新“蓝海” / 深圳青年公寓发展状况调查	王琛	王梦艳（组长）；陈家伟；陈赛勋；陈春；木拉提别克·毕扎提；杨珏	深度报道 / 杂志	
2016 年					
1	当“饭碗”遇见二孩 / 女性就业性别歧视系列报道	李明伟	梁争誉（组长）；张可昕；吕梦宇；韦翔宇；黄泽锋；唐玉玲	深度报道 / 杂志	已入选
2	摘星星的人 / ——关于追星新形态的不完全调查	黄春平；尹连根	夏馨雨（组长）；余梓宏；向亿敏；曹羽潇；陈扬；黄颖；刘漫晔	深度报道 / 杂志	已入选
3	“深”海 / 深圳市海洋生态环境保护调查	彭华新	朱戈（组长）；余思民；赖瑗；王咪；黄丽云；黄钟凤	深度报道 / 专题纪录片	已入选
4	馨别 / 深圳临终关怀现状调查	李明伟	冼宇图（组长）；梁雅莹；刘洋扬；林小曼；付琪云；吴丕昱	深度报道 / 杂志	已入选
5	逝去与重生 / 深圳器官捐献现状调查	辜晓进	吴莹（组长）；廖兴；黄麒珊；潘秀坤；刘震；孙鑫	深度报道 / 杂志	已入选

续 表

序号	作品名称	指导老师	小组成员	成品形式	是否入选作品集
6	金牌的迷思	尹连根	刘佳诺（组长）；彭霭莹；黄婉银；王祚乾；宋佳敏；黄子洋	深度报道 / 杂志	已入选
7	最后的“黑户” / 深圳无户籍群体调查报道	辜晓进	黄灵灵（组长）；魏晞；蓝月；杨晟；蔡广进	深度报道 / 杂志	已入选
8	迭代断层中的华强北 / 中国智能制造探路者转型观察	王琛；余胜良	刘忠（组长）；徐子淳；曾琪；邱宇婷；欧晓华；陈丹玲；塞比热·麦得特	深度报道 / 杂志	
9	恋爱系 / 深圳地区大学生情感服务微信公众平台内容生产与运营	张晗	王雯（组长）；罗远银；陈茜；陈文丽；唐鑫；辜铭钊	深度报道 / 杂志	
10	深圳代耕农：在异乡耕作的流民	张晗；蓝岸	贝坤朋（组长）；李诗萌；袁捍华；宋良强；朱晓芳；兰俊	深度报道 / 杂志	
2015 年					
1	佛山武馆之商业江湖	李明伟；彭华新	孙诗棋（组长）；吴峰丞；林若诚；张颖；叶雯雯；卢婉婷	深度报道 / 专题纪录片	已入选
2	逃港之后 / 一代居港内地人的生存与归宿	辜晓进	张晓琪（组长）；陈烁；邱雪野；欧芸；王蕊	深度报道 / 杂志	已入选
3	归来之神 / 深圳民间宗教调查报道	尹连根	叶佳宾（组长）；陈冬；周漫兮；张彰；朱琪；冯凯	深度报道 / 杂志	已入选
4	短路：精神病患者的现实世界	尹连根	刘韵雅（组长）；罗笛尔；徐惠平；林洁；薄青青；陈斯迟	深度报道 / 杂志	

续表

序号	作品名称	指导老师	小组成员	成品形式	是否入选作品集
5	打拐背后的故事	张田田	林洁惠（组长）；蒋津津；李燕姗；刘佳；邹雯敏；陈蔚	深度报道 / 杂志	已入选
6	社工观察：“职业雷锋”的困惑	刘劲松	徐静思（组长）；班娅楠；曾佩琪；陈柔丹；詹婉珊	深度报道 / 杂志	已入选
7	出逃 / 短期禅修热背后的信仰缺失	李明伟；王琛	朱伟娟（组长）；谢晓东；詹文卿；范嘉欣；刘春宇；谢秋敏燕	深度报道 / 杂志	
8	深圳非遗的旧梦新生	辜晓进；张晗	王堉先（组长）；杨静雯；何蕴虹；周认；吴冰；李昱祺	深度报道 / 杂志	
9	失宠与新生 / 深圳客家山歌坎坷传承路	黄春平	温银妮（组长）；许立楠；吴玉婷；方彤榕；刘楚茵；徐晓	深度报道 / 杂志	
2014 年					
1	垃圾焚烧之“惑”	张田田	刘晓慧（组长）；袁彦子；林奕兆；李松霖；杜南星；谭捷	深度报道 / 杂志	
2	深圳渔村：远去的故乡 / ——关于深圳渔村兴衰存亡的新闻调查	辜晓进；黄春平	彭步云（组长）；刘诗颖；郭家虹；陈晓璇；林玲玲；李明子	深度报道 / 杂志	已入选
3	生命不能承受之“弃”	李明伟	李小霞（组长）；李子聪；肖敏；张肖珊	深度报道 / 杂志	已入选
4	梧桐私塾“复兴”记	尹连根	崔晓丹（组长）；邱迅；周璐；黄丽文；陈翔	深度报道 / 杂志	已入选
5	外来务工子女：无处安放的书桌	刘劲松	赖苏婷（组长）；卓小琴；麦小丽；曹燚炜；张姗姗	深度报道 / 杂志	已入选

续 表

序号	作品名称	指导老师	小组成员	成品形式	是否入选作品集
6	行走在流水线与霓虹灯之间 / 90 后农民工在深圳的别样城市生活	尹连根	陈柳月（组长）；梁梓；吕俊；姚成慧；黄晓丹；方家俊	深度报道 / 杂志	已入选
7	指尖下的人间冷暖 / 深圳盲人按摩师生存实录	辜晓进	肖茜（组长）；岑晓林；林玟珊；周欣；陈春燕；许燕玲	深度报道 / 杂志	已入选
8	行走在理想与现实间 / ——关于深圳独立服装设计师的专题报道	王琛；李明伟	嵇国华（组长）；张彦豪；林丽佳；李力维	深度报道 / 杂志	
9	一场名为“相亲”的戏 / 莲花山相亲角系列报道	张田田；王琛	黄若曦（组长）；王佳蕊；何哲；童婉琦；冀静波；李思莹	深度报道 / 杂志	
10	进击的人造美 / ——关于大学生整容整形现状的报道	彭华新	刘木子（组长）；蔡尔湄；张可欣；唐嘉蔚；吴圆圆	深度报道 / 杂志	
2013 年					
1	传院毕业生就业情况调查	黄春平	施逸风（组长）；司昌键；叶建金；卢彩萍；曾叶薇；王佩瑜	研究报告	
2	失控与失语 / 泥头车里的人	尹连根；王琛	莫耀鹏（组长）；郭滔；董非；邹晓娈；黄小钧	深度报道 / 杂志	已入选
3	沉重的血铅村	李明伟	李笑琦（组长）；王苏蓉；余金燕；刘婉华；傅思嘉；张曼玲；罗凯	深度报道 / 专题纪录片	已入选
4	坚持在生命终点的“天堂使者”	尹连根；王琛	曾霓（组长）；赵钰雯；时恩；李茜；陈灵；樊娆	深度报道 / 杂志	已入选
5	深圳涉外婚姻三十年	辜晓进	高洪浩（组长）；林舒妍；陈蓓诗；何嘉玮；陈楚楚；张兴	深度报道 / 杂志	已入选

续 表

序号	作品名称	指导老师	小组成员	成品形式	是否入选作品集
6	城墙内外 / 湖贝旧村的最后岁月	辜晓进	刘羽洁（组长）；林妍颖；杨阳；卢静文	深度报道 / 杂志	已入选
7	他们的世界 / 关于同性恋群体的系列报道	张田田	郑少如（组长）；徐奕如；罗薇；宋洋	深度报道 / 报纸	已入选
8	《宝安日报》社区网站策划案	刘劲松	罗莉琼（组长）；朱上坚；蒋韵聪；温斯懿；欧文佳；左迪晗	媒体策划	
9	《深圳青少年报》（中学版）创新与改版	黄春平	张馨怡（组长）；张迪；张荔璇；冯琦芝；李玉玲；曾翠婷	媒体策划	
10	企业危机公关中媒体的迷失与坚守 / 一项探索性的研究	李明伟	徐扬（组长）；伍翎瑄；谭飞；郭斌；陈江瑶；刘智航	研究项目	
2012 年（以下为新闻系成立之前新闻方向的毕设，包含多种类型，不在作品集入选范围）					
1	凤凰花开特刊策划	辜晓进	陈丽勤；廖婷；林雅雯；杨丽楚；陈雯琦	媒体策划 / 杂志	
2	形成中的群体归属 / 深圳“80 后”的身份认同研究	尹连根	周鹰廷；黄穗；黄洁瑜；杜敬亭；陈雯莉；何艳	研究项目	
3	深圳广场舞功能及参与者的动因调查报告	林晓光、张田田	孙嘉芸；刘驰翔；陈佩钰；赖锦仪；毛依文；黄梦竹	研究报告	
4	吴川飘色生存状况及发展前景调研报告	林晓光、张田田	范琳琳；陈怡；陈佳瑛；冯宇玲；郑亚芬；韩英杰	研究报告	
5	深圳市独立书店经营状况初探	黄春平	姜国辉；丁丰；刘欣；李嘉；黄思敏；林翠琪	研究报告	
6	招商证券微博推广策划案	王琛、刘劲松	邝涌彬；巫丹华；莫珊儿；岑美燕；柯田萌；林诗涵；陈雨怀	媒体策划	

续 表

序号	作品名称	指导老师	小组成员	成品形式	是否入选作品集
7	歪歪语音 2012 年下半年推广方案	王琛	王雅茹；段鑫宇；李丹丽；陈浏仿；刘娇；王吉东	媒体策划	
			2011 年		
1	农民工群体媒介意义建构研究	尹连根	肇悦岑；阎佳培；杨琳；陈丹红；郭丹燕；陈丽珍	研究项目	
2	都市类报纸与党报的角色差异	刘劲松	陈雁茹；麦惠芳；谢新艳；卢璐；文博；付蕾	研究项目	
3	深圳卫视“大娱乐家”节目网络推广策划	辜晓进	冯日进；徐珊；谭祥络；林晓锐；王凤；曾凯琪	媒体策划	
4	下一站，精英 / 新东方精英英语广告	张田田 郭熙志	蒯景怡；曾知寒；谭艳萍；杨雪；李思琳；赵钰嘉	推广影视	
			2010 年		
1	远去的村庄 / 李松朗村的传统文化	刘劲松	王多夫；彭小琪；刘翀；叶葱葱；彭菲；龙晓怡；李浩辉	深度报道 / 专题纪录片	
2	办大运 行大运	尹连根	尹鑫菲；黄雅清；祝辰；叶添添；布木伟；方麒	推广影视	
3	向阳花·独立电影	黄春平	邢旭瑶；孙翊；史绮琳；张雪晨；李佳雯；崔钰浛	专题片	
			2009 年		
1	蜜—S 媒介策划案	李明伟	陈翠云；何畅；凌晓雯；郑斯弘	媒体策划	

续 表

序号	作品名称	指导老师	小组成员	成品形式	是否入选作品集
2	深圳地区电视经济类新闻栏目改版策划	黄春平	边济；郑钰也；何可人；曾彩萍；张锋	媒体策划	
3	大运会文化骑行——深圳选拔赛	王琛	黄洪萍；罗芳梅；崔华宇；周玲飞；徐小雨；张莹	深度报道 / 专题纪录片	
4	0755 消费周刊改版方案	张田田	邱地；廖安梓；徐睿；姜雪	媒体策划	
5	宝安日报发展道路探寻暨改版策划案	刘劲松	曹小光；王静雯；陈湘；刘若天	媒体策划	

后 记

昨天下午一收到出版社邮件发来的书稿清样，辜晓进教授就在我们新闻系的微信群里发出了催稿令。

晚上近8点，利用周末短期度假的刘劲松教授发来微信告知刚刚落地泰国。将近零点，又来微信回复：明伟，我刚才在手机上看了第二章，眼睛差点累瞎。发现三处文字、标点小差错，已发邮件给你了。

在此1个小时之前，张晗老师已经把校对好的纸质清样放在了我的办公室门口。

这本教材，其实是中国人民大学出版社翟江虹老师“催生”出的一个成果。三大本“深圳大学新闻专业毕业设计作品精选”的出版计划刚刚确定，作为出版社人文分社副社长的翟江虹有了更周全的考虑。她根据编辑在一些高校征求到的意见，向“新闻专业毕业设计作品精选”丛书的主编辜晓进教授建议，编写一本方法论方面的教材，以方便与作品集对照阅读，进一步提升整套丛书的实用价值。

那是2017年11月，而整套丛书原计划赶在2018年4月下旬深圳大学新闻毕设的答辩季出版。倒推下来，这本教材必须在2018年1月底之前完稿。辜老师征得大家同意后，随即开始了策划组织。我召集老师们几经讨论，加上学期末的千头万绪，当辜老师将最后的章节纲目和分工发给大家时，已是2017年的12月28日。“个人完稿时间，

2018 年 1 月 28 日之前；交出版社时间：2018 年 2 月 5 日”，文件一开头就把时间掐得死死的，不容拖延。

在接下来的不到一个月的寒假期间，新闻系全体老师（除了在美国访学的新闻系副主任王琛老师）既分工又合作，面对这看似难以完成的艰巨任务，全力以赴地演绎了一场“速度与激情”。连传播学院创院院长吴予敏教授也被卷了进来，撰写了同样充满激情的序言。

从此，辜晓进教授几乎每个周末都会签发“追杀令”；尹连根老师寒假携家人远游东北，也逃不过辜老师的“追杀”，在旅途中指舞键盘；张田田老师有孕在身，仍然在春节前按时完成了任务；我在大年二十四回老家奔丧的前天深夜，还在伏案疾书……

驱动我们疾速而行的是每位老师澎湃喷薄的激情。综合毕业设计改革原本就是我们新闻系全体师生的激情选择：我们就是想试一试，在学位论文之外，有没有更贴合实际、更富有成效的本科毕业考核方式。现实不是用来默认的，我们不忘初心。在每年综合毕业设计的过程中，师生们无不全情投入，全力以赴。熬夜陪学生，周末陪学生，寒假陪学生，“三陪”尽致。创新不是玩票，我们激情不怠。走过新闻系成立后的五年毕业季，送走五届毕业生，学生们的执著奋进，各界的高度肯定和赞许，让我们更加激情满怀，唯孜孜以求来共勉。

高质量的新闻从来都不会只追求速度，我们的激情始终伴以高度的责任心。大到丛书的题名，作品的遴选，章节的设计，我们几经讨论，几番斟酌。小至作品当中的数字、人名和配图，每位老师都与已经毕业的学生几次甚至十多次的联系沟通，反复求证。我们要培养自由而负责任的新闻人，我们首先要做满怀自由理想又高度负责的授业者。

这是一个满耳朵都能听到创新的时代，这是一个满大街都自称创新的社会。就像真理没有谣言跑得快一样，真正的创新似已被创新的杂象淹没。惟愿天下同道者心中理想不灭，肩头职责永在，众人拾柴，薪火相传。

本书各章的撰稿人分别是：

第一章《新闻毕设的选题策划与体裁样式》，辜晓进执笔；

第二章《新闻毕设的采访》，刘劲松执笔；

第三章《新闻毕设的写作》，张田田执笔；

第四章《新闻毕设的编辑制作》，辜晓进执笔；

第五章《影视类新闻毕设作品的制作》，彭华新执笔；

第六章《新闻毕设作品的多媒体传播》，张晗执笔；

第七章《新闻毕设的答辩》，李明伟执笔；

第八章《新闻毕设过程的指导》和第九章《新闻毕设小组成员的分工协作》，尹连根执笔；

第十章《新闻毕设的业界评价》，辜晓进组稿编辑。

感谢深圳大学传播学院领导的全力支持。感谢积极响应丛书出版的各届毕业生们。特别感谢中国人民大学出版社翟江虹女士为丛书出版付出的高效而专业的努力！

李明伟

2018年4月2日

图书在版编目（CIP）数据

新闻专业毕业设计 / 李明伟主编. — 北京：中国人民大学出版社，2018. 8
21世纪新闻传播学应用型教材
ISBN 978-7-300-25920-8

Ⅰ. ①新… Ⅱ. ①李… Ⅲ. ①新闻学-毕业设计-高等学校-教材 Ⅳ. ①G210-4

中国版本图书馆CIP数据核字（2018）第135563号

21世纪新闻传播学应用型教材
新闻专业毕业设计
主　　编　李明伟
副 主 编　辜晓进
Xinwen Zhuanye Biye Sheji

出版发行	中国人民大学出版社		
社　　址	北京中关村大街31号	**邮政编码**	100080
电　　话	010-62511242（总编室）		010-62511770（质管部）
	010-82501766（邮购部）		010-62514148（门市部）
	010-62515195（发行公司）		010-62515275（盗版举报）
网　　址	http：//www.crup.com.cn		
	http：//www.ttrnet.com（人大教研网）		
经　　销	新华书店		
印　　刷	北京玺诚印务有限公司		
规　　格	185mm × 260mm　16开本	**版　　次**	2018年8月第1版
印　　张	20.25 插页1	**印　　次**	2018年8月第1次印刷
字　　数	343 000	**定　　价**	49.80元